Jennie Appel / Dirk Grosser
Urkraft des Nordens

Lektorat & Projektleitung: Susanne Klein, Hamburg, kleinebrise.net
Coverfoto: pixabay/Miroslav Porochnavy
Umschlaggestaltung: Dirk Grosser / Wilfried Klei
Typografie/Satz: Wilfried Klei
Illustrationen: Julian Werner
Autorenfoto: Julia Knöchel
Druck & Verarbeitung: Druckhaus Köthen GmbH & Co. KG, Köthen

© Aurum in Kamphausen Media GmbH, Bielefeld 2021
info@kamphausen.media | www.kamphausen.media

ISBN Printausgabe: 978-3-95883-525-2
ISBN E-Book: 978-3-95883-526-9

4. Auflage 2022

Bibliografische Information der Deutschen Nationalbibliothek

Die Deutsche Nationalbibliothek verzeichnet diese
Publikation in der Deutschen Nationalbibliografie;
detaillierte bibliografische Daten sind im Internet
über http://dnb.de abrufbar.

JENNIE APPEL & DIRK GROSSER

URKRAFT
DES NORDENS

Mit Ahnenwissen,
Schamanengottheiten
& weisen Seherinnen
zu den Wurzeln
unserer Spiritualität

AURUM

FÜR BALDUR,
DER MIT SEINEM
STRAHLENDEN
HUNDEWESEN
NEUN JAHRE LANG
UNSERE WELT
ERHELLT HAT.

Einleitung
Ein Raunen aus weiter Ferne,
eine Kraft aus unserem Inneren

Raben, Wölfe, Zauberringe, weissagende Göttinnen, eine Schöpfung aus Eis und Feuer, Riesen, Zwerge, Schamanengötter, zusammenfaltbare Schiffe, achtbeinige Pferde, wilde Wesen und Hüter des Waldes, Kobolde und Schicksalsfäden ... Die Mythologie des Nordens schäumt geradezu über von tiefen Seelenbildern, die ungezähmt wirken und manchmal rätselhaft bleiben, die aber dennoch über den Abgrund der Zeit hinweg zu uns sprechen, uns innerlich berühren und imstande sind, eine ganz eigentümliche Kraft zu vermitteln.

Diese Geschichten – die überall im nordeuropäischen Raum entstanden und weitergegeben wurden – haben ihre ganz eigene, eher herbe Schönheit, ähnlich einem stürmischen Herbsttag, an dem graue Wolkenberge über den Himmel rasen und der würzige Geruch eines dunklen Waldes deine Lungen füllt. Da ist etwas Wildes und Ursprüngliches, von dem du ahnst, dass es wichtig für dich ist – etwas, das eine unbestimmte Sehnsucht in dir weckt und dich hinauslockt in den Wind und den Regen, die dich fühlen lassen, dass du wirklich lebst.

Das Weltbild und die Spiritualität, die diesen Geschichten zugrunde liegen und die wir in diesem Buch aufzuschlüsseln versuchen, sind von eben diesem Gefühl des wirklich Lebendigen geprägt – und ebenso von einer großen Naturnähe und einer tiefen Verbindung zu allen Wesen. Etwas, das wir auch für unsere Zeit als sehr wertvoll erachten. Und damit kommen wir auch direkt zu einem der wichtigsten Punkte in diesem Buch: der Bezug zum Hier und Jetzt. Wir wollen weder einen historischen Abriss über Glaubensvorstellungen der Spätantike und des frühen Mittelalters schreiben, noch uns in archäologischen Details ergehen. All diese Dinge sind wichtig (und wir lassen sie bei unserem Ansatz auch nicht außer Acht), aber worum es uns vor allem geht, ist, einen Weg vorzustellen, auf dem man heute eine Spiritualität entwickeln kann, die ihre Wurzeln in den alten Mythen hat, aber dennoch etwas ganz Neues wachsen lässt. Etwas, das uns heute stärkt, transformiert und uns geborgen wie auch respektvoll in dieser Welt verortet. Wir sind keine reinen Beobachter, die von außen auf den spirituellen Gehalt der Mythen, Sagen und Überlieferungen schauen, sondern Menschen, die den Sinn all dessen am eigenen Leib und in eigener Seele erfahren wollen. Wenn du also ebenfalls in dieses wilde Meer der Erinnerungen eintauchen möchtest und dich dabei nicht scheust, nass zu werden ... dann bist du hier genau richtig!

Das Meer, der Wald, die Berge und Flüsse, die Felsschluchten und bemoosten Steine am Wegesrand spielen in diesem Buch eine ebenso große Rolle wie die Göttinnen und Götter, die in ihnen und allem anderen lebendig sind und deren Qualitäten genauso in jedem Tier und jedem Menschen entdeckt werden können. Es ist eine Spiritualität, die alles als beseelt ansieht, die in jedem Wesen eine ganz eigene Weisheit vorfindet und die auf gewisse Weise eine wunderbare Form der Gleichwertigkeit allen Lebens widerspiegelt: Weder müssen wir Menschen vor den Göttern knien und uns kleinmachen, noch haben wir das Recht, auf anderen Wesen herumzutrampeln und sie gnadenlos auszunutzen. Es gibt also viele gute Gründe, sich mit dieser Spiritualität eingehender zu befassen, die zwar uralt ist, aber dennoch hochaktuell gedeutet werden und dadurch für unsere Zeit Beistand bieten kann.

Unsere Vorfahren in den Gebieten des heutigen Deutschlands, Dänemarks, Schwedens, Norwegens und Islands, aus denen diese Mythen stammen, haben vielleicht keine ausgeklügelte theoretische Philosophie entwickelt, wie dies die alten Griechen oder Römer taten, aber sie hatten ihre Geschichten, die an Herdfeuern erzählt wurden und die den Menschen immer abverlangten, sich selbst ein Bild zu machen und auf individuelle Art aus ihnen zu lernen. Es sind Geschichten, die rau wirken, oft ungehobelt, manchmal auch moralisch fragwürdig, die aber immer die Freiheit und Stärke jedes Individuums im Blick haben. Darin wird diese Lebenskraft, die du mit allen anderen Wesen teilst und welche sich stets einzigartig ausdrückt, auf sehr echte und authentische Weise gefeiert.

So wird in diesem Buch von starken, kampferprobten Göttern ebenso die Rede sein wie von solchen, die sich vor allem durch ihre Intelligenz und ihr Geschick behaupten, oder auch solchen, die schlicht und einfach sehr listig sind. Es werden Göttinnen ihren Auftritt haben, deren Kraft der ihrer männlichen „Kollegen" in nichts nachsteht und deren Rolle im großen Ganzen mindestens genauso wichtig ist, wenn nicht sogar wichtiger. Wir werden von Menschen berichten, die tief in die Geheimnisse der Welt eingedrungen sind und von denen sogar die Götter lernen. Wir werden von allerlei seltsamen Wesen wie Riesen und Zwergen, Trollen und Waldgeistern erzählen, die alle ihre ganz besondere Aufgabe haben, und werden auch die vielen mythologischen Tiere wie fliegende Katzen und Met gebende Ziegen nicht auslassen …

Gemeinsam mit dir wollen wir uns diesen Mythen auf neue Weise nähern, sie der Überlieferung beziehungsweise den verschiedenen Überlieferungen entsprechend wiedergeben, aber doch mit neuen Augen betrachten und sie dabei auf das abklopfen, was sie uns über unser heutiges Leben und unser heutiges Sein in der Welt sagen können.

Wir möchten eine neue Perspektive auf nordische Göttinnen und Götter, auf die Natur und auf uns Menschen selbst eröffnen, uralte Weisheit wahrhaft lebendig erfahrbar werden lassen, deine Leidenschaft für die ursprüngliche und echte Kraft des Lebens wecken, eine tiefe und authentische Basis für dein eigenes inneres Wachstum schaffen und eine neu empfundene Verbindung zur Welt ermöglichen, die uns alle miteinander umgibt.

Völlig jenseits von jeder unkritischen Heroisierung und erst recht jenseits von jedem auch nur annähernd nationalistischen Ansinnen möchten wir aus alten Wurzeln Neues wachsen lassen und diese Mythen vor allem unter dem Aspekt einer spirituellen Weltsicht betrachten, die dir Kraft für ein heilsames, zutiefst der Welt zugehöriges und selbstbestimmtes Leben schenkt. Daher findest du in diesem Buch auch immer wieder praktische Übungen, Meditationsvorschläge, Reflexionsfragen und Ritual-ideen, die du selbst für dich alleine oder mit anderen Menschen gemeinsam umsetzen kannst, um dich so noch einmal ganz anders dem Thema zu nähern. Du wirst feststellen: Je mehr du dich den Mythen näherst, desto mehr näherst du dich auch dem Kern deines Menschseins, denn all diese Geschichten führen zu diesem Wesentlichen und Echten, was in dir lebendig ist.

Wir haben diese Geschichten schon oft erzählt: Am Feuer in unserer Jurte, bei Zeremonien im Wald, und seit 2019 auch online bei Veranstaltungen und Kursreihen eines virtuellen Kreises von Menschen, die weit voneinander entfernt wohnen und dennoch gemeinsam unterwegs sind. Wirklich immer haben wir diese ganz besondere Kraft gespürt, die den Mythen und der ihnen zugrunde liegenden Spiritualität zu eigen ist. Immer haben wir dieses Raunen vernommen, das uns tiefer lockt und uns mit dem Rauschen der Bäume im Wind oder dem Knacken und Knistern des Feuerholzes zuflüstert: *Da ist noch mehr …*

Die Mythen haben uns auf eine Reise geschickt, die noch lange nicht zu Ende ist. Jeden Tag entdecken wir Neues, und dir wird es wahrscheinlich ähnlich ergehen. Vor allem die schama-nischen Aspekte dieser Spiritualität, die wir in den Geschichten um *Freyja* und *Odin*, in den Tranceritualen der alten Seherinnen und vielen weiteren Details zu *Sleipnir*, zu *Heimdallr*, zu *Loki* und *Gullveig/Heidr*, zum *Seidr*[1], *Utiseta* oder auch zum *Vardlokkur* finden konnten, haben dieser Reise ihre ganz eigene Richtung gegeben. Da viele Facetten der Spiritualität des Nordens von

---

1 Aus Gründen der Lesefreundlichkeit wurden auf die diakritischen Zeichen bei nordischen Bezeichnungen sowie auf Sonderbuchstaben verzichtet.

urschamanischen Ideen geprägt sind, erscheint es uns sinnvoll, diese auch anzuerkennen (was vielen Historikern schwerfällt) und sie ebenso zu nutzen, um die Welten, von denen die Mythen sprechen, selbst weiter zu erforschen (was viele Traditionalisten nicht mögen). Der amerikanische Psychologe Ralph Metzner schreibt dazu, dass „die Mythologie neben dem Schamanismus für uns einer der besten Wege ist, um zu unserer spirituellen Verbindung mit der Erde zurückzufinden"[2] – und dies entspricht auch unserer Wahrnehmung.

Wir gehen davon aus, dass Mythen mehr sind als bloße Geschichten. Es sind Fragen, die das Leben an jeden Menschen stellt, die schon immer gestellt und die von unseren Vorfahren in unglaublich bunten und schillernden Geschichten ausgedrückt wurden. Für dich beantworten kannst nur du sie: *Wer bist du? Wer möchtest du sein? Wohin soll deine Reise führen? Was sind die Dinge, die dir wirklich wichtig sind?* Schamanische Techniken können eine ungeheure Hilfe auf diesem Weg der Welt- und Selbsterforschung sein. Sie sind Werkzeuge, mit denen du mehr und mehr Antworten auf diese Fragen finden kannst, die im Zusammenhang mit den Mythen stets auf eine weitere, ganz entscheidende Frage verweisen: *Wie sprechen diese Geschichten zu dir und was wollen sie dich lehren?*

Die Mythen, von denen in diesem Buch gesprochen wird, sind ein Raunen aus weiter Ferne, und man kann sie leicht als lediglich alte Geschichten abtun, die früher einmal erzählt wurden, aber heute ohne jede Bedeutung sind. Aber wenn du dich auf sie einlässt, sie wirklich erforschst und sie mit deinem eigenen Leben füllst, werden sie eine große Kraft in deinem eigenen Inneren aufscheinen lassen, die dich fest auf dieser Erde verankert und dir gleichzeitig Weite schenkt, in der deine Reise ungehindert und mit freien Schritten eines freien Menschen stattfinden kann. All das wünschen wir dir von Herzen.

---

2   Ralph Metzner: Der Brunnen der Erinnerung, S. 22

Zur praktischen Verwendung dieses Buches

Worauf dieses Buch abzielt, ist nicht nur die Darstellung der nordischen Mythologie, sondern vor allem ein ganz praktisches Eintauchen in die tatsächlich spürbare Urkraft, die in diesen Geschichten waltet und in deinen Alltag hineinwirken kann.

Zu diesem Zweck findest du auf den folgenden Seiten immer wieder nicht nur in den Text eingestreute Reflexionsfragen (die wir grau hinterlegt haben, sodass sie dir immer gleich ins Auge springen und dich beim Lesen kontemplativ pausieren lassen), sondern auch Übungsimpulse und Ritualvorschläge. Bei all dem geht es darum, was du daraus machst – daher behalte von unseren Impulsen das, was dich wirklich berührt oder von dem du spürst, dass es dich nährt und stärkt. Passe dagegen anderes individuell an und lausche immer tiefer deiner Intuition, deinem Gefühl für dich selbst, deiner inneren Stimme, um so deine ganz eigene Urkraft zu erleben und ihr Ausdruck zu verleihen.

Da wir von einem animistisch-schamanischen Ursprung der Mythen ausgehen und einige der Göttinnen und Götter auch deutlich schamanische Züge tragen, möchten wir dir auch empfehlen, deine eigenen Erfahrungen in diesem Bereich zu machen. Da es aber sehr schwierig (oder nahezu unmöglich) ist, das Erlernen des schamanischen Reisens adäquat in einem Buch zu präsentieren, haben wir drei (teil-)geführte Meditationen zu diesem Buch verfasst, zu denen du am Ende dieses Buches einen entsprechenden Download-Link findest.

Diese Meditationen lassen viel Freiraum für deine eigenen inneren Bilder und kommen in diesen Teilen dem schamanischen Reisen recht nahe. So kannst du erste Erfahrungen sammeln (oder, wenn du schon schamanische Erfahrungen hast, diese durch den mythologischen Ansatz ergänzen) und so auch noch einmal tiefer in die Mythen eintauchen.

TEIL I:
KRAFT DER MYTHEN, KRAFT DER ANFÄNGE

MYTHEN: URALTE GESCHICHTEN
MIT DER KRAFT FÜR HEUTE

Eine zugige Hütte, in der ein prasselndes Herdfeuer brennt, ein eiserner Topf, in dem ein Eintopf vor sich hin köchelt, Menschen, die auf Holzbänken, Schemeln oder auf dem Boden sitzen und Geschichten von erschlagenen Riesen, sich verwandelnden Göttern und gestohlenen Zauberhämmern lauschen. Ein Dasein, in dem es um die Rhythmen der Natur geht, um die Fruchtbarkeit des Viehs und der Felder, um den Respekt vor den Kräften des Waldes, des Meeres und der Berge. Tage, die von der Mühsal auf dem Acker bestimmt sind, und Nächte, in denen die Geheimnisse der Dunkelheit ums Haus schleichen.

So ungefähr kannst du dir die Lebenswelt derjenigen Menschen vorstellen, für die vor tausend oder zweitausend Jahren die Mythen, von denen in diesem Buch die Rede ist, tatsächlich lebendig waren. Menschen, für die die Mythen die Fragen nach der eigenen Herkunft und der Ordnung des Kosmos beantworteten und auch ihren Alltag bestimmten. Für sie waren die Göttinnen und Götter Lebensrealitäten, mit denen sie immer wieder in Riten, Zeremonien und im persönlichen Erleben in direkten Kontakt traten. Wahrscheinlich stellt sich deine Welt für dich völlig anders dar. Soziale und geistesgeschichtliche Entwicklungen sowie technologische Fortschritte haben deinen „Kampf ums Überleben" auf ganz andere Dinge verlagert und möglicherweise den Fokus von den großen Fragen des Daseins auf die schnellen Antworten der Konsumgesellschaft verschoben. (Wir alle leben in dieser Gesellschaft – und nicht von ihr verschlungen zu werden ist eine wirkliche Kunst!) Ebenso wirst du wahrscheinlich die Göttinnen und Götter, die in diesem Buch auftauchen, nicht als real existierende Entitäten ansehen können, denn wer glaubt heutzutage beispielsweise noch, dass ein rotbärtiger Gott, der in einem von Ziegenböcken gezogenen Wagen über den Himmel rast, mit seinem Zauberhammer das Gewitter erzeugt? Aufklärung und Säkularisierung haben uns solche Ideen gründlich ausgetrieben, was auf der Ebene des intellektuellen Weltverständnisses eine gute Sache ist. Doch leider ist auch die symbolische Ebene dieser Geschichten über Bord gegangen, sodass uns ein großer Teil des seelischen Einfühlungsvermögens in die Welt ebenfalls abhandengekommen ist, das sich ursprünglich in diesen Erzählungen finden ließ. Wenn Mythen lediglich als Museumsstücke betrachtet werden, wenn sie nicht mehr neu erzählt werden und man nicht mehr mit ihnen in Beziehung tritt, dann bleibt von ihnen nicht mehr übrig als das: verstaubte Dinge, die in irgendwelchen Vitrinen vor sich hin modern und die keinerlei Bezug zum Leben haben.

Der größte Unterschied zwischen unserer heutigen Welt und dem obigen Szenario ist die Tatsache, dass die Mythen für die Menschen alter Zeiten mit Bedeutung aufgeladen und mit Leben gefüllt waren, während sie heute für die meisten bestenfalls ein vernachlässigtes Dasein im Bücherregal fristen. Doch Mythen wollen erzählt werden – und jede Erzählung ist zugleich eine neue Interpretation, da jeder Erzähler und jede Erzählerin die eigene Persönlichkeit mit in die Geschichte einbringt, andere Schwerpunkte setzt und auch die Charaktere des Mythos anders interpretiert. Wenn wir in der Jurte mit den Teilnehmern und Teilnehmerinnen unserer Kurse beisammensitzen und aus der Erinnerung alte Mythen erzählen, so ist unsere Wortwahl jedes Mal eine andere. An einem Tag herrscht dabei eine ernste, fast andächtige Atmosphäre, an einem anderen Tag ist dieser Kreis eher von Ironie geprägt und es wird viel gelacht. Und dadurch werden die Mythen lebendig, da sie zu den Menschen sprechen, die *in diesem Augenblick* zuhören. Es kommen genau die Geschichten zum Vorschein, die jetzt gebraucht werden. Und ganz gleich, ob gestaunt oder gelacht wird (meistens ist es beides), berührt die tiefere Sinnebene der Mythen etwas in den Menschen und eine ganz besondere Kraft wird spürbar. Eine Kraft, die den Kern unserer Existenz berührt, da alle mythologischen Geschichten vor allem wesentlich Menschliches und damit Zeitloses berichten.

Daher ist es völlig egal, ob du die Göttinnen und Götter als wirklich existierende Wesenheiten begreifst oder sie als Protagonisten spiritueller Lehrgeschichten oder auch als archetypische Charaktere ansiehst, die Bewegungen der menschlichen Seele widerspiegeln. Wie auch immer du das sehen magst, der wirkliche Wert der Mythen wird dadurch keineswegs geschmälert. Wichtig ist nur, dass du in den Mythen *mehr* als bloße Geschichten siehst. *Mehr* als Unterhaltung, *mehr* als Zeitvertreib.

Denn wenn die Mythen vielleicht auch nicht als Quelle dafür dienen können, definitive Aussagen über die Realität von Göttinnen und Göttern zu machen, so erzählen sie doch auf jeden Fall sehr viel Treffendes über die Realität des Menschseins!

Mythen und Heldensagen schicken dich auf eine Reise in dein Inneres. Sie stellen dir Fragen über deine Werte, lassen dich über Tugenden nachdenken, führen dich in Versuchung, dem Zorn und der Gewalt in deinem Innersten nachzugeben, zeigen dir Alternativen, bemühen sich, Ordnung ins Chaos zu bringen, lassen dich der Vergänglichkeit begegnen, der Gier und der Demut … und überlassen alles Weitere dir. Sie nehmen deine Gedanken und Gefühle ernst, indem sie keine vorgefertigten Antworten liefern, sondern *nur* erzählen. Sie ermutigen dich, deiner eigenen Kraft gewahr zu werden, deine eigenen Entscheidungen zu treffen und mutig auf dem Weg voranzuschreiten, der sich unter deinen Füßen entfaltet. Sie fragen, woran du wirklich glaubst und was dir tatsächlich wichtig ist. (Sie fragen nicht danach, was du glauben *möchtest*, was du denkst und was dir wichtig sein *sollte*!) Mythen erzählen von einer Möglichkeit deines Ursprungs und vielen Möglichkeiten deines Weges. Sie berichten von einem Woher und von vielen Wohins und ebenso von den unzähligen Wundern, die dazwischen geschehen können.

Womöglich ist nichts davon als Fakten brauchbar. Wir glauben zum Beispiel nicht wirklich, dass der Mensch von den Göttern aus zwei Stücken Holz gemacht wurde, wie die nordischen Mythen berichten. Aber alles im Mythos ist insofern wahr, als dass es transformative Kraft hat. Und so sind die genannten Holzstücke vielleicht keine Fakten, aber der Akt, von den Göttern Geist, Atem und Leben eingehaucht zu bekommen, damit Anteil am Großen Geheimnis zu haben und somit im tiefsten Sinne heilig zu sein wie alles Leben ... *das* ist wahr und transformiert Menschen, verwandelt sie zu achtsameren, liebevolleren Wesen, die sich bewusst sind, diese Welt mit unzähligen anderen Arten heiligen Lebens teilen zu dürfen. Auf diese Weise können auch die auf den ersten Blick absurd wirkenden Geschichten einen transformativen Funken Wahrheit in sich tragen und dein Verhältnis zu dir selbst, zur Welt und ihren Wesen sowie zum Göttlichen heilsam wandeln.

Spannenderweise stellen Mythen keine moralischen Forderungen – und gerade in den nordischen Mythen geht es oftmals erschreckend unmoralisch zu. Sie formulieren auch keine festgelegte Aufgabe, die angeblich jeder Mensch hat, sondern lassen dir die Wahl, welchen Pfad du einschlagen möchtest. Du wirst im Mythos von Heldentaten und ebenso von Verrat hören, wirst dich vielleicht manchmal fragen, wer hier als gut und wer als böse zu bezeichnen sei, und dann möglicherweise feststellen, dass im Mythos wie im richtigen Leben eher Graustufen existieren als streng voneinander getrenntes Schwarz und Weiß. Gewalt und Krieg, Opfer und Verlust, Geburt, Tod und Wiedergeburt, Freude und Schmerz, Trost, Mitgefühl und wirklich dumme Streiche, die Heldenreise und der unverbesserliche Depp ... all das taucht im Mythos unkommentiert nebeneinander auf. Und wie im richtigen Leben musst du auch hier deinen Weg hindurch selbst finden.

Oftmals widersprechen sich die Mythen innerhalb einer Tradition sogar. Die eine Geschichte berichtet es so, die andere erzählt eine andere Variante, was daran liegen mag, dass das Unerklärliche, das Geheimnis des Lebens, das Wirken des Göttlichen in der Welt nicht einfach zu erklären und schon gar nicht zu definieren ist. Da ist eine dunkle Tiefe, vor der du, wir und alle anderen Menschen stehen, … und diese dunkle Tiefe verbindet dich mit den Menschen, die dir vorausgingen. Ihre Fragen an das Leben sind trotz aller Unterschiede in der Lebenspraxis deinen Fragen nicht unähnlich. Wie sie kannst du versuchen, den Mythen zu lauschen und dann *dein eigenes Leben zur Antwort zu gestalten*. Wir sind uns sehr sicher, dass diese Vorgehensweise auf Dauer befriedigender sein wird, als die weitverbreitete Methode, vorgefertigten Antworten zu folgen. Wenn du nur eins aus diesem Buch mitnimmst, dann lass es bitte Folgendes sein: Der Mythos ist immer zeitlos, er spricht immer vom Jetzt, vom Heute … und vor allem spricht er *zu dir* und in gewisser Weise *von dir*!

Schamanische Spuren und spirituelle Mythologie

Die Mythen, auf die wir uns in diesem Buch beziehen, sind überwiegend im 13. Jahrhundert niedergeschrieben worden, beziehen jedoch Dichtungen und Heldenlieder ein, die zum Teil auch schon aus dem 10. Jahrhundert stammen. Die Inhalte sind aber noch weit älter und wurden mündlich tradiert, lange bevor sie in die uns heute bekannte sprachliche Form gegossen wurden.

Die Vorstellungen über die Welt, die Göttinnen und Götter, über andere Wesen wie Zwerge, Riesen und Trolle, über die geheimnisvollen Nornen und über den zyklischen Charakter der Welt stammen aus einer großen Zeitspanne, in der noch nichts schriftlich festgehalten wurde. Schon in der Eisenzeit (etwa 800 v. Chr. – etwa 500 n. Chr.) spricht etwa der römische Historiker Tacitus vom Volk der Ingaevonen, deren Name sich auf den wahrscheinlich ursprünglichen Namen des Gottes *Freyr*, nämlich Yng oder auch Yngvi zurückführen lässt. Die Ingaevonen waren somit das Volk Yngvis.

Auch die Runenritzungen, die in Schweden, Dänemark, Norwegen und Norddeutschland entdeckt wurden, lassen sich auf diese Zeitspanne datieren. In der Bronzezeit (etwa 2.200 – 800 v. Chr.) finden sich Spuren eines phallischen Gottes, der ebenfalls eine Form von Freyr zu sein scheint, ebenso Sonnen- bzw. Radkreuze, die bis in die Wikingerzeit (etwa 750 – 1.100 n. Chr.) hinein beliebte Symbole waren. Auch kann man hier Spuren der Vorstellung eines *Hieros gamos* entdecken, der Heiligen Hochzeit zwischen Sonnengott und Erdgöttin, die sich ebenfalls in der späteren Beschreibung des Mythos von Freyr und *Gerdr* finden lassen.

Manche Inhalte lassen sich zurückführen auf die indoeuropäische Ausbreitung, die je nachdem, welcher Forschung man

Glauben schenken mag, zwischen dem 4. und 3. Jahrtausend vor der Zeitenwende geschah. In diesem Zusammenhang gibt es zum Beispiel Hinweise auf einen religiös verehrten Himmelsvater/Himmelsgott, dessen rekonstruierte Spuren sich sowohl im griechischen Zeus als auch im germanischen Tyr finden lassen. Auch eine Hervorhebung der Zahl Drei und die drei verwendeten Farben Weiß, Rot und Schwarz, die wir auch später noch als Farben der dreifaltigen Göttin (in Gestalt der Jungfrau, der Mutter und der weisen Alten) vorfinden werden, sind hier entdeckt worden.

Und aus der Jungsteinzeit (etwa 10.000 – 2.200 v. Chr.) sind Axtamulette bekannt, die den in der Wikingerzeit getragenen Thorshämmern erstaunlich ähnlich sind. Auch eine Göttin, die in der Erde oder im Wasser wohnt, war den jungsteinzeitlichen Menschen bekannt – Parallelen zur germanischen Göttin Nerthus sind offenkundig, die auch Tacitus später als *Terra Mater*, die Mutter Erde, bezeichnet. Diese und einige weitere Beispiele lassen davon ausgehen, dass viele der Vorstellungen, die sich dann in den Mythen niedergeschlagen haben, weit älteren Ursprungs sind und sich von der Jungsteinzeit (wenn nicht sogar schon eher) bis in die Wikingerzeit in abgewandelter Form erhalten haben.

Daher wollen wir in diesem Buch auch auf eine grundlegende Besonderheit der nordischen Mythen hinweisen: ihre Verwurzelung in einem jungsteinzeitlichen Animismus und die damit einhergehende schamanische Praxis, die sich im Laufe der Zeit zwar gewandelt hat, aber zumindest in einigen Sagas deutlich zutage tritt.

Unter Animismus (vom Lateinischen *anima* = die Seele, der Geist) versteht man den Glauben, dass alles in dieser Welt beseelt ist. Alles Lebendige ist vom Göttlichen inspiriert, erfüllt und durchdrungen, hat Anteil am Göttlichen und ist durch und durch heilig. Diese Weltsicht beschreibt die Natur als reine Lebendigkeit und nicht etwa als etwas Dingliches oder gar Totes, als bloße Ressource.

Als beseelt gedacht wurden dabei aber nicht nur Tiere und Pflanzen, sondern auch Steine, Berge, Flüsse und Seen, ganze Landschaften und ebenso Wolken und Sterne sowie darüber hinaus Naturgeister, Göttinnen und Götter. Die Menschen der damaligen Zeit waren umgeben von einem einzigen lebendigen Wunder, und mit allem innerhalb dieses Wunders konnte man kommunizieren. Da kommt der Schamanismus oder das Schamanentum als Methode ins Spiel, die den Geist des Menschen mit dem Geist eines Bären, eines Wolfes, einer Schlange, eines Baumes oder auch einer Göttin verbinden konnte.

Mithilfe verschiedener Trancetechniken begab man sich über die alltägliche Wahrnehmung der Welt hinaus, um tiefer zu schauen, mit der Welt und allen Wesen auf einer anderen Ebene verbunden zu sein, den Rhythmus der Welt zu spüren, sich darauf einzulassen und sich selbst als Teil dieses großen grünen Wunders zu erleben.

Und da dies der Boden ist, in dem die nordische Mythologie ihre Wurzeln ausstreckte, um dann weiterzuwachsen, und sich ebenfalls deutliche schamanische Spuren sowohl in den Geschichten um *Odin*, Heimdallr als auch um Freyja zeigen, halten wir nach wie vor schamanische Methoden für eine adäquate Weise, in die Mysterien dieser Tradition einzutauchen und diese so, neben dem Studium der überlieferten Schriften und der historischen Forschung, auch ganz unmittelbar und individuell zu entdecken.

Diese persönliche Sichtweise ist ganz sicher nicht objektiv, und du wirst auf diesem Weg wohl auch keine neuen archäologischen Fakten zutage fördern können, aber sie kann dir helfen, dich dem anzunähern, was diese Tradition an wirklich brauchbarer Spiritualität und seelischen Wurzeln zu bieten hat. Keine spirituelle Tradition, die man ernstnehmen kann, wird von sich behaupten, absolut objektive Wahrheiten zu verkünden – es geht immer nur darum, einen Weg zu finden, der es deiner Seele erlaubt, sich voller Kraft in dieser Welt zu bewegen und dabei sowohl für dich selbst als auch für andere heilsam zu agieren. Im besten Falle für das große Ganze.

Viele kulturelle Hintergründe sind schlicht nicht überliefert, da die Vorfahren der nordeuropäischen Völker keinen Schriftkulturen angehörten oder gerade das Spirituelle und Heilige nicht niederschreiben wollten, um es lebendig zu erhalten. Daher wirst du in den meisten wissenschaftlichen Werken über die nordischen Traditionen auch meist Aussagen finden wie: „Es könnte so oder auch so gewesen sein", „Das sieht dieser Forscher so, während ein anderer das Gegenteil behauptet" oder auch: „Hierüber wissen wir so gut wie gar nichts". Die heutigen Forscher konzentrieren sich oft auf die Etymologie einzelner Begriffe und auf Wahrscheinlichkeiten in Bezug darauf, was sich daraus jeweils ableiten lässt und dann vermutlich so gewesen sein könnte. Das alles ist gut und richtig, gehört sich für echte Wissenschaft so, doch einen Weg, den du gehen kannst, stellt es leider nicht dar. Um solch einen Pfad zu finden, musst du selbst tätig werden und die Mythen eigenständig darauf abklopfen, was dir etwas bedeutet und was nicht.

Dazu braucht es einen offenen Geist, der sich geduldig herantastet, alte Mythen liest und neu deutet, sie mit anderem Schwerpunkt erzählt, historische Berichte betrachtet und versucht, sich etwas Grundlegendes zu erschließen, was die Menschen damals gedacht und geglaubt haben, ohne der Versuchung zu erliegen, alles „genau wie damals" machen zu wollen. Eine Falle der falschen Authentizität, in die man leicht tappen kann, wenn man übersieht, dass jede Religion sich über die Jahrhunderte weiterentwickelt.

Um kurz zu verdeutlichen, was wir damit meinen: Auch wenn du darüber liest, dass die Germanen Tiere, die ihnen viel bedeuteten, ihren Gottheiten opferten, wirst du wohl kaum in Betracht ziehen, deine Lieblingskatze im nächsten Moor zu versenken und dabei Freyja zu huldigen. Stattdessen wirst du die Essenz dieser Beobachtungen ergründen wollen: dass den germanischen Stämmen Tiere so wertvoll erschienen, dass sie den höchsten Gottheiten dargeboten wurden, um ihnen zu danken. Und dann wirst du vielleicht darüber nachdenken, wie du das heute umsetzen kannst, und bei jedem Waldspaziergang

ein paar Haselnüsse dabeihaben, um diese im Wald niederzulegen und dem Göttlichen dafür zu danken, dass es alles erhält
und alle versorgt. Du machst also nicht genau das, was früher
gemacht wurde, sondern überträgst die Essenz auf das Heute,
indem du über das Gehörte meditierst oder dich vielleicht auch
auf eine schamanische Reise begibst, um Inspiration für deinen
ureigenen Weg zu bekommen.

Bis heute aus Schriften Erhaltenes und durch Forschung
gewonnene Erkenntnisse erweiterst du also durch „spirituelle
Mythenforschung", die dein Erleben innerhalb der Anderswelt
im Kontext mit den Überlieferungen miteinbezieht.

Schamanismus war und ist immer ein Weg der Erfahrung.
Mit solchen Reisen, die von der Basis alten Wissens aus starten
und sich dann ganz frei auf neuen Wegen entfalten, stärkst du
dein geistiges Feld und erspürst ganzheitlich, was dich trägt
und dir Kraft gibt.

Die geführten Reisen, die du am Ende dieses Buches als
Download-Möglichkeit findest, sind erste Schritte in diese
vielleicht noch unbekannte Welt und Gelegenheiten, mit
Trancezuständen zu experimentieren.

Trance und Ekstase sind hilfreiche Schlüssel, um sich mit
offenem Geist all dem zu nähern und in Hingabe zu erleben,
was ist. Der Begriff „Ekstase" stammt vom griechischen Wort
ekstasis und bedeutet wörtlich „aus sich herausgetreten sein",
was oft als Verzückung, „außer sich sein" oder höchste Hingabe
umschrieben wird. In dieser höchsten Hingabe geht es stets
darum, sich einzulassen, sich führen zu lassen, sich anzuver-
trauen, sich frei fließen zu lassen.

Aus schamanischer Sicht ist es wichtig, aus sich heraustreten
zu können, damit wir anders mit der Welt in Kontakt treten
können. Sowohl mit der Welt, in der wir leben, die uns umgibt,
als auch mit der reichen Innenwelt, die wir alle haben, und
mit den Anderswelten, in denen wir so herausgelöst aus uns
selbst (sprich herausgelöst aus unserem Ego) unterwegs sein
können. Aus dem veränderten Kontakt heraus reagieren und

agieren wir anders in der Welt, und durch das Eintauchen in andere Bereiche der Wirklichkeit erhalten wir insgesamt ein ganzheitlicheres Bild.

Wie gesagt: Viele wahrhaftige Quellen zur spirituellen Praxis gibt es in diesem nordischen Bereich nicht, vor allem keine lebendig sprudelnden. Anders als in anderen Traditionen – beispielsweise der des tibetischen Buddhismus – gibt es keine lückenlose Abfolge der Weitergabe von Lehrer zu Schüler, keine zurückverfolgbare Linie der mündlichen Überlieferung. Diese Kette gab es vielleicht einmal, aber dann ist sie sowohl von den Römern als auch später durch die Christianisierung unterbrochen worden und kann auch nicht mehr „repariert" werden. Hält man sich daher ausschließlich an die historischen Texte, so greift man auf eher sparsame Fakten zurück, die erst sehr lange nach der Blütezeit dieser Kulturen aufgeschrieben wurden und dies oft von Menschen mit einem ganz anderen Weltbild[3]. Sie entstammen also dem Hörensagen (im besten Falle eigener Beobachtung, jedoch auch dies von Menschen mit einem anderen spirituellen und auch moralischen Weltbild/Hintergrund), sind vermutlich verwässert über die Zeit, ungenau und teils widersprüchlich.

Du kannst deine Zeit damit verbringen, immer mehr zu lesen und zu vergleichen, was dieser bekannte Forscher sagt oder jener namhafte Runenexperte, und immer weiter Texte prüfen – so wirst du zu einem Experten auf dem Gebiet der Entschlüsselung historischer Texte und archäologischer Funde werden.

Oder du stellst dieser Herangehensweise (die keinesfalls schlecht ist) auch empirische Methoden an die Seite und legst das schamanische Weltbild als einen Erfahrungsweg zugrunde, ohne alles gleich mit dem Etikett von „Richtig" oder „Falsch" zu belegen. Auf diese Weise wirst du zu einem Forscher in wahrhaft eigener Sache und entdeckst vielleicht die Mythen als etwas, das wirklich zu dir (*zu dir ganz persönlich!*) sprechen kann.

---

3   Der Isländer Snorri Sturluson, der die uns heute bekannten Texte der Edda gesammelt hat, war beispielsweise Christ und nicht etwa bekennender Heide.

In den Sagas finden sich einige Hinweise zu Praktiken, die man nach heutigem Verständnis als schamanisch bezeichnen würde. (Einige davon werden wir dir in diesem Buch als Übungen vorstellen.) Dazu zählen Trancerituale, initiiert durch Rhythmen oder durch das Singen alter Zauberlieder, Ekstasetechniken mit pflanzlichen Substanzen, Hellsichtigkeit, Wahrsagen, Divination aus den äußeren Zeichen, Praktiken mit klar benannten Tieren oder Pflanzen, Utiseta („draußen sitzen"), um mit der Natur beziehungsweise den Ahnen Kontakt aufzunehmen und Visionen zu empfangen, und vieles mehr.

Es ist an dir, Erfahrungen zu machen, zu spüren und dich in diese Geschichten und ihre Bedeutungen hineinzuversenken, um genau jene Ebenen zu erfassen.[4]

Wenn wir uns davon lösen können, uns ausschließlich von den rudimentären Quellen leiten zu lassen, die nicht einmal voll durchdrungen sind und auch gar nicht aus der Feder damaliger Heiden stammen, und uns für weitere Zugänge öffnen, können wir ganz andere Eindrücke zusammentragen und beginnen möglicherweise, unser spirituelles Kulturerbe wiederzuerlangen. Spiritualität wurde seit jeher erfahren und nicht „nur" gelesen – sie beseelte, berührte, be-geisterte. Wenn wir die verlorenen Bindeglieder wiederfinden wollen, so können wir den Versuch wagen, die alten Schriften als letzte glühende Kohlen zu sehen, die kurz vor dem Erlöschen sind und einst zu einem großen Feuer gehörten. Wir können unseren Lebensatem, unseren Spirit, hinzugeben, um sie hier und jetzt wieder vorsichtig anzufachen, bis wieder eine lebendige Flamme hervortritt, und uns dann schlussendlich um dieses Feuer versammeln, um die alten Geschichten neu zu erzählen.

---

4 Wir sind in unseren Kursen immer wieder erstaunt, wie zunächst subjektives persönliches Erleben im Rahmen eines gemeinsamen experimentellen Erforschens (insbesondere ohne vorher die alten Schriften gemeinsam gelesen zu haben, also „unwissend") Qualitäten zutage fördert, die viele Teilnehmende sehr ähnlich wahrnehmen. Es lassen sich Erfahrungen zusammentragen und gemeinsam auswerten – wobei es sich bei diesen Auswertungen manchmal nicht mehr oder weniger um Vermutungen handelt als bei den unterschiedlichen Theorien von Historikern zu solch spirituellen oder religiösen Vorstellungen.

Es ist ein wenig, als würden wir wertvolles altes Metall einschmelzen und etwas Neues daraus gießen oder schmieden. Einiges wird aus der gleichen Materie sein, doch die Form darf sich neu finden.

> *„Die Asen einen sich auf dem Idafelde,*
> *Über den Weltumspanner zu sprechen, den großen,*
> *Uralter Sprüche sind sie da eingedenk,*
> *Von Fimbultyr gefundner Runen.*
>
> *Da werden sich wieder die wundersamen*
> *Goldnen Tafeln im Grase finden,*
> *Die in Urzeiten die Asen hatten,*
> *Der Fürst der Götter und Fiölnirs Geschlecht."*[5]

Diese goldenen Tafeln kannst du heute wiederfinden, sie in den Feuern deiner Seele einschmelzen und ihnen eine Form geben, die lebendig sein wird und gleichzeitig dich lebendig macht. Du kannst die alten Schriften studieren, die Mythen auf neue Weise erzählen und ihnen auf schamanischen Reisen nachgehen … und alles ineinandergreifen lassen, sodass die alten Geschichten mit der darin versteckten archetypischen Kraft und alterslosen Weisheit wieder zugänglich werden. Du kannst auf vielen verschiedenen Ebenen auspacken, was so lange verborgen war und die mythologische Überlieferung von einem Museumsstück in etwas Atmendes, Gegenwärtiges verwandeln.

---

5   Völuspa 58 und 59 (Hier gleich zu Beginn ein wichtiger Hinweis: Seltsamerweise sind in verschiedenen Ausgaben der Edda die einzelnen Verse unterschiedlich durchnummeriert. Da wir mehrere Ausgaben der Edda benutzt haben, um jeweils die Übersetzung zu wählen, die am besten in den Kontext unserer Argumentation passt, möchten wir dich bitten, etwas großzügig zu sein, wenn du die von uns angegebenen Stellen nachschlägst. Es kann sein, dass der von uns angeführte Vers in deiner Ausgabe der Edda auf die Zahlen bezogen etwas früher oder später auftaucht.)

FEUER UND EIS:
DIE SCHÖPFUNG AUS GEGENSÄTZEN

Jede Kultur erzählt ihren eigenen Schöpfungsmythos, da Menschen wohl zu allen Zeiten und in allen Gegenden der Welt an ihrem Ursprung interessiert waren. *Woher kommen wir? Aus welcher Quelle stammt das Leben? Wieso gibt es überhaupt irgendetwas?* Diese und ähnliche Fragen haben Menschen schon immer bewegt. Auch die heutige moderne Kultur hat ihre Schöpfungsmythen, denn die Erkenntnisse der Menschen stoßen heute ebenfalls an Grenzen, hinter denen das Unbekannte liegt. Wenn heute von der Urknalltheorie die Rede ist und diese allgemein als das stimmigste Modell der Entstehung des Universums akzeptiert wird, wird damit die früheste Zeit des Universums beschrieben, nicht aber der Urknall selbst erklärt und schon gar nicht seine Ursache. Das große *Warum* liegt weiterhin im Dunkeln.

Und daher kursieren weiterhin alle möglichen religiös inspirierten Theorien und Konzepte neben Annahmen, dass es sich einfach um Zufall handele. Auch Ideen darüber, dass sich unser Universum aus einem anderen, bereits bestehenden Universum „ausgestülpt" habe, existieren, verschieben jedoch die Frage nach dem Ursprung des Seins nur weiter.

All diesen Theorien gemein ist aber, dass sie nicht nur Aussagen über die Möglichkeiten unseres Ursprungs tätigen, sondern damit auch gleichzeitig über das Welt- und Menschenbild derer, die sie vertreten. Wenn jemand davon ausgeht, dass ein guter Gott diese Welt aus Liebe geschaffen hat, dann dürfte er wohl auch davon ausgehen, dass das Leben als solches gut ist und jedes Wesen eine ihm eigene Wertigkeit oder Heiligkeit besitzt. Nimmt jemand dagegen an, dass ein abgrundtief böser Dämon diese Welt als Strafkolonie für Sünder erdacht habe, wird derjenige wahrscheinlich auch meinen, dass alle hier existierenden Wesen minderwertig seien und nur das Schlimmste verdient haben.

Ebenso wird in den meisten Schöpfungsmythen deutlich, welche Dinge, Naturphänomene und Wesenheiten für die jeweilige Kultur eine wichtige Rolle spielen. Kulturen, deren Nahrungsgrundlage das Meer ist, werden möglicherweise in ihren Schöpfungsmythen von einem Urozean sprechen, aus dem alles Leben stammt. Kulturen, die hauptsächlich von der Jagd auf Paarhufer abhängig sind, werden in ihren Mythen vielleicht vom „großen Rentier" erzählen, das alles Sein in die Welt brachte. So kannst du schon viel über die Lebensrealität eines Volkes lernen, indem du nur den Schöpfungsmythos betrachtest. Auch die nordischen Erzählungen vom Anfang der Zeit lassen erahnen, wie sich die Welt für die Menschen dieser Kulturen darstellte.

Gap var ginnunga, en gras hvergi ... – „Es gab nur die gähnende Leere, noch nicht einmal Gras."[6] So beginnt die Schöpfung in der nordischen Mythologie. Ein Satz, der direkt erkennen lässt, dass hier eine Bauernkultur ihren Ursprung zu beschreiben versucht. Das Gras, die Nahrung für die Weidetiere, die die Grundlage des Lebens für diese Menschen waren, wird gleich zu Beginn erwähnt. *Es gab nichts, noch nicht einmal Gras. Wo sollte unser Vieh satt werden? Wie sollten wir ohne Vieh leben können? Nichts war so, wie wir es heute kennen ... nur Chaos, keine Ordnung. Da konnte nicht einmal Gras wachsen.*

Ginnungagap, die gähnende Leere, ist der Anfang, ein Abgrund, in dem alles noch durcheinander ist und den man mit dem biblischen Tohuwabohu[7] vergleichen kann, das laut der Genesis vor der wirklichen Schöpfung existiert. Anders aber als in der jüdisch-christlichen Tradition, in der ein Gott mit seiner geistigen Schöpferkraft und seinem machtvollen Wort die Welt ins Sein hebt, spricht die nordische Überlieferung von ganz anderen Kräften, die ebenfalls wichtig für die ganze Kultur sind: Gegensätze.

---

6   Völuspa 3
7   1. Buch Mose 1, 2: „die Erde aber war wüst und wirr", manchmal auch mit „formlos und leer" übersetzt.

Südlich von Ginnungagap, diesem Abgrund der Formlosigkeit, liegt *Muspellheim*, eine Welt, die gänzlich aus Feuer besteht. Vulkane, Lavaströme, Flammen ... ein einziger großer Brand. Nördlich von Ginnungagap ist *Niflheim* zu finden, eine Welt aus Schnee, Nebel und Eis, klirrend kalt und sturmumtost. Über den Abgrund hinweg beginnen diese beiden Welten ineinanderzufließen. Feuer und Eis ergießen sich in die formlose Leere und vermischen sich, lassen etwas Neues entstehen.

Dieser Gedanke, dass aus Gegensätzen Neues entsteht, ist vielen heidnischen Weltsichten zu eigen. Eine *Creatio ex nihilo*, also eine Schöpfung aus dem Nichts, wäre diesen Kulturen als viel zu abstrakt erschienen. Gerade weil sie so naturnah lebten und die Natur somit jeden Tag vor Augen hatten, erschien ihnen eine Schöpfung aus einer Vereinigung heraus viel einleuchtender. Man konnte schließlich ständig in der Natur beobachten, dass unter anderem aus der Vereinigung von weiblichen und männlichen Tieren neues Leben entstand. Oder um es anders und noch direkter auszudrücken: Kein Bär schnippt mit der Pfote und bringt so neue Bärenkinder in die Welt. Dazu ist schon ein gewisser Körperkontakt mit einem andersgeschlechtlichen Bären notwendig. Eine Einsicht, die die meisten alten Kulturen auch auf den Bereich des Göttlichen ausweiteten und daher nie eine solch verklemmte Prüderie entwickelten, wie man sie leider allzu oft in den monotheistischen Religionen vorfindet.

Aber zurück zur nordischen Mythologie: Feuer und Eis fließen zusammen, und aus diesem Miteinander wird etwas Neues geboren ... *Ymir*, ein riesiges Urwesen, sowohl männlich als auch weiblich, entsteht. Ymir ist weder klug noch besonders inspiriert, sondern wird als Ungeheuer mit einem sehr rudimentären Bewusstsein beschrieben. Das Einzige, was dieses Urwesen will, ist etwas zu essen und Schlaf. Und die Nahrung, die so wichtig ist, bekommt Ymir von einem anderen Wesen, das auf wundersame und nicht näher beschriebene Weise zeitgleich mit ihm in der von Feuer und Eis belebten Leere von Ginnungagap entsteht: *Audumla*, die Urkuh. Auch hier wird wieder deutlich, welch eine Kultur sich diese Mythen erzählt hat. Nur für Bauern ist die Kuh so wichtig, dass sie auch schon in der Schöpfungsgeschichte auftaucht. Mit dieser Wichtigkeit des Viehs hängt übrigens auch die Tatsache zusammen, dass der erste Buchstabe im Runenalphabet *Fehu* ist, was gleichermaßen für Vieh und Fülle steht. Eine große und gesunde Viehherde ist nun einmal das, was das Leben der Menschen ermöglicht.

Audumla leckt an den salzigen Eisbrocken, die sie umgeben, und aus ihrem Euter quillen Ströme von fetter Milch, die ihrerseits Ymir ernähren, sodass dieses Urwesen sich so pudelwohl fühlt, dass es sich aus sich selbst heraus vermehrt. (Ymir ist ja sowohl Frau als auch Mann, daher scheint das kein Problem zu sein!) Aus dem Schweiß, der Ymirs Achseln entströmt, entstehen eine Frau und ein Mann, beides Riesen. Und Ymirs Füße zeugen miteinander einen weiteren Sohn, der ebenfalls ein Riese ist. Diese drei Riesen sind die Urahnen aller weiteren Riesen, die innerhalb der Mythologie immer wieder eine Rolle spielen und denen du in diesem Buch noch einige Male begegnen wirst.

Audumla leckt weiter an dem Eis, und irgendwann – wahrscheinlich nach Äonen – spürt sie Haare an ihrer Zunge. Unbeirrt leckt sie weiter … und nach und nach kommt ein weiteres Wesen zum Vorschein, das uns in der Überlieferung als *Buri* vorgestellt wird. Ein hübscher Kerl, der sich gleich auf die Suche nach einer Frau macht, jedoch nur Riesinnen vorfindet und so mit einer von ihnen vorliebnimmt. Aus dieser Verbindung entsteht nun *Burr*, der wiederum der Vater von Odin ist. Endlich ein bekannter Name! Ebenso entsteigen aus den Nebeln drei Frauen, die *Nornen*. Schicksalsgöttinnen, vor denen selbst die Götter größten Respekt haben. Niemand weiß, woher sie kamen, aber mit dem langsamen Entstehen der Welt, wie wir sie kennen, kommt eben auch das Schicksal ins Leben. Das eine gibt es nicht ohne das andere.

Odin hat noch zwei Brüder, deren Namen in unterschiedlichen Varianten der Überlieferung anders lauten: Mal werden sie als *Vili* und *Ve* bezeichnet, mal als *Hönir* und *Lodur*. Gemeinsam beschließen diese drei jungen Götter eines Tages, dass es an der Zeit wäre, Ymir zu beseitigen. Ein riesiges Ungeheuer, das in der Mitte Ginnungagaps den meisten Platz einnimmt, scheint ihnen aus irgendeinem Grund ein Dorn im Auge zu sein. Die jungen Götter wollen ihre Kräfte erproben, wollen schöpferisch tätig sein – und Ymir ist einfach im Weg. Mit vereinten Mitteln erschlagen sie Ymir und bilden aus den Überresten des riesigen Leibes die Welt bzw. die Welten. Das Fleisch Ymirs wird die Erde, die Knochen werden die Berge, aus den Zähnen machen Odin und seine Brüder die Steine, die Haare werden zu Bäumen und so weiter. Das Blut Ymirs wird zu den Meeren und Flüssen, wobei Letztere zuerst so eine starke Strömung haben, dass fast alle Riesen darin ertrinken. Nur ein Riese und seine Frau entkommen dieser Sintflut. Von diesem Paar stammen dann alle weiteren Riesen ab und ebenso die Trolle und viele weitere „Unwesen", die die Mythologie im Folgenden als Gegner der Götter auftreten lässt.

Mitten in Ginnungagap entsteht nun also unsere Welt: *Midgard*. Und sie wird nicht aus dem Nichts geschaffen, sondern aus Material, das bereits vorhanden ist. Ein totes Ungeheuer ist die Grundlage, was vielleicht erst einmal makaber wirkt, aber auch zeigt, dass die Menschen, die diese Mythologie entwickelten, einen Einblick in die großen Kreisläufe der Natur hatten und erkannten, dass aus allem, was stirbt, etwas Neues entsteht beziehungsweise dieses Tote zur Nahrung für neues Leben wird. Odin und seine Brüder bauen die Welt, sie heben sie ins Dasein, verwandeln den Tod in neues Leben. Zuletzt haucht Odin als Mächtigster der drei Brüder seinen Lebensatem über die neu entstandene Welt und alles wird lebendig. In den Bäumen singen plötzlich Vögel, Eichhörnchen flitzen umher, die Meere werden von Fischen bevölkert, die Ebenen bringen große Tierherden hervor … und endlich … *endlich gibt es auch Gras!*

Die Welt ist also bereit für die Menschen, die entstehen, als Odin und seine Brüder[8] einen Strandspaziergang machen und zwei angeschwemmte Holzstücke finden. Mehr aus einer Laune heraus formen die drei Brüder die ersten Menschen namens *Ask*

---

8   In manchen Versionen dieser Geschichte sind es Odin, Vili und Ve, in anderen Odin, Hönir und Lodur, in wieder anderen Odin, Hönir und Loki, auf den wir später noch kommen.

und *Embla*. (Ask bedeutet „Esche" und bei Embla vermutet man eine Verwandtschaft mit dem Wort „Ulme".)

Die Götter hauchen den neuen Wesen Atem, Geist und Bewegung ein[9] … und fertig ist die neue Welt, die dann als Teil eines Weltengefüges beschrieben wird, welches sich um und an einem großen Weltenbaum gruppiert – ein Weltbild grenzenloser Verbundenheit, das im nächsten Kapitel Thema sein wird.

Midgard, die Welt der Menschen, ist die Mitte, das Zentrum. Entstanden aus der Vereinigung von Gegensätzen, aus Feuer und Eis. Geformt von Göttern aus Gewalt, Tod, Schöpferwillen und Neugeburt. Eine Schöpfung aus Gegensätzen, die in unserer Welt stets spürbar sind und die auch in uns Menschen wirken. Gegensätze, die notwendig sind, um Leben zu gebären, und die daher auch respektiert und angenommen werden müssen. Die Perspektive einer naturnahen Gesellschaft, von der unsere heutige Gesellschaft und jeder einzelne Mensch viel lernen kann: Gegensätze akzeptieren, widerstrebende Kräfte in uns selbst als schöpferische Impulse betrachten; Kreisläufe und Rhythmen anerkennen; den Tod nicht ausklammern und tabuisieren, sondern ihn als Teil der Schöpfung ansehen; eine Spiritualität entdecken, die nicht nur Friede, Freude, Eierkuchen bejaht, sondern auch zu den dunklen Aspekten des Lebens steht; und vor allem uns selbst als Teil der Welt begreifen – als einen integralen Teil, der nicht außerhalb oder der Natur gegenüber steht, sondern *mitten in der Natur mit ihr und allem anderen in Gemeinschaft lebt*.

Die bäuerliche Kultur, in der diese Mythen entstanden sind, zeigt sich, wie schon erwähnt, deutlich in der immens wichtigen Rolle der Kuh, die diese im Schöpfungsmythos einnimmt. Und auch die Bedrohungen von außen durch Eisriesen und Frostriesen, welche die Götter hassen, weil sie für die Blutsintflut gesorgt haben, in denen ihre Verwandten ertrunken

---

9   In der Version, in der auch Loki an dieser Schöpfung beteiligt ist, haucht dieser den Menschen die Begeisterung ein.

sind, werden immer wieder in den Mythen aufgegriffen.[10] Diese Riesen, diese Urkräfte, sind ein Bild der harten Winter, denen die Menschen des Nordens trotzen mussten. Immer wieder versuchen diese bedrohlichen Urkräfte die Oberhand zu gewinnen … Schnee fällt und bedeckt die Landschaft mit einem weißen Leichentuch, das fast alles unfruchtbar macht. Hagel zerstört die Ernten. Mit der Kälte kommt der Hunger, man kann weder etwas ernten noch aufs Meer hinausfahren, um zu fischen. Man sitzt in einer zugigen Hütte und wartet, dass die Eisriesen wieder verschwinden.

Um das Überleben zu sichern, baut man auf Fruchtbarkeit und Ordnung. Fruchtbarkeit des Viehs und der Menschen (je mehr Kühe man hat, desto mehr Fleisch und Milch hat man zur Verfügung; je mehr Nachkommen man selbst hat, desto mehr Menschen können auf dem Feld helfen) und eine göttliche Ordnung, die sowohl der Leere und dem Chaos das Leben entreißt als auch die gewaltigen Kräfte der Natur in Schach hält. Eine Ordnung, an der die Menschen gemeinsam mit allen anderen Wesen mitwirken, um die bedrohlichen Kräfte des Chaos zurückzudrängen. Das ist die Welt deiner und unserer Vorfahren hier im Norden Europas.

Und vielleicht können wir alle auch aus diesen Hinweisen etwas lernen: dass unser aller vergleichsweise bequemes Leben keine Selbstverständlichkeit ist, sondern ein Grund für Dankbarkeit; dass eine Ordnung nicht gänzlich von selbst entsteht, sondern manchmal errungen werden muss, was unser Mitwirken erfordert; dass manchmal etwas ausgehalten werden muss, ohne dass es irgendeine Beschwerdestelle gäbe, an die wir uns wenden könnten; und letztlich, dass wir im Betrachten all dieser Zusammenhänge neue Kraft und ein Bewusstsein unserer unumstößlichen Würde finden.

---

10 Auch den Menschen können die Riesen nicht viel abgewinnen, da Menschen nun einmal eine Schöpfung der Götter sind, zu denen das Verhältnis nachhaltig gestört ist.

Ein Weltbild der Verbundenheit:
Yggdrasil & die neun Welten

In vielen frühen Kulturen gab es das Bestreben, die unterschiedlichen Bereiche des Daseins, die man sich vorstellte, miteinander zu verbinden. Ein Bild, das dabei immer wieder auftaucht, ist das des Weltenbaums. Schon die Völker im mesopotamischen Zweistromland sprachen etwa 6.000 Jahre vor der Zeitenwende vom *Heiligen Baum von Eridu*, dessen Wurzeln in die Unterwelt und dessen Äste in den Himmel reichten.

Im finnischen Kalevala-Epos ist ebenfalls von einem Weltenbaum namens *Iso tammi* die Rede, der vom Anbeginn der Schöpfung durch die Welt hindurchwächst und dessen Blattwerk zuerst noch den Mond und die Sterne verdeckt. Bei den Letten gibt es den sogenannten *Austras koks*, den Baum des Ostens, dessen kupferne Wurzeln in die Unterwelt reichen, während der Stamm die Mittlere Welt symbolisiert und die silbernen Blätter und goldenen Zweige in den Himmel streben. Auch in Nepal und in Teilen Südamerikas gibt es ähnliche Vorstellungen. Und in der mystischen Tradition des Judentums wird die Art und Weise, wie Gott in die Welt „hineinfließt" und seine einzelnen Qualitäten sich zeigen, in Form eines Baumes – des sogenannten *Sephirots* – dargestellt. Ebenso gibt es im Islam und im Christentum wichtige Bäume, die zwar nicht die Weltordnung symbolisieren, aber im Paradies, also in der unmittelbaren Nähe Gottes, wachsen.

Bäume waren also in vielen Kulturen und spirituellen Traditionen wichtige Bilder für die Verbundenheit aller Bereiche der Schöpfung. Viele unterschiedliche Welten als Teile eines großen Baumes zu sehen ist auch leicht nachvollziehbar, wenn du dir einmal die verschiedenen „Welten" anschaust, die ein ganz normaler Baum beherbergt: Da gibt es zwischen den Wurzeln Löcher für Mäuse, ebenso findet sich hier Lebensraum für Pilze und Flechten. Unter der Rinde leben Larven von allerlei

Insekten, es gibt Höhlen für Spechte und Eulen, in den Ästen bauen weitere Vögel ihre kunstvollen Nester, Spinnen weben ihre Netze zwischen ein paar Blättern und so weiter. Auf diese Weise kannst du dir auch den Lebensbaum *Yggdrasil* der nordischen Mythologie vorstellen. In der *Völuspa* und dem *Grimnismal* wird erzählt, dass Yggdrasil eine Esche[11] sei, deren drei Wurzeln sich in die drei Welten strecken: Unter einer Wurzel hausen die Riesen, unter einer anderen leben die Menschen und unter der dritten Wurzel befindet sich *Hel*, das Reich der Toten. Die Welt der Götter befindet sich in der Krone des Baumes, und wo die anderen Welten sich befinden, bleibt unklar. Heute haben sich jedoch eher Darstellungen etabliert, die die Welt der Menschen (Midgard) in der Mitte des Baumes, also am Stamm, lokalisieren. Das scheint natürlich eine sehr anthropozentrische Form der Darstellung zu sein (die Welt der Menschen als das Zentrum), doch hierzu ist es wichtig zu bedenken, dass die alten nordischen Kulturen die Mitte, oben und unten nicht so wie wir Menschen heute bewertet haben. Oben war genauso wenig ausschließlich gut, wie unten generell böse war – und somit war die Mitte auch nur ganz praktisch zwischen einer neutralen Oberwelt und einer ebenso neutralen Unterwelt angesiedelt. Überall gab es Leben in unterschiedlichen Formen. Fertig.

Midgard ist aber auch ein guter Ausgangspunkt, um den Aufbau von Yggdrasil zu erklären. Midgard ist der Stamm, die Mitte. Und um diese Mitte herum sind weitere Welten verortet: zum einen Muspellheim und Niflheim, die Welten aus Feuer beziehungsweise Eis, die du schon im Kapitel über die Schöpfung kennengelernt hast. Daneben existieren noch zwei weitere Welten, die *Vanaheim* und *Jötunheim* genannt werden. Vanaheim ist das Zuhause der *Vanen*[12], der älteren Naturgott-

---

11   Es gibt auch Historiker, die aufgrund der Beschreibung Yggdrasils als immergrünem Baum die Wortwurzel **yggia** auf das rekonstruierte indoeuropäische **igwja** (Eibe) zurückführen.

12   Woher der Name „Vane" stammt, ist unklar. Manche Forscher vermuten eine phonetische Nähe zu „Wonne" und somit zur Freude, was die sinnliche und lustbetonte Ebene dieser Fruchtbarkeitsgötter unterstreichen würde, andere Forscher sehen eine Verwandtschaft zum deutschen Wort „Wanne", welche dann als Futterwanne bzw. Futtertrog gedeutet wird, was die Sorge der Vanen um die Tiere betonen würde.

heiten wie *Njörd*, Freyr und Freyja, und noch einer ganzen Reihe anderer Gottheiten, die durch die Dominanz der *Asen*[13] (der später auftauchenden Götter, die aber viel größere Bekanntheit erlangt haben) leider vergessen wurden. Vanaheim ist eine große grüne Welt, ein einziger riesiger Wald mit einer Unmenge von Tieren, Naturgeistern, Waldwesen und den bereits erwähnten Naturgottheiten. Es ist die Götterwelt der Jäger-und-Sammler-Zeit, in der der Wald die Heimat und Lebensgrundlage der Menschheit war. Eine fruchtbare und wilde Welt, die im Laufe der Zeit und der Veränderung der menschlichen Lebensweise eine immer geringere Rolle spielte, während die bäuerliche Sesshaftigkeit – und damit einhergehend die Verehrung der Kulturgötter namens Asen – immer wichtiger wurde.

Jötunheim ist dagegen die Heimat der Riesen. Schneebedeckte Berge, Geröllwüsten, Felsbrocken, Eis und Schnee, Hagelschauer … nicht gerade das gemütlichste Plätzchen im Universum. Hier leben die Nachfahren der Riesen, die die Blutsintflut, die Ymirs Tod hervorgerufen hatte, überlebten. Hier schüren sie ihren Hass auf die Asen und die Menschen und bedrohen so immer wieder die Grenzen zu Midgard und *Asgard*.

Letzteres ist der Bereich der Götter, die Heimat der Asen und auch von drei Vanen, die dort als Geiseln leben. (Dazu später mehr.) Dieser Bereich ist ähnlich wie die Welt der Menschen gestaltet, nur üppiger und prächtiger. Es ist ein Bereich der Wunder und des blühenden Lebens: wunderschöne Wälder, fruchtbare Felder, bezaubernde Gärten voller Früchte, außerdem mächtige Hallen, in denen die Göttinnen und Götter leben und Dingen nachgehen, die Gottheiten eben so machen: in die Zukunft blicken, die Ordnung aufrechterhalten, sich langweilen.

---

13 Auch bei dem Namen dieses Göttergeschlechts herrscht Uneinigkeit über die Etymologie: Manche führen das Wort „Asen" auf die (rekonstruierte) germanische Wortwurzel *ansu-z* (Pfahl) zurück, was auf die geschnitzten Pfahlgottheiten verweist, die man in Dänemark, Deutschland und Schweden gefunden hat. Andere sprechen von einer Herkunft aus dem Sanskritwort *asuras*, was „Dämonen" bedeutet. Und wieder andere sprechen – wie Snorri Sturluson in seiner Einleitung der Prosa-Edda – von den Asen als denjenigen, die aus Asien kamen.

Auf halbem Weg zwischen Midgard und Asgard befindet sich noch *Alfheim*, das Zuhause der Lichtalben, Lichtelben oder Lichtelfen.[14] Ein Lichtreich voller Zauber, bevölkert von ebenjenen Elfen, die in der nordischen Mythologie anders als bei J. R. R. Tolkien aber keine menschengroßen Schönlinge sind, sondern eher seltsame Wesen in der Größe von Kleinkindern. (Obwohl auch in der nordischen Mythologie die Frauen der Elfen als sehr schön dargestellt werden, nur eben meist winzig.)

Ganz unten am Baum ist *Utgard* zu finden, die Unterwelt. Utgard bedeutet „außerhalb" und meint einen Bereich, der außerhalb der Welten von Menschen und Göttern liegt. Hier befindet sich auch Hel, das Reich der Toten, welches von der gleichnamigen Göttin beherrscht wird, die in den deutschen Märchen dann im Laufe der Zeit zu Frau Holle[15] wurde. Utgard ist außerhalb der allgemeinen Ordnung angesiedelt, weshalb auch manchmal Jötunheim als in Utgard befindlich gedacht wird. Doch man muss sich bewusst machen, dass es keine originäre Landkarte von Yggdrasil gibt und dass vorchristliche Kulturen immer mehr mit einem *Sowohl-als-auch* anfangen konnten als mit einem *Entweder-oder*. Denk nur an Frau Holle. Wenn sie in der Unterwelt die Betten aufschüttelt und die Federn fliegen, dann schneit es in Midgard, was ja nach allgemeiner Auffassung unmöglich ist, da Midgard oberhalb von Utgard liegt. Doch eine solch logische Herangehensweise war nicht im Interesse der nordischen Kulturen. Hier ging es eher um das Erzählen einer wirklich großen Geschichte voller Zauber, die das Geheimnis der Welt feierte, anstatt es zu analysieren.

---

14 Alle drei Begriffe – Elfen, Elben und Alben – verwendet man innerhalb der nordischen Mythologie synonym als übergeordnete Gattungsnamen, unter denen dann auch die Zwerge und andere Naturwesen zusammengefasst werden. In Alfheim leben die Lichtelben, in Svartalfheim, also dem Schwarzelbenheim, wohnen hingegen die Schwarzalben – ein Begriff, mit dem dann ganz konkret die Zwerge gemeint sind.

15 Frau Holle wird recht häufig mit anderen Göttinnen gleichgesetzt, da sie unglaublich facettenreich ist und vieles in sich birgt. Wir werden sie in diesem Buch zwecks besserer Lesbarkeit, Klarheit und Übersichtlichkeit nicht immer wieder auftauchen lassen, denn man könnte ihr durchaus ein eigenes Buch widmen.

In Utgard befinden sich drei Quellen: die Brunnen *Urd* und *Mimir* sowie *Hvergelmir*. Der Brunnen Urd ist ein Versammlungsort der Götter und Göttinnen und ebenso das Zuhause der drei geheimnisvollen Frauen, von denen wir schon kurz im Kapitel über die Schöpfung berichtet haben – die Nornen. Diese drei Frauen haben nicht nur Einblick in das Schicksal von allen und allem, sondern sorgen auch noch dafür, dass Yggdrasil nicht verdorrt. Jeden Tag nehmen sie Wasser aus dem Urdbrunnen, vermengen es mit Lehm und verteilen es auf unbekannte Weise über den gesamten Weltenbaum, der dadurch allzeit fruchtbar und blühend bleibt. Der Brunnen Mimirs ist der Ort, an dem der Riese Mimir wohnt, der irgendwann im Laufe der Mythen nur noch aus seinem Kopf besteht, der am Rande des Brunnens herumliegt und seine Weisheit preisgibt (oder auch nicht).

Hvergelmir, die letzte der drei Quellen, ist schließlich der Ort, an dem alle Flüsse der Welt entspringen. Manchmal wird auch gesagt, dass der schlangenartige Drache *Nidhöggr* hier haust, der als Symbol der allgegenwärtigen Vergänglichkeit in den nordischen Mythen unentwegt an den Wurzeln Yggdrasils nagt und dabei von weiteren, nicht näher genannten Schlangen unterstützt wird.

Eine letzte Welt bleibt noch übrig: *Svartalfheim*, die Welt der Schwarzalben, die sich zwischen Utgard und Midgard befindet. Hier leben die Zwerge, die in vielen nordischen Sprachen „Schwarzelben" genannt wurden. Hier sind die Schmieden untergebracht, in denen die Zwerge allerlei Zauberdinge herstellen, die dann meist den Göttern und Göttinnen zugutekommen. Von Midgard aus gesehen befinden sich diese Schmieden in der Erde, da die Zwerge das Volk sind, das um die Geheimnisse der Erde weiß, das sich mit Metallen, Erzen und Edelsteinen auskennt und diese geschickt zu kraftvollen und unvergleichlichen Kunstwerken verarbeiten kann.

Ein paar besondere Bewohner Yggdrasils wollen wir noch erwähnen. Nidhöggr, der ganz unten an den Wurzeln nagt,

haben wir schon genannt; ganz oben im Wipfel des Weltenbaumes sitzt dagegen ein Adler, zwischen dessen Augen ein
Habicht nistet. Wie auch immer man sich das vorzustellen hat
... zwischen Nidhöggr und diesem sonderbaren Adler rennt ein
weiteres Wesen immer hin und her, flitzt den Stamm Yggdrasils
hinauf und wieder hinunter: *Ratatösk* (oder Ratatoskr), ein
Eichhörnchen mit einem seltsamen Sinn für Humor und einer
Neigung zum Klatsch. Ratatösk erzählt Nidhöggr, was der freche
Adler wieder erzählt habe, nur um danach direkt zum Adler zu
rasen und diesem zu berichten, was Nidhöggr alles Schlechtes
über den Adler gesagt habe. Warum Ratatösk offenbar nichts
anderes im Sinn hat, als Zwietracht zu säen, bleibt unklar.
Möglicherweise macht es ihm einfach Spaß. Und wir wollten
ihn – obwohl er keine weitere große Rolle in der Mythologie
spielt – hier zumindest erwähnen, weil er ein so schönes Detail
dieser überaus bunten mythologischen Welt des Nordens ist.

Oben im Blätterdach des Weltenbaumes äsen des Weiteren
vier Hirsche, die die so wichtige zyklische Vergänglichkeit symbolisieren. Und auf dem Dach von Walhalla, der Halle Odins in
Asgard, lebt Heidrun, eine Ziege, die Blätter nascht und dafür
den besten Met aus ihrem Euter direkt in die Trinkhörner der
Krieger fließen lässt, die in dieser Halle sitzen und feiern. Auch
die Götter und Göttinnen genehmigen sich hier wohl gerne mal
ein Schlückchen. Rudolf Simek, u. a. Professor für altnordische
Studien und Experte für germanische Mythologie, vermutet,
dass Heidrun eine Umgestaltung Audumlas, der Urkuh, sein
könnte, sodass auch nach der ersten Schöpfungsphase weiterhin
ein Tier die Götter nährt.[16]

Zusammenfassend kann man sagen, dass alle Tiere, die
Yggdrasil bevölkern, sowohl etwas von diesem Baum nehmen
als auch etwas zu geben haben. Hier gibt es kein Gut und kein
Böse. In der nordischen Mythologie *sind* die Dinge und Wesen
einfach. Uns erscheint das als eine sehr offene und tolerante

---

16   Vgl. Rudolf Simek: Lexikon der germanischen Mythologie, S. 175 (Vollständige bibliografische Angaben zu den einzelnen verwendeten Büchern und Quellen findest du in
den Literaturhinweisen am Ende des Buches.)

Sichtweise, jenseits von moralischen Urteilen – und vielleicht kannst du auch etwas mit einer solchen Perspektive anfangen, die nicht aburteilt, sondern jedes Wesen mit seiner ihm entsprechenden Lebensweise sein lässt.

Doch zurück zu den Tieren, denn sie spielen eine wichtige Rolle in der nordischen Kosmologie. Hier begegnet dir eine Weltsicht, die den Menschen als Wesen der Natur ansieht, das gemeinsam mit unendlich vielen anderen Geschöpfen in einem großen Kreis steht, sodass niemand seine Reise gänzlich allein antreten muss. Tiere schenken dir großzügig ihre Unterstützung und weisen dich in jeder Minute auf das große Ganze, auf das Göttliche hin, das dich stets umgibt und durchdringt. Tiere sind in dieser Mythologie immer als Ausdruck einer göttlichen Kraft verstanden worden, weshalb auch nahezu jeder Gott und jede Göttin des nordischen Pantheons zumindest einen, wenn nicht mehrere tierische Begleiter hat.

Sie sind Wesen, die fremd und doch ganz nah erscheinen – die wir Menschen nie vollständig begreifen, von deren Schönheit, Stärke und Anmut wir uns aber ergreifen lassen können. Insofern sind Tiere in gewisser Weise immer Boten des Göttlichen, die auf das wirklich Wesentliche aufmerksam machen und dich in eine wahrhaftige Begegnung mit dem Mysterium führen können, hinein in ein Staunen, hinein in eine tief empfundene Dankbarkeit, Teil dieses Kreises (oder Weltenbaums) zu sein.

Alles, was auf, an und vielleicht auch in Yggdrasil lebt, wirkt in einem großen Zusammenhang miteinander. Alles bedingt einander, alles steht miteinander in Beziehung. Nichts ist vollkommen losgelöst, sondern ineinander verschränkt, ineinander verwoben. Ein großes Netz des Lebens, das neun Welten und viele verschiedene Wesen umfasst, die alle von den gleichen Wurzeln genährt werden.

Ein Kreis von Wesenheiten, die alle miteinander verbunden sind. Diese Weltsicht drückt sich auch im gleichschenkligen kosmischen Kreuz aus, welches das Cover dieses Buches schmückt und das auch auf vielen Funden aus der germanischen Zeit zu sehen ist. Radkreuze dieser Art gehören zu den ältesten Symbolen der Welt – Felsritzungen, Amulette, Grabplatten und auch Alltagsgegenstände wie Rasiermesser zeigen dieses wichtige Muster des Weltverständnisses. Die früheste gefundene Abbildung stammt aus Ungarn und reicht 70.000 Jahre in die Geschichte des Menschen zurück.

Die vier Arme des Kreuzes stehen hier sowohl für die Himmelsrichtungen als auch für die Jahreszeiten, die das große Ganze (den Kreis um das Kreuz) durchdringen und gestalten. Auch hier hängt also alles mit allem zusammen, nichts fällt aus diesem Kreis heraus, ebenso wenig wie irgendetwas oder irgendjemand von einem Ast Yggdrasils stürzt und verlorengeht. Der Kreis und der Baum halten dich und uns und alle anderen Wesen.

DANKBAR FÜR ALLES FRUCHTBARE: THOR & FREYR

Wie dir schon aufgefallen sein wird, standen Fruchtbarkeit sowie dementsprechende Fruchtbarkeitsgötter und -göttinnen bei den nordischen Kulturen hoch im Kurs. Nicht abgetrennt von der Natur und im Bewusstsein einer gewissen natürlichen Abhängigkeit ist das nicht weiter überraschend: Wenn die Natur gedeiht und genügend Jagdwild und Wildgemüse bereitstellt, und wenn auch das Zuchtvieh sich vermehrt und gesund bleibt, die Äcker Frucht tragen und gutes Korn geerntet und sicher aufbewahrt werden kann, dann gedeihen ebenso die Menschen.

Eine sehr simple Gleichung, die auch heute noch Relevanz hat, aber oftmals aufgrund des allgemeinen Abstands zur Natur und zu den wirklichen Prozessen der Nahrungserzeugung übersehen wird.

Es lohnt sich also durchaus, den alten Vorstellungen unserer nordischen Ahnen Aufmerksamkeit zu schenken und sich mit den Qualitäten der Fruchtbarkeitsgötter auseinanderzusetzen. In diesem Kapitel wollen wir das stellvertretend mit *Thor* und Freyr machen, da diese für zwei unterschiedliche Bereiche der Fruchtbarkeit stehen. Thor (oder auch *Donar*) ist ein Asengott, und da die Asen eher Kulturgottheiten sind, liegt sein Verantwortungsbereich vor allem bei den Feldern und Äckern sowie den domestizierten Tieren, die Menschen seit Jahrtausenden in ihrer Nähe halten und züchten. Freyr gehört dagegen zu den Vanen, uralten Naturgottheiten, deren Ursprünge man mindestens bis zu den Anfängen der Bronzezeit zurückverfolgen kann. Wir vermuten, dass sie noch viel älter sind und dass sich Vorstellungen aus der Frühzeit der Menschheit bis in die Wikingerzeit hinein gehalten haben und somit Freyr, Freyja und ihr Vater Njörd, die man auch in Berichten aus späterer Zeit findet, in Wahrheit Überbleibsel steinzeitlicher, aus Animismus und Schamanismus stammender Gottesbilder sind.

Ganz grob kann man den Verantwortungsbereich von Freyr eher dem Wald und der Wildnis zuordnen, auch wenn er in späteren Zeiten oft von Bauern angerufen und um gute Ernten gebeten wurde. Seine ursprüngliche Aufgabe ist aber der Schutz der Wälder und der dort lebenden Tiere und Pflanzen. Freyr bedeutet übersetzt nichts anderes als „Herr", und sein ganzer Auftritt in der Mythologie lässt deutliche Ähnlichkeiten zum keltischen Waldgott Cernunnos erkennen, der ebenfalls als „Herr der Tiere" bekannt ist.

Bleiben wir bei Freyr: Er ist ein wilder, aber auf gewisser Ebene auch sanftmütiger Waldgott, der ebenso als guter Kämpfer und Kriegsführer der Götter bekannt ist. Zugleich ist er ein phallischer Sonnengott, der auf den meisten Abbildungen mit einer enormen Erektion dargestellt wird. Der Phallus war in vielen alten Kulturen – zum Beispiel auch bei den Griechen und Römern der Antike – ein Symbol für die fruchtbare Kraft, die in die Welt kommt und neues Leben zeugt. Im Hinduismus wird der „Lingam" genannte Phallus Shivas bis heute als Sinnbild männlicher Schöpferkraft verehrt. Diese sich verströmende Kraft ist auch Merkmal Freyrs.

Obwohl Freyr in den Mythen nicht mit dem eigentlichen Schöpfungsakt, in dem aus Ginnungagap die Welt entsteht, in Verbindung gebracht wird, ist er doch zuständig für die fortdauernde Schöpfung, also für das Fließen der Lebenskraft in jedem Augenblick des Seins.[17] Er ist die Verkörperung dessen, was wir heute vielleicht mit Lebensenergie bezeichnen würden oder was die Mystikerin und Ordensfrau Hildegard von Bingen im christlichen Kontext „Grünkraft" genannt hat. Seine Macht fließt in die Welt hinein, durchdringt jedes Wesen, erhält jedes Wesen, ermöglicht Wachstum und Fortpflanzung, sorgt für eine grenzenlose Entfaltung des Lebens.

---

17 Man kann vermuten, dass die nordische Schöpfungsgeschichte erst nach dem Auftauchen der Asengötter entstanden ist und dass diese zeitliche Abfolge der Überlieferung einfach die Ursache dafür ist, dass die eigentlich älteren Vanengötter nicht in den Schöpfungsakt eingebunden gedacht werden.

Im *Gylfaginning*, einem der Hauptteile der Prosa-Edda, die Snorri Sturluson im 13. Jahrhundert zusammenstellte, wird Freyr folgendermaßen beschrieben: „Freyr ist der trefflichste unter den Asen. Er herrscht über Regen und Sonnenschein und das Wachstum der Erde, und ihn soll man anrufen um Fruchtbarkeit und Frieden."[18]

(Da Freyr, wie bereits erwähnt, gar kein Ase ist, sondern ein Vanengott, solltest du die Worte Sturlusons „der trefflichste unter den Asen" nicht als „der trefflichste der Asen" verstehen, sondern als „der trefflichste, der bei den Asen lebte".) Freyrs Charakter wird am deutlichsten erkennbar und spürbar in seinem Werben um Gerdr[19] – darin tauchen viele Motive auf, die die Nähe beziehungsweise die Gleichsetzung Freyrs und der Natur deutlich machen.

Alles beginnt auf einer Party in *Walhalla*. Die Götter und Göttinnen saufen und schmausen, gebratene Ochsen und gegrillte Lachse werden serviert, Bier und Met fließen in Strömen, es geht hoch her. Alle sind fröhlich und mehr oder weniger volltrunken, nur Freyr langweilt sich in dieser Gesellschaft. Daher schleicht er in Odins Halle umher, schaut sich dieses und jenes an und stößt schließlich auf Odins Sitz, *Hlidskialf*. Von diesem Sitz oder Thron aus kann Odin in alle neun Welten Yggdrasils schauen. Freyr lässt sich dort nieder und erblickt sogleich die schönste Frau, die er je gesehen hat: Gerdr, eine Tochter der Riesen, die ihrer Art entsprechend in Jötunheim lebt. Freyr entpuppt sich in dieser Geschichte als unverbesserlicher Romantiker, denn er verliebt sich auf der Stelle in Gerdr und kann an nichts anderes mehr denken. Anders als die anderen Götter, die sich Gerdr einfach „geholt" hätten, möchte Freyr aber, dass Gerdr aus freien Stücken zu ihm kommt, sich genauso in ihn verliebt wie er sich in sie. Daher schickt er seinen Freund *Skirnir* los, der um Gerdr werben soll. Freyr selbst ist zu schüchtern, zu zurückhaltend. Skirnir verlangt Freyrs Pferd und dessen Schwert, zu dieser Zeit Freyrs wertvollste Habe, weil er sich ja

---

18 Gylfaginning 24 in Walter Hansen: Die Edda, S. 29
19 Diese Geschichte findet sich im Skirnirsmal oder Skirnirslied in der Lieder-Edda.

auf der gefährlichen Reise nach Jötunheim irgendwie schützen muss. Freyr überlässt ihm beides bereitwillig, denn für Gerdr würde er einfach alles tun. Das ist übrigens der Grund, warum Freyr oft mit einem Hirschgeweih in der Hand dargestellt wird: Er hat sein Schwert fortgegeben und muss in Kämpfen fortan mit diesem Hirschgeweih fechten. Das Hirschgeweih ist auch ein Hinweis auf seine Funktion als Sonnengott, da das Geweih des Hirsches in der Mythologie als Verbindung zum Himmel verstanden wurde. So ist es auch beim keltischen Cernunnos, der dieses Geweih allerdings selbst auf seinem Kopf trägt. Freyrs vorsichtiges Werben um Gerdr zeigt, dass er niemandem seine Macht aufzwingt, dass er Wachstum sich langsam entfalten lässt und dabei geduldig wie die Natur selbst ist.

Freyr ist niemand, der „sich die Erde untertan"[20] macht, sie bedrängt und ihr entreißt, was sie ihm nicht freiwillig geben mag. Er ist ein wirklich Liebender, der Gerdr verehrt und sich ihr gegenüber demütig zeigt, sie achtet und sie als Gleichgestellte respektiert. Er ist sozusagen ein uraltes und immer noch leuchtendes Beispiel für jemanden, der das Weibliche und damit auch das Erdhafte zu schätzen weiß, der sich seiner eigenen Stärke bewusst ist und daher nicht zu Gewalt neigt, sondern sich vorsichtig einem Miteinander nähert. Skirnir ist da bei der Ausführung des Auftrags seines Freundes weniger behutsam: Nachdem er Gerdr vergeblich von Freyrs guten Absichten und dessen unfehlbarem Charakter zu überzeugen versucht hat, droht er ihr schließlich, wovon Freyr aber nichts ahnt. Endlich willigt Gerdr ein und die Hochzeit kann stattfinden. Da Gerdr als Erdgöttin angesehen wird und Freyr als Sonnen- beziehungsweise Himmelsgott, kann man hier guten Gewissens von einem sogenannten *Hieros gamos* sprechen, der

---

20 Vgl. hierzu 1. Buch Mose 1,28: „Seid fruchtbar und mehret euch und füllet die Erde und machet sie euch untertan." Diese Bibelstelle zeichnet vordergründig ein ganz anderes Bild, das der Ausnutzung der Erde Vorschub leistete. Man sollte allerdings bedenken, dass diese übliche Lesart übersieht, dass Gott den Menschen zwar den Auftrag gibt, sich die Erde untertan zu machen, aber auch für alle Wesen zu sorgen, sie zu hegen und zu pflegen. Das zeigt vor allem 1 Mose 2,19, wo Gott den Menschen bittet, alle Tiere zu benennen, also in eine wirkliche Beziehung mit ihnen einzutreten.

Heiligen Hochzeit zwischen Himmel und Erde, zwischen den beiden grundlegenden Qualitäten der Welt. Eine heilige Hochzeit, die das Leben selbst ehrt und dafür sorgt, dass es weiterhin gedeiht – eine Anschauung, die vor allem Vegetationskulten zu eigen ist und oft auch von den ihnen angehörenden Menschen rituell „nachgespielt" wurde, indem ein Mann und eine Frau im Ritus die sich vereinenden Gott und Göttin darstellten. Freyr ist also der Gott, dessen Fruchtbarkeit sich mit der Erdmutter vereint und der so die Grundlage für alles Werden in allen Welten bildet. Damit stellt der Mythos um Freyr auch heute noch ganz wichtige Fragen an jeden einzelnen Menschen:

Wie begegnest du der Erde?

Wie „wirbst" du um sie?

Wie drückt sich deine Liebe zur Welt ganz praktisch aus?

Was bist du bereit, für diese Liebe zu geben? (Was sind in diesem Zusammenhang dein „Pferd" und dein „Schwert", die du zu geben bereit bist?)

Was bedeutet es für dich, dich dem Leben vorsichtig, friedfertig und respektvoll zu nähern?

Auffällig bei Freyr ist noch die Tatsache, dass er nicht wie die meisten anderen Götter allem nachstellt, was bei Drei nicht auf den Bäumen ist, sondern dass er wirklich liebt und seinen Samen, statt ihn an diese und jene Liebschaft zu verschwenden, mit Bedacht teilt. So sorgt er dafür, dass immer wieder neues Leben entsteht, dass jedes Jahr neue Welpen, Ferkel und Kitze geboren werden, dass jeder Frühling neue Triebe, Knospen und Blüten hervorbringt.

Sein ihn begleitendes Tier ist ein goldener Eber namens *Gullinborsti*, der für ihn von den Zwergen geschmiedet wurde.

Der Eber galt in den nordischen Kulturen als Symbol für Tapferkeit und Stärke, nicht aber für blindes Wüten. Auch in diesem Tier zeigen sich Freyrs Beständigkeit und Verlässlichkeit, die ebenfalls an den Lauf des Jahreskreises und die Rhythmen der Natur erinnern.

Ein weiteres schönes Detail ist noch Freyrs Schiff *Skidbladnir*, das von den Zwergen gebaut wurde, immer günstigen Wind hat, Platz für alle voll bewaffneten Asen bietet und dennoch so klein zusammengefaltet werden kann, dass es in die Hosentasche (einer Gottheit) passt. Praktischer geht es kaum – jeder Wohnmobilbesitzer wird hier wohl blass vor Neid!

Wenn du dich nun fragst, wozu ein Waldgott ein Schiff braucht, dann sei hier noch einmal auf Freyrs Vater Njörd hingewiesen, der ein Meeresgott ist, sodass Freyr wohl auch selbst eine Affinität zur Seefahrt entwickelt haben dürfte, die aber in den Mythen (oder dem, was von ihnen übrig geblieben ist) keine größere Rolle spielt.

Freyr und die Vanengottheiten im Allgemeinen stehen für eine tiefe Verbindung zur Natur, eine echte Kommunion, aus der sich ebenfalls eine besondere Form der Kommunikation ergibt. Der Herr der Tiere spricht mit allen Tieren und Pflanzen, spricht aber auch *durch* sie. Wenn du im Wald einem Hirsch begegnest und sich dieser Moment voller Zauber ereignet, in dem weder du noch der Hirsch sich bewegen, eine große und berührende Stille zwischen euch spürbar wird und ihr euch einfach nur staunend betrachtet … dann siehst du in gewisser Weise Freyr in die Augen. Du erkennst das Wunder des Lebens, die Schönheit sinkt tief in dich ein und verändert dich. Vielleicht geschieht das nur für den Moment, aber je öfter du solche Begegnungen hast, desto nachhaltiger wird dieser Wandel. Eine unbestimmte Erinnerung scheint in dir auf, eine Erinnerung an Zeiten, in denen die Natur mit anderen Augen betrachtet wurde: Natur als großer Kreis, der alle Wesen umfasst. Großer Respekt, Achtsamkeit und Akzeptanz – auch sich selbst gegenüber – sind Qualitäten dieser Zeiten, in denen alles von Heiligkeit durchdrungen und beseelt war und ist. In jedem kleinen Vogel konnte ein Gott oder eine Göttin in verwandelter Gestalt stecken, in jedem Stein ein Rat der Ältesten, in jedem Blitz oder Donner eine Botschaft und ebenso in einem winkenden Blatt am Baum oder der Formation des Vogelfluges – in allen Pflanzen, Steinen, Tieren und Menschen steckte das Heilige der Schöpfung, verwoben in einem großen Ganzen aus gleichwertigen Wesen. So innig verbunden wäre man nicht auf die Idee gekommen, das, was man vorfand, gnadenlos auszubeuten, denn man spürte, wann etwas aus dem Gleichgewicht geriet und das Gesamtgefüge nicht mehr stimmig war. Alle alten Zeremonien und Rituale zielten darauf ab, eine Ordnung entweder zu erhalten oder wiederherzustellen, eine Harmonie und Balance zu erschaffen, wenn etwas und jemand der Heilung bedurfte oder Krisen zu bewältigen waren.

Um zu überleben, galt es, geschärfte Sinne zu entwickeln, eine beständige Achtsamkeit, eine wirklich wache Weltsicht und ein in gewissem Sinne erweitertes Bewusstsein – ein Bewusstsein für den großen Kreis.

Um all dies zu schaffen, beobachtete man seit jeher die Natur, ihr Wachstum, Erblühen, Werden und Vergehen und auch die Tiere mit ihren Eigenarten. Die existenzielle Frage war immer, was man von den anderen Wesen lernen kann, um ebenfalls zu gedeihen.

Und um hier den Bogen zurück zu deiner Begegnung mit dem Hirsch im Wald zu schlagen:

> *Was kannst du in einem solchen Moment vom Hirsch lernen?*
>
> *Wie kannst du so achtsam werden wie er?*
>
> *Wie kannst du mit den Füßen fest auf der Erde stehen und gleichzeitig dein Geweih (deine „Antennen") in den Himmel strecken?*
>
> *Wie kannst du in dir Himmel und Erde verbinden?*

Der Name dieses älteren Göttergeschlechts – die Vanen –, zu dem Freyr gemeinsam mit seiner Schwester Freyja und ihrem Vater Njörd gehört, bedeutet übersetzt „die Gebenden", was uns überaus passend erscheint. Die Vanen geben der Natur ihre Fruchtbarkeit, und die Natur gibt allen Wesen das, was sie zu ihrem Leben benötigen. Alle Wesen mehren die Schönheit und Vielfalt, den Ausdruck des Heiligen – dies tun sie mit ihrem Federkleid, mit ihren Facettenaugen, mit ihren Fühlern, ihren Schuppen, ihrem Fell, ihren Lauten und ihren Bewegungen, während bei uns Menschen auch noch unsere Kunst, unsere Lieder, Gebete und weitere Fertigkeiten hinzukommen. Alles vermischt sich, alle Einzelteile fügen sich zu einem großen, bunten Bild. Und irgendwann geben alle Wesen ihren Körper, um andere zu nähren und deren Fruchtbarkeit zu steigern, werden in gewisser Weise zu „göttlichem Baumaterial", mit dem Neues entsteht. Auch hier kannst du wieder den Kreis erkennen, der keinen Anfang und kein Ende hat. Freyr gibt seinen Samen in die Welt, seine Fruchtbarkeit strömt aus ihm in die Erde hinein und aus ihr wieder zu ihm zurück. Das ist ein vielleicht altertümliches, aber doch durchaus treffendes Bild für ein funktionierendes Ökosystem, in dem auch so etwas wie Heiligkeit ihren Platz hat.

Freyr ist in diesem Sinne achtsamer Hüter einer ganz eigenen Waldweisheit, die dich darauf hinweisen kann, dass der wilde Wald auch dein ursprüngliches Zuhause und somit stets in deiner Seele präsent ist. Wenn du die Wildnis in dir achtest und ehrst, immer wieder in sie hineintauchst und dich wahrhaft als Teil der Natur empfindest, bleibst du in tiefer Verbindung: zu dir selbst, zum Göttlichen und zu allem Leben. Du fühlst dich ganz und gar zu Hause in dieser Welt, die dich eine Kraft erfahren lässt, die dich lebendig und fruchtbar macht, dich heilt und heiligt.

Freyr hat die Kraft, dir zu zeigen, wie du dich von der wilden, unbezähmbaren, wehrhaften Naturkraft hingebungsvoll tragen lassen kannst, und lehrt dich zugleich, diese Wildheit so zu reiten, wie er sein Wildschwein Gullinborsti reitet: mit Respekt und zugleich in inniger Freundschaft. Freyr baut damit eine Brücke von der domestizierten Welt zum wilden Waldwissen und zeigt dir gleichzeitig, wie du diese so gegensätzlich erscheinenden Anteile auch in dir miteinander vereinen kannst. Er ist ein Symbol für die wilde, freie, sinnliche Kraft der Natur, die immer wieder aus der Vereinigung von gegensätzlichen oder unterschiedlichen Kräften neues Leben erschafft. Ein Symbol für heilige Schöpferkraft, die jeden deiner Knochen, jede Zelle deines Körpers, jeden Tropfen Blut, jeden Atemzug und jeden deiner Herzschläge durchdringt.

Donner, Riesen und ein unvollkommener Hammer

Eine etwas anders gelagerte Fruchtbarkeit symbolisiert der wohl beliebteste Asengott: Thor (ausgesprochen mit einem sehr scharfen, zischenden S-Laut und einem rollenden R am Ende – in etwa so: Ssorr) oder auch Donar. Da die Asen jünger sind und zu einem Zeitpunkt der Menschheitsgeschichte auftauchten, an dem vor allem die bäuerliche Lebensweise vorherrschte, ist Thor eher für die Fruchtbarkeit der Felder zuständig, auch wenn es gewisse Zuständigkeitsüberschneidungen mit Freyr gibt. Die Asen sind wie gesagt eher Kultur- als Naturgötter, und zu den größten Errungenschaften menschlicher Kultur, die immense Auswirkungen auf unsere Lebensweise hatten, zählen wohl der Anbau von Getreide und das Halten und Züchten von Vieh.

Thor ist unter anderem ein Wettergott, der für Gewitter verantwortlich ist, aber auch den sanften Sommerregen bringt, der das Korn wachsen lässt. Er fährt mit seinem Streitwagen, der von zwei Ziegenböcken gezogen wird, über den Himmel, isst und trinkt gern, verteidigt Asgard gegen die Riesen, reist oft in andere Welten und ist damit auch als Schutzgottheit der Reisenden bekannt.

In den Mythen wird er als jemand beschrieben, der geradeheraus ist und dem List und Tücke fremd sind. Daher fällt er auch immer wieder auf die Tricks seines Ziehbruders Loki herein, was ihn dann manchmal ein bisschen wie einen Obelix des Nordens erscheinen lässt: stark, gutmütig (wenn man ihn nicht reizt), aber nicht allzu helle. Das täuscht jedoch, wie wir zum Beispiel in der folgenden Geschichte um Thors Gespräch mit *Allwiss* sehen können:

Allwiss ist ein listiger Zwerg, der sich in Thors Abwesenheit heimlich mit dessen Tochter *Thrud* verlobt hat, was Thor ganz und gar nicht in den Kram passt. *Welcher Kerl ist schon gut genug für die eigene Tochter?* Mit dieser Einstellung reiht sich Thor wunderbar in die lange Reihe überfürsorglicher Väter ein … Thor verwickelt Allwiss darum in ein Gespräch und einen Rätselwettstreit, der Allwiss – nomen est omen – bei seinem Ehrgeiz packt. Thor stellt Fragen über Fragen, die Allwiss allesamt beantwortet und dabei gar nicht merkt, wie die Zeit vergeht. Bis dann irgendwann die Sonne aufgeht und Allwiss (als Geschöpf aus der Tiefe der Erde) in Stein verwandelt. Eine sehr elegante Art, einen unliebsamen Schwiegersohn in spe loszuwerden!

Thor ist also alles andere als dümmlich, aber er ist bei Weitem nicht so grüblerisch und vielschichtig wie sein Vater Odin. Er repräsentiert eher einen gesunden Menschenverstand, ist offenherzig, ehrlich und zugänglich. Alles Eigenschaften, die ihn zusammen mit seiner Aufgabe als Segensbringer der Felder gerade beim einfachen Volk zu einem hochgeschätzten Gott gemacht haben.

Seine Waffe ist der von Zwergen geschmiedete Zauberhammer *Mjölnir*, mit dem er einerseits Blitze schleudern und gegen aufmüpfige Riesen ins Feld ziehen kann, andererseits auch die Felder segnet. (Auf Russisch heißt der Blitz übrigens *mjolna*.) Dieser Hammer, der also sowohl Leben als auch Tod bringen kann, ist nicht perfekt, wie man es von der Waffe eines Gottes erwarten könnte. Loki hat in Gestalt einer Stechfliege dafür gesorgt, dass der Schmiedevorgang gestört wurde, was letztlich dazu führte, dass der Griff Mjölnirs zu kurz geraten ist. Dennoch ist dieser Hammer für Thor perfekt und fast ein Teil seines Körpers. Wenn er ihn wirft, trifft er immer jedes nur erdenkliche Ziel.

Dieser Hammer ist ein wunderbares Bild für etwas auf den ersten Blick Unperfektes, das sich dann aber als genau das entpuppt, was gebraucht wird. Ein vermeintlicher Mangel wird zur Stärke, ein Fluch wird zum Segen. Eine Einschränkung, ein Unvermögen bergen eine große Gabe. Ein Merkmal, über das andere die Nase rümpfen oder lachen, wird zum Zeichen von Einzigartigkeit. Der Mythos, der hier von der Waffe eines Gottes spricht, über deren Mangel man leicht hinweggehen kann, ohne ihn weiter zu beachten, bietet eine ungeheure Bandbreite an Impulsen für die heutige Zeit: Er kann dir zeigen, dass dein Körper vielleicht nicht nach gängigen Maßstäben perfekt ist, aber perfekt zu dir und deinem Leben passt. Ebenso kann er dich lehren, die Besonderheiten deines Charakters wertzuschätzen, dich selbst mit allem anzunehmen, was zu dir gehört und dich „unkopierbar" macht. Und natürlich kannst du dich durch Betrachtung dieses mythologischen Bildes auch mit allem anfreunden, was dir in manchen Momenten deines Alltags nicht perfekt vorkommt – sei es dein Partner, deine Partnerin, deine Wohnsituation, dein Haustier, dein Job oder was auch immer – und dich dadurch mit den Gegebenheiten so weit arrangieren, dass du überall die Möglichkeit zum Lernen und zum Wachstum erkennen kannst. Denn genau wie Mjölnir bist weder du noch irgendein anderes Wesen, irgendein anderer Mensch perfekt – sondern hier und jetzt einfach im Sinne der nicht zu durchschauenden Ordnung des Kosmos (oder des Schicksals, wenn du so willst …) genau richtig.

Wenn Thor morgens aufwacht (oft mit einem fürchterlichen Kater), greift er als Erstes neben sich, um sich der Anwesenheit seines unperfekt perfekten Hammers zu vergewissern. Nur an einem Morgen greift er ins Leere, weil der Riese *Thrym* ihn bei einem ausufernden Gelage am Vorabend gestohlen hatte.[21] Hier müssen wir einfügen, dass Thor zwar gegen Riesen kämpft, die den Göttern oder Menschen Schaden zufügen wollen, dass

---

21 Siehe das Thrymslied in der Lieder-Edda.

er aber auch die Notwendigkeit und den Wert des Friedens erkennt und mit manchen Riesen, die dies ebenfalls tun, versucht, Freundschaften zu schließen. Er ist also ganz und gar nicht der tumbe Haudrauf, der immer nur kämpfen und Riesen erschlagen will.

Doch zurück zu diesem unseligen Morgen und dem betrügerischen Riesen Thrym: Als Thor aufwacht, ist Thrym schon mit Mjölnir über alle Berge, während in Thor unbändiger Zorn schwelt. Hintergangen zu werden ist für die, die über gar keine Tücke verfügen, meist schwerer zu ertragen als für diejenigen, die aufgrund ihrer eigenen Gesinnung mit so etwas rechnen.

Thor wendet sich an Loki, der sich das Falkengewand von Freyja leiht und Thrym auszuspionieren versucht. Jener erkennt Loki aber und schickt ihn mit einer klaren Botschaft zurück: Wenn die Asen den Hammer wiederhaben wollen, dann müssen sie ihm Freyja zur Frau geben! (Das ist übrigens ein Motiv, das in den nordischen Mythen immer wieder vorkommt: Wenn irgendwer etwas hat, was die Asen gerne für sich in Besitz nehmen würden, fordert derjenige eigentlich immer in irgendeiner Weise Freyja als Gegenleistung. Als Göttin der Liebe und schönste aller Göttinnen scheint ihre Gegenwart mehr als verheißungsvoll gewirkt zu haben.)

Freyja denkt aber nicht im Traum daran, einen so hässlichen Riesen wie Thrym zu heiraten, und so ersinnen Loki und Thor eine List: Thor verkleidet sich als Freyja und Loki spielt seine Magd. So reisen sie zu Thryms Halle, der sein Glück kaum fassen kann. Dass die angebliche Freyja ein Kreuz wie ein Kleiderschrank hat, scheint ihm nicht wirklich aufzufallen – er freut sich sogar, dass „Freyja" so stattlich anmutet. Und jeder aufkommende Verdacht wird von Loki mit Lügen gedeckt ... Wenig damenhaft verdrückt Thor bei der Feier in Thryms Halle einen ganzen Ochsen und acht Lachse, spült das Ganze mit einigen Litern Met hinunter, was Loki damit erklärt, dass die arme Göttin ja so aufgeregt wegen ihrer Hochzeit sei, dass sie die ganze Zeit nichts essen konnte. Auch für den brennenden Blick „Freyjas", den der wütende Thor immer schlechter verbergen kann, hat Loki eine Erklärung parat: Die Göttin habe vor Aufregung auch nicht schlafen können, daher seien ihre Augen gerötet.

Endlich rückt das Hauptereignis der Feierlichkeiten näher und Thrym legt der nordischen Tradition entsprechend Mjölnir in den Schoß seiner zukünftigen Braut – der Hammer als Phallussymbol und Zeichen des Segens, der auf dieser Ehe liegen soll. Das ist der Augenblick auf den Thor gewartet hat ... und mit seinem Hammer erschlägt er alles und jeden in der Halle, bis auf Loki natürlich. Dann entledigt er sich der Frauenkleider und stapft, immer noch stinksauer, aber zumindest satt, zurück nach Asgard.

Solche Geschichten, die voller Humor einen Gott auch mal in einer peinlichen Situation zeigen, weisen darauf hin, wie nahbar die Menschen damals Thor (oder die Gottheiten allgemein) verstanden haben. Es waren keine völlig entrückten Wesenheiten, die ausschließlich in einem unzugänglichen Bereich der Wirklichkeit lebten, sondern ihnen war ähnlich wie den Göttern des griechischen Pantheons nichts Menschliches fremd. So äußert auch der Religionswissenschaftler Bernhard Maier die Vermutung, „die Germanen hätten ihre Götter als Freunde betrachtet und auch so bezeichnet"[22]. Die Götter und Göttinnen wandelten auch oft genug unter den Menschen, und gerade Thor schützte die menschlichen Gefilde ja auch vor Riesen, Trollen und anderen Ungeheuern, die gefährlich werden konnten. In diesem Zusammenhang kannst du die Riesen und Trolle als Personifizierungen gewaltiger Naturkräfte sehen – Stürme, Hagel und Schnee, nicht enden wollende Winter, all das, was die Welt der Menschen (und diese Welt bestand zu dieser Zeit vor allem aus Äckern und Ställen) bedroht. Gegen all diese Umstände und Phänomene hilft das Göttliche, in diesem Fall Thor.

Er wird auch der „Sohn der Erde" genannt, weil er aus der Verbindung seines Vaters Odin mit einer Riesin (oder Asin – da

---

22 Bernhard Maier: Die Religion der Germanen, S. 36

ist die Überlieferung wie an so vielen Stellen unklar) namens *Jörd* hervorgegangen ist, deren Name im Altnordischen nichts anderes als „die Erde" bedeutet. Eine weitere Rolle spielt Jörd nicht, ihre Eigenschaft als Erdgöttin tritt hinter ihrer Funktion als Mutter Thors in den Mythen zurück und verlagert sich eher auf Riesinnen/Göttinnen wie Gerdr oder auch *Nerthus*.

Thors Anliegen ist aber, vielleicht teilweise aus seiner Herkunft begründet, die Bewahrung der Gesamtordnung der Natur, wozu auch der Mensch mit seiner Lebenswirklichkeit von Ackerbau und Viehzucht gehört. Und da eben diese beiden Bereiche – Ackerbau und Viehzucht – für die Menschen damaliger Zeiten am wichtigsten waren, spielt auch Thor in diesen bäuerlichen Zusammenhängen eine große Rolle, sodass der eher dem Wald zugeordnete Vegetationsgott Freyr im Laufe der Mythengeschichte nahezu verblasst. Zumindest sind weit mehr Geschichten über Thor überliefert als über Freyr.

Der Brauch, einer Braut einen Hammer in den Schoß zu legen, wie er auch in der oben nacherzählten Geschichte zu finden ist, zeigt deutlich, welch große Rolle Thor im Leben der Menschen spielte. Manchmal wurden auch die frisch gezogenen Furchen eines Ackers symbolisch mit einem Hammer berührt, um den Gott einzuladen, dieses Feld zu segnen und somit für reiche Ernte zu sorgen.

Die natürliche Ordnung – wie sie die Menschen zu der Zeit, in der die Mythen entstanden, empfunden haben – ist das Betätigungsfeld der Göttinnen und Götter. Diese Ordnung zu wahren, das Gleichgewicht zu erhalten und den zerstörerischen Kräften Einhalt zu gebieten, liegt in der Hand der Asen und Vanen. Bezogen auf die Fruchtbarkeit, die einen wichtigen, wenn nicht gar den wichtigsten Teil dieser Ordnung ausmacht, sind es vor allem Freyr und Thor, die hier im Vordergrund stehen. (Wir haben übrigens am Ende dieses ersten Teils einen Vorschlag für dich eingefügt, wie du deine eigene Zeremonie für Fruchtbarkeit gestalten kannst; siehe Seite 69 ff.)

Ganz so eindeutig, wie unsere Trennung der Zuständigkeitsbereiche der beiden Götter hier erscheint, ist es in den Mythen und überlieferten Volksbräuchen allerdings nicht. Und es gibt auch sicher moderne Heiden, die in Thor heute einen Gott sehen, der ganz allgemein für den Umweltschutz stehen und angerufen werden kann. Für uns scheint diese Verteilung der Rollen aber sinnvoll, denn in der Zeit, in der die Vorstellungen über die Vanen Gestalt annahmen, gab es noch keinen Ackerbau, während die späteren Asengötter in einer Gesellschaft wichtig wurden, deren Hauptlebensgrundlage entsprechende Bauernhöfe waren.

Doch solche Interpretationen sind keinesfalls dogmatisch gemeint, sondern lediglich Versuche, die Mythen so aufzubereiten, dass Menschen heute noch etwas mit ihnen anfangen können. Unter Umständen taucht irgendwann ein archäologischer Fund auf, der Freyr stärker mit der Landwirtschaft in Verbindung bringt oder aber Thor als Gott der Wälder zeigt. Bis dahin möchten wir unsere Überlegungen so anbieten, wie wir das in diesem Kapitel getan haben, zugleich aber vor allem darauf hinweisen, dass beide Gottheiten weiterhin von enormer symbolischer Bedeutung sein können.

FRUCHTBARE GÖTTER FÜR HEUTE

Freyr und Thor werden heutzutage gleichermaßen gebraucht, und dies vielleicht mehr als jemals zuvor. Sie liefern uns Bilder, die verdeutlichen können, dass das Leben grundsätzlich heilig und vom Göttlichen erfüllt ist. Freyr steht hierbei für die immer seltener werdenden Bereiche der Wildnis, für den Lebensraum der Tiere – für die tiefen Wälder, denen die Menschen heute nicht mehr den Respekt entgegenbringen, der nötig wäre, um sie weiterhin zu erhalten. Aus einem gesunden Respekt ist entweder eine abschätzige Haltung geworden, die in einer grenzenlosen Ausbeutung von Ressourcen gipfelt, oder aber eine unbestimmte, kulturell geprägte Angst, die ebenfalls zu nichts Gutem führt.

Diese Angst vor dem Wald hat in unserem Kulturkreis eine lange Geschichte. Gerade die Christianisierung[23] hat hier vieles auf ungute Weise verschoben, hat aus beseelten Kreaturen seelenlose Bestien gemacht, die generell als Bedrohung empfunden wurden, was sich insgesamt destruktiv auf den Umgang mit Natur ausgewirkt hat. Der patriarchale Subtext des Christentums hat diese Angst vor der Natur auch oft mit der Angst vor dem Weiblichen verbunden. Das sieht man an Deutungen über die Geschichte der Vertreibung aus dem Paradies schon sehr deutlich: Die Frau spricht mit der Schlange (dem Wesen, das mit seinem Bauch immer ganz nah an der Erde ist) und lässt sich (vermeintlich wankelmütig) verführen, zieht letztlich dann auch den guten, wenn auch vielleicht etwas naiven Mann mit hinein. Das Weibliche ist bedrohlich, die Natur ist bedrohlich – beides muss beherrscht werden. Daher macht das Wilde, das Unkontrollierbare Angst. Daher die Hexenverfolgung, daher das Bewerten der Natur als bloße Ressourcenquelle, daher die Furcht vor verborgenen Kräften, die im Wald wirken – woraus dann wieder Geschichten von bösen Hexen, Werwölfen (auch Menschen, die von der Natur überwältigt wurden) und Waldschraten etc. entstanden sind.

Auch wenn wir heutzutage solche Erscheinungen für Gestalten aus Ammenmärchen halten, wirken diese kulturell geprägten Ängste dennoch in uns nach. Sich diese anzuschauen und auch ein kleines Stück weit zu heilen ist etwas, das mit der Hilfe eines Bildes wie dem von Freyr vielleicht einfacher geschehen kann. Ein gütiger Waldgott, der alles, was lebt, beschützt und behütet, der alles liebt, was kreucht und fleucht, der alles erhält und versorgt ... das kann ein Anfang sein, um die Schöpfung mit neuen Augen zu sehen und sich neu zu verlieben. Sodass man sich weiter auf das große grüne Wunder einlassen mag, selbst weitere Schritte geht ... und letztlich das, was man liebt, ebenfalls schützt.

---

23 Hier möchten wir ganz klar zwischen den überaus wertvollen Lehren Jesu von Nazareth und der Historie der Kirchen unterscheiden. Erstere bedeuten uns sehr viel, Letztere hat sich unseres Erachtens nicht gerade mit Ruhm bekleckert.

In diesem Sinne ist Freyr ein Gott, der sich als großartiges Symbol für einen spirituell motivierten Umweltschutz eignet und uns alle darauf hinweist, dass Leben in jeglicher Form wertvoll ist, dass Biodiversität sozusagen eine göttliche Qualität ist.

Die Fruchtbarkeit, die Thor symbolisiert, steht in engem Zusammenhang mit diesen Qualitäten Freyrs. Denn auch wir Menschen sind Teil der Natur und haben ein Recht auf Leben – ganz genau wie jeder Fuchs, jedes Eichhörnchen und jede Biene. Um dieses Leben zu sichern, betreiben Menschen Landwirtschaft, was allerdings immer schwieriger wird. Wollen wir Freyrs Bereich schützen und die weltweite Abholzung stoppen, bedeutet das, dass auf einer gleichbleibenden Fläche immer mehr Ertrag erzielt werden muss, um eine wachsende Anzahl von Menschen zu ernähren. Das erfordert ein generelles Umdenken, für das Thor ein gutes Bild sein kann. Die Felder wirklich und wahrhaftig fruchtbar zu erhalten wird definitiv nicht mit noch mehr Dünger und noch mehr Pestiziden funktionieren. Ebenso wenig gelingt es mit einem Preiskampf, der auf dem Rücken der Landwirte ausgetragen wird. Vom Leid und von den Schäden der Massentierhaltung wollen wir jetzt erst gar nicht anfangen … Aber den Boden und auch die sogenannten Nutztiere wieder als heilig anzusehen, als dunklen und fruchtbaren Schoß von Mutter Erde beziehungsweise als beseelte Lebewesen, für die wir Menschen Sorge und Verantwortung tragen müssen, damit sie uns unterstützen können … *das* könnte tatsächlich etwas im positiven Sinne verändern. Ein Wandel der Sichtweise ist auch hier die Grundlage für alles Weitere.

Thor dient hier als Abbild einer Fruchtbarkeit, die innerhalb einer natürlichen Ordnung agiert und diese achtet und schützt. Mit anderen Worten: Thor ist derjenige, der im Supermarkt gern ein paar Cent mehr für Biogemüse zahlt und auf die Frage, warum er es sich nicht einfacher mache, nur verständnislos aus der Wäsche guckt.

Gemeinsam können Freyr und Thor die Gesamtheit der natürlichen Welt beschützen, sowohl für eine Achtung der Mutter Erde und all ihren Wesen eintreten als auch dafür sorgen, dass wir Menschen uns wieder mehr als ein Teil eben dieser Wesen fühlen. Ganz praktisch kann dieses Umdenken zu einer wirklich nachhaltigen Landwirtschaft führen, die als Nebeneffekt auch dafür sorgen könnte, dass alle Menschen von ihr zu leben vermögen und nicht ein Teil der Welt sich auf Kosten eines anderen Teils bereichert.

Zugleich verfügen beide Götter über eine kriegerische Energie, die sich in echter (und nicht vorgespielter) Stärke zeigt. Eine Stärke, die offen und beweglich ist, also nicht abgekapselt von der Welt. Voller Kraft und dennoch von der Welt berührbar. Voller Mut, der aus dieser Berührung herrührt und nichts anderes als Liebe erzeugt.

Einige Menschen mögen diese Energie nicht, weil sie denken, das Kriegerische sei auf irgendeine Weise „unspirituell". Aber wir meinen, dass diese Energie heute unbedingt gebraucht wird, weil sie eine positive, sehr spirituelle und heilsame Kraft sein kann, die Veränderung schafft, die Wandel hervorbringt und die sich auch mal mit einer gewissen Vehemenz für das Gute einsetzen kann.

Die Kriegerin und der Krieger ergreifen ihr Schwert (oder wahlweise auch einen Hammer beziehungsweise ein Hirschgeweih), um eine Kraft zu bündeln, die Veränderung schafft, die Wandel hervorbringt und sich für eben dieses Gute einsetzt. Dabei sind sie stets mit ihrer Seele und mit der Welt in Verbindung, lassen sich voll und ganz auf das Leben ein, folgen der Stimme ihrer Herzen und treten auf heilsame Weise für das ein, woran sie wirklich glauben.

Eine wahrhaft spirituelle Kriegerin und ein wahrhaft spiritueller Krieger zu sein bedeutet, genau hier zu stehen, wo man gebraucht wird, und der Ungerechtigkeit, der Unterdrückung, dem sinnlosen Leid, der mangelnden Wertschätzung unserer Welt, der mangelnden Liebe gegenüber allen Wesen, der Gier und der Habsucht nicht das Feld zu überlassen – auch wenn dies manchmal unbequem sein mag oder man zwischendurch meint, die Hoffnung zu verlieren. Ebenso bedeutet es, sich selbst zu begegnen, sich wirklich kennenzulernen und sich als ganzer Mensch, mit allem, was zu einem gehört, zu zeigen.

Der wirkliche Krieger kann der „Mystiker in Aktion"[24] sein, wie der ehemalige Dominikaner Matthew Fox ihn nennt – ein Mensch, der die Welt tief kontempliert hat, sie *wirklich gesehen* hat und aus dieser tiefen Schau aktiv wird, um etwas zum Wohle des großen Ganzen zu wandeln.

Diese kriegerische Kraft, die letztlich nichts anderes als tätiges Mitgefühl ist, kannst du aus der inneren Begegnung mit Freyr und Thor gewinnen oder auf diese Weise verstärken und somit aus der Welt geschenkt bekommen und für die Welt einsetzen!

Ritual: Dein Altar

Zu allen Zeiten und in nahezu jeder Kultur hat es kleine persönliche, alltägliche sowie recht pompöse, besondere Altäre gegeben, die mit allerlei Dingen geschmückt waren und offensichtlich alle eine Bedeutung hatten – nicht nur in sakralen Gebäuden wie Tempeln oder Kirchen, sondern auch einfach zu Hause, in einer Ecke des Wohn- oder Schlafraums. Ein kleiner, sehr privater Ort der intimen Verbindung mit dem Göttlichen. Ein Ort für Meditation und Gebet, ein Ort, um zu dir zu kommen und dich ganz auf das zu fokussieren, was deine Seele dir sagen möchte.

---

24 Matthew Fox: Die verborgene Spiritualität des Mannes, S. 127 ·

Wenn du magst, richte dir solch einen Ort ein, der wahrscheinlich auch gar nicht viel Platz wegnimmt. Hier kannst du dich hinsetzen, die Dinge, die dir wichtig sind, betrachten und darüber nachsinnen, warum sie so wesentlich für dich sind. Hier kannst du dich erinnern, dass du Teil eines großen Kreises bist und dass der Altar deine ganz eigene Weise ist, diesen großen Kreis zu ehren.

Im Hinblick auf die Themen rund um Freyr und Thor könnte sich hierin beispielsweise deine Naturverbundenheit widerspiegeln oder dein Wunsch nach Fruchtbarkeit ausdrücken.

Dinge, die du benötigst:

Es muss kein prunkvolles, mit Gold verfeinertes Marmorgebilde sein, ganz im Gegenteil: Ein schlichtes Holzbänkchen oder ein einfaches Tischchen mit einigen wenigen Dingen genügt völlig. Dabei müssen diese Dinge auch keinen objektiven Wert haben, also in monetärer Hinsicht wertvoll sein. Wichtig ist lediglich der emotionale Wert, den sie für dich haben. Auf deinem Altar kann daher zum Beispiel eine besondere Feder liegen, die du neulich gefunden hast und bei der es dir so vorkam, als spräche die Natur zu dir. Es kann ein kleiner Stein dort liegen, dessen Form oder Muster dich an etwas erinnert, das dir wichtig ist. Dein Altar kann auch ein altes, vergilbtes Foto deiner Ahnen tragen, oder eine kleine Dose mit den ausgefallenen Milchzähnen deiner Kinder. Es geht einfach um Dinge, die für dich das Wesentliche deines Lebens symbolisieren und die dich tief im Herzen berühren.

Weniger ist dabei oft mehr – ein schlichter Altar mit wenigen Dingen hat oft eine intensivere Wirkung als ein überladener Altar, bei dem man die einzelnen Gegenstände kaum wahrnehmen kann.

Du benötigst daher einen für dich stimmigen Ort, dort eine klare Stelle, wie zum Beispiel Anrichte/Deckchen/Regalbrett, und eben jene Dinge, die für dich besonders sind.

Vorbereitung:

Generell können dir zu mehr Klarheit folgende Fragen verhelfen:

Was schafft für dich eine Atmosphäre der Heiligkeit und Verbindung?

Was symbolisiert für dich das Göttliche, die Große Göttin oder bestimmte andere Gottheiten?

Was möchtest du ausdrücken? Oder feiern beziehungsweise ehren?

Was ist dir ganz besonders wichtig – dir heilig?

Einige gängige Varianten wären zum Beispiel: ein Umdekorieren nach Jahreszeiten (alle vier Monate) oder nach den acht Jahreskreisfesten (ca. alle sechs Wochen) und auch ein Altar, der zumindest im Kleinen die vier Elemente (Erde, Feuer, Wasser, Luft) beinhaltet. Was wären für dich jeweils passende Stellvertreter?

Es kann auch eine wundervolle Variante sein, dir den „Heiligen Hain" in dein Zuhause zu holen, zum Beispiel über neun ganz bestimmte Hölzer, die du im Wald achtsam sammelst bzw. von denen du dich finden lässt.

Stimme dich darauf ein, ob du mit einer dieser Ideen starten möchtest oder was dich sonst von Herzen anspricht oder dir intuitiv in den Sinn kommt. Wähle dann entsprechend deine heiligen Gegenstände aus.

Das Ritual:

Setze nun aus vollem Herzen und mit klarem Geist deine Intention dazu, was für eine Art Altar du errichten magst.

Sei in Gedanken bei deinem so gefassten Entschluss, bei deinem Anliegen. Es wird deine Energie und den Spirit nähren, der dann in das Ritual einfließt und es so zu deinem ganz Ureigenen macht.

- Bereite an dem von dir gewählten Ort bewusst deinen heiligen Raum. Erschaffe Atmosphäre durch das, was du bist und tust. Das kann zum Beispiel eine stille Meditation sein, um ganz an dem Ort anzukommen; ein frei entstehender Gesang oder ein Lieblingslied, das du dem Ort (der Zimmerecke) schenken möchtest; ein Gebet; trommeln oder rasseln; du kannst auch einen schützenden Kreis um deinen ganzen Platz herum visualisieren und dich darin niederlassen ...

- Besinne dich auf deine Intention, dein Anliegen, deinen klaren Entschluss.
  Sprich dies hörbar aus.

- Rufe alle hilfreichen Kräfte, die dir persönlich nun wichtig sind (Elemente, Ahnen, Spirits, Krafttier, Geistführer, Göttinnen und Götter usw.) und dich in deinem Anliegen unterstützen können, hinzu.

- Beginne dann mit dem ganz bewussten Ausbreiten oder Aufstellen der von dir persönlich ausgewählten Gegenstände. Stelle achtsam eines nach dem anderen auf, sodass du die Bedeutung eines jeden wirklich wertschätzen kannst. Lasse dich dabei von deinem Spirit im Inneren und der Urkraft des großen Ganzen leiten. Wir möchten dich bewusst ganz frei in deinem Tun lassen!

Es geht hier um dich, ganz ohne Dogma. Alles darf, nichts muss. Anregungen können sein: das Stück Holz/das Tischchen/die Anrichte kurz mit der Hand zu berühren, dem Platz zu danken, achtsam die Decke auszubreiten und dann nach und nach jedem Gegenstand und ggf. auch den Spirits/dem Göttlichen zu sagen, wofür sie jeweils stehen, und sie dann bewusst an ihren Platz zu stellen. So wird es klar benannt und liebevoll in das Netz deines Lebens eingewoben. Entzünde feierlich und initiatorisch deine Kerze/n. Habe Freude bei alldem und lasse dich von deinem Tun selbst berühren.

- Spüre dann in Stille nach.

- Wenn schließlich alles gesagt und getan ist, erhebe dich ganz bewusst, lösche deine Kerze/n, löse dich aus deinem heiligen Ritualraum und schließe ihn dadurch für jetzt.

Nachbereitung:

Dies ist dein ureigener Beginn eines Altars und von hier aus startet sozusagen der Weg oder Prozess des Nachspürens und Erkennens. Probiere für dich aus, was für dich stimmig ist, was dir gefällt und was dich bewegt. Die Einrichtung eines solchen Altars darf ruhig mehrere Wochen in Anspruch nehmen – und vielleicht ist sie auch nie abgeschlossen, weil dein Glaube, deine Spiritualität eben auch nichts Abgeschlossenes sind, sondern dynamisch und in Bewegung bleibend.

Ritual: **Deine Fruchtbarkeitszeremonie**

Als die Menschen verstanden, dass die Jahreszeiten mit der Kraft von verschiedenen Himmelserscheinungen wie Sonne und Wind zusammenhängen, begannen sich überall auf der Welt zusätzlich zu den alten Muttergottheitskulten auch Sonnenkulte und eine Verehrung von Windgöttern zu etablieren. In vielen Teilen der Welt schlug sich dies in den Mythen – eben genau so wie auch in der Natur – als jährliches Wachstum, strotzende Lebenskraft, schließlich Verfall und Sterben sowie einer Neugeburt in der Beschreibung von Zyklen nieder. Alle Stationen des Zyklus galten als wichtig für die Fruchtbarkeit. Du kannst daher selbstverständlich alle Ebenen mit in das folgende Ritual einbeziehen oder stets neu entscheiden, welcher dieser Bereiche möglicherweise mehr Aufmerksamkeit als die anderen benötigt. Passe das Ritual an dich, deine aktuellen Bedürfnisse und gern auch die jahreszeitlichen Qualitäten an.

Jeder Sonnenstrahl galt als heilig, lebensspendend und mächtig. Mit jedem Sonnenstrahl penetrierte der Himmelsgott die Erdmutter und ließ dadurch Samen im Boden keimen und die Vegetation im Frühjahr wieder erwachen. Auch du kannst mit diesem Ritual die Kraft der Sonnenkulte für dich nutzen.

Dinge, die du benötigst:

Ein paar Gaben für den Platz in der Natur, an dem du dein Ritual durchführen möchtest.

Falls du zu deiner Umsetzung etwas Besonderes brauchst, was du nicht immer mit dir führst (Decke, Kissen, Sitz-

unterlage o. Ä.), suche dir dies zusammen und packe eine
kleine Waldtasche.

Darin können gern auch Samen, Früchte, Körner etc. für die
Erde und ihre Wesen als oben genannte Gaben sein und
alles, was du sonst bei dir haben magst, um es feierlich zu
gestalten. (Kerzen/Wachs etc. bitte immer wieder mitnehmen und nur biologisch abbaubare Naturmaterialien, die
irgendwann in den Kreislauf übergehen, im Wald zurücklassen, vorzugsweise auch stets Gaben ohne Zucker auslegen.)

Vorbereitung:

Wähle einen Ort in der Natur, den du für dich als stimmig
empfindest, an dem du gut sitzen kannst und der von seinen Gegebenheiten her bereits deine Seele nährt. (Sei dies
durch fließendes Gewässer, urwüchsigen Wald, eine besondere Lichtung, ein dir vertrauter Baum, geschützt und dicht
umwachsen heimelig oder weit blickend auf einer Anhöhe ...)

Hilfreiche Impulsfragen:

Welche Bereiche deines Lebens möchtest du befruchten?
Welche Kraft in dir hat nun lange genug geruht und möchte
voll und ganz erwachen? Welche Samen möchtest du mithilfe von Erde und Himmel ausbringen?

Wie kannst du voll und ganz erblühen und dich entfalten?

Was benötigst du dazu?

Möglicherweise auch: An welchem Ort kannst du gut oder
besser gedeihen?

Wo kannst du nährende Wurzeln schlagen?

Das Ritual:

Setze nun aus vollem Herzen und mit klarem Geist deine Intention für deine Fruchtbarkeitszeremonie. In diesem Fall kann das der klare Wunsch nach all dem sein, das deine Impulsfragen zum Vorschein brachten und was deine persönlichen „Wachstumsbedingungen" unterstützen würde.

Sei in Gedanken bei deiner Intention. Es wird deine Energie und den Spirit nähren, der dann in das Ritual einfließt und es so zu deinem ganz Ureigenen macht.
Wenn du dich zum Beispiel zum nächsten Wald oder Berg aufmachst, den du gewählt hast, gestalte schon deine Abfahrt oder den Spaziergang dorthin feierlich.

- Bitte am Waldrand den Wald um Einlass. (Entsprechend am Fuße des Berges den Berg usw. - bitte ändere dies im Folgenden auf deine persönliche Ortswahl hin ab.)

- Betritt den Wald ganz bewusst, als ob du eine Schwelle in die Anderswelt überschreitest und doch voll und ganz Waldmensch bist.

- Lasse dich dann im Wald von einem für dich stimmigen Platz finden. Du wirst ihn erkennen.

- Bereite dort deinen heiligen Raum, erschaffe Atmosphäre durch das, was du bist und tust. Das kann durch Meditation geschehen, durch Gesang, Gebet, du kannst trommeln oder rasseln und auch einen schützenden Kreis aus Mehl oder Roggen-/Gersten-/Haferkörnern um deinen ganzen Platz ziehen und dich darin niederlassen ...

- Besinne dich auf dein Anliegen, deinen klaren Entschluss. Sprich dies hörbar aus.

- Rufe alle hilfreichen Kräfte, die dir persönlich nun wichtig sind (Elemente, Ahnen, Spirits, Krafttiere, Geistführer,

Göttinnen und Götter usw.), die dich in deinem Anliegen unterstützen können, hinzu.

- Setze dich nun bewusst auf die Erde, mit der du dich verbinden möchtest, und spüre sie ganz intensiv (insbesondere an allen Körperstellen, die nun direkten Kontakt zur Erde haben). Öffne dich dadurch der Erdmutter.

- Öffne nun auch dich selbst, genau wie die Erde sich immer wieder dem Himmel/der Sonne öffnet.

- Während dich von unten die Kraft der Erde nährt, trägt, hält, empfange nun jeden einzelnen lebensspendenden Sonnenstrahl dankbar in dir. (Dies geht selbst an bewölkten Tagen.) Bitte die Sonne, dich wieder zu erwecken, deine Samen keimen zu lassen, dich zu befruchten (was immer die für dich stimmigen Worte sind und zu den vorherigen Impulsfragen passen – dies kann ein äußerst intimes, sehr berührendes Wünschen und Erleben sein).

- Lass in dir eine Heilige Hochzeit von Erde und Himmel geschehen, die sich in deiner Mitte fruchtbar entfalten darf.

- Spüre dann in Stille nach. (Nimm ALLES wahr um dich herum und in dir! Es passiert meistens so viel!)

- Lege deine Gaben ab, die du dem Ort mitgebracht hast. Bedanke dich für die Unterstützung des Ortes und aller Wesen, die du zuvor hinzugerufen hast.

- Wenn schließlich alles gesagt und getan ist, erhebe dich ganz bewusst, löse dich aus deinem heiligen Ritualraum, schließe ihn dadurch für jetzt und verabschiede dich.

- Komme wieder ganz und gar in deinem Körper und Geist an, wenn du hierbei auf „Seelenflug" gegangen bist. Erde dich und verlasse den Ort erst wieder, wenn du wirklich so weit bist. (Begib dich vor allem erst dann wieder in den Straßenverkehr.)

- Verlasse den Wald wieder ganz bewusst und überschreite deine Schwelle am Waldrand ganz bewusst. Sie eignet sich ebenfalls ganz wunderbar, um dort eine Gabe niederzulegen.

Wir wünschen dir von Herzen ein kraftvolles, lebendiges, fruchtbares, magisches Ritual und ganz viel Freude dabei!

Nachbereitung:

Wieder zu Hause angekommen kann es für dich und deine Entfaltungsprozesse sehr vorteilhaft und unterstützend sein, wenn du deine Erlebnisse an diesem Ort, deine Erkenntnisse im Geiste und deine Emotionen währenddessen für dich festhältst, in Skizzen und Worten, wie immer es dir entspricht.

Von Zeit zu Zeit kann es spannend und erkenntnisreich sein, nachzuspüren und zu reflektieren, was sich in welcher Weise nach dieser Fruchtbarkeitszeremonie in deinen gewählten Bereichen verändert hat.

TEIL II:
KRAFT DER
WELTENBRÜCKEN

VON ZAUNREITERINNEN UND BRÜCKENWÄCHTERN

Als die Menschen begannen, ihre Gehöfte einzufrieden und in sesshaften, ortsgebundenen Gemeinschaften zu leben, in der jede und jeder genau das beitrug, was seinem oder ihrem Talent entsprach, begannen auch die Umzäunungen. Solche Gelände wurden „Hag" genannt, und diese Einfriedung bestand häufig aus lebendigen Hecken (gern auch solche mit Dornen, bis heute im „Hagedorn" namentlich enthalten), um einen gewissen Schutz zu bieten und das eigene Gebiet klar zu umgrenzen. Der Stamm wurde vor Übergriffen anderer, feindlich gesinnter Stämme bewahrt, und das Vieh war vor den wilden Tieren des Waldes geschützt. Alles jenseits dieser Hecke war ein wilder, ungezähmter und oft gefährlicher Bereich, alles innerhalb der Hecke galt als sicher. Doch in jeder Gemeinschaft gab es auch Menschen, die „am Rande" agierten oder im sogenannten Zwischenbereich. Im althochdeutschen Wort „Hagazussa" für Hexe ist diese Dualität von innen und außen enthalten: Hexen sind die Zaunreiterinnen, die auf der Hecke (dem Zaun) sitzen und mit einem Bein absolut fest verwurzelt im Hier und Jetzt, im Geordneten und durch die Hecke eingezäunten Bereich (also im *Hag*) und mit dem anderen Bein im wilden, ungezähmten Bereich jenseits der Hecke stehen. In diesem Bereich, der ungezügelt und frei einfach wild wächst und gedeiht, könnte man auch eher sagen, „fliegt" sie mit dem anderen Bein. Denn dies ist ein nicht durch Hecken eingefriedeter oder irgendwie urbar gemachter Bereich, sondern ein ganz und gar ursprünglich gewachsener Raum, in dem die Natur die Geschicke lenkt.

Diese Hecken oder Zäune sind Grenzbereiche, und die Heckenreiterin darauf hat eine Art Vermittlerrolle inne, da sie sich in beiden Bereichen auskennt, in diesen wandelt und immer wieder hin- und herwechseln kann.

Das Bild erinnert sehr stark an die weltweiten Beschreibungen von Schamaninnen, Medizinmännern, Heilkundigen, Zauberern und Priesterinnen, oder welche Begriffe man in der jeweiligen Kultur auch immer dafür geprägt hat. Menschen, die Brücken bauen zwischen dieser Welt und anderen Welten, seien es Jenseitsbereiche, Andersweltbereiche, zwischen Tieren oder Pflanzen und Menschen (also zwischen den Arten), zwischen den Kulturen/Stämmen, zwischen sogenannten Krankheitsgeistern und Menschen oder Tieren, zwischen Menschen und deren Seelen, zwischen allem, was bekannt und mehr oder weniger unbekannt ist. Immer ging es um die Vermittlung zwischen unterschiedlichen Bereichen und dabei letztlich um das Erlangen oder Erhalten von Harmonie. Man könnte heute gut und gerne sagen, dass ein *Kenning*[25] für schamanisch Praktizierende ebenfalls „Brückenbauer" beziehungsweise „Brückenbauerin" ist. Schamanisch Reisende gehen über Brücken, erforschen und lernen in anderen Welten jenseits der Hecke, kehren zurück über diese Brücken und berichten den Menschen, die innerhalb der Einfriedung warten, davon. Durch diese Berichte bauen sie häufig wiederum Brücken zwischen den „Welten", und dies ist sehr vielfältig gemeint, da es außer dem oben Genannten auch ganz schlicht die Vermittlung zwischen den Menschen untereinander beinhalten kann. Brücken bauen oder Brücken zu bewahren ist seit jeher ein verbindendes Element und steht in Zusammenhang mit der Harmonie.

In den verschiedensten Kulturen weltweit finden wir Mythen zu und Bilder von Flüssen, die diese Welt der Lebenden vom Reich der Verstorbenen trennen, und teilweise kommt dabei ein Fährmann vor, der die Wesen von einer Welt in die andere bringt. (In diesem Falle den „Zaunreiter", der auf der Wassergrenze lebt und an jedes der beiden Ufer gelangen kann.) Manchmal wird auch ein Urmeer oder ein riesiger See, über dem mystische Nebel hängen, beschrieben. In der nordischen

---

25 Mit „Kenning" ist eine poetische Umschreibung gemeint. Der Plural lautet Kenningar. Mehr dazu findest du in Teil III im Kapitel zu Odin, ab S. 110.

Mythologie findet sich die *Gjallarbru*, die Brücke, die ins Reich der Toten führt. In einigen Zusammenhängen wird diese Grenze passiert, und wir gehen in diesem Buch auch an verschiedenen Stellen darauf ein, was dies aus unserer Sicht bedeutet.

Bifröst – Weltenbrücke zwischen Asgard und Midgard

Doch in diesem Kapitel beleuchten wir zunächst eine andere Brücke, die in den Sagas benannt und auch beschrieben wurde: *Bifröst*. Es ist nicht ganz klar, ob dieser Name „schwankende Himmelsstraße"[26] oder „der nur kurz zu sehende Regenbogen"[27] bedeutet. In beiden Bedeutungen findet sich das Schwanken, Flackern, und lässt eher an etwas Unbeständiges, an ein Hitzeflimmern im Sommer denken als an ein feststehendes Monument. Diese Brücke verbindet die Welten, insbesondere Asgard und Midgard, also die Welt der (Asen-)Götter und unsere hiesige Welt – doch es ist eben keine aus Steinblöcken oder Holz gebaute, unverrückbare Brücke, sondern eine immaterielle, die als ein von den Göttern kunstvoll erschaffener Regenbogen beschrieben wird.[28] Möglicherweise meint dieses Schwanken oder nur kurz Sichtbare, dass die Verbindung für uns Menschen nicht immer und zu jeder Zeit gleich konstant zu sehen bzw. wahrzunehmen ist. Je nach Grad der inneren Öffnung, der geistigen Weite, des Sich-einlassen-Könnens und der Fähigkeit zur Trance und Hingabe (was alles durchaus auch von der jeweiligen Tagesform abhängt), kann Bifröst gesehen werden oder nicht, können andere Welten erreicht werden oder nicht. Es heißt, dass die Götter täglich über diese Brücke reisen und zwischen den Welten wechseln. Auch hier wird zum Schutz vor dem Wilden, Ungezügelten eine Grenze errichtet, die die Brücke in diesem Falle insbesondere für die Riesen unzugänglich machen soll. Dieser Schutz besteht nicht etwa in Form einer Hecke, sondern eines extrem feinsinnigen und mit wachen Sinnen ausgestatteten Wächters, der beständig an der Regenbogenbrücke steht.

---

26 vom altnordischen *bifa* = zittern, beben
27 Diese Deutung schlägt Snorri Sturluson vor.
28 Grimnismal 44, Fafnismal 15, Gylfaginning 12 und 40

In einigen Kulturen kennt man auch das Bild der Regenbogenbrücke, über die es ins Jenseits geht (weswegen wir den Unterschied zur oben erwähnten Gjallarbru deutlich machen wollten), und auch die Regenbogenbrücke, über die man innerhalb von Meditationen oder in tiefer Versenkung zu seinem höheren Selbst Kontakt aufnehmen kann. Dies erinnert ein wenig an die „Verbindung zwischen dem Menschlichen und Göttlichen". Und vielleicht ist in dieser Regenbogenbrücke namens Bifröst all das ein wenig enthalten …

Doch wer ist nun dieser Wächter der verbindenden Weltenbrücke?

Von Geburt an allsehend und in allen Welten zu Hause: Heimdallr

Dieses Buch ist in gewisser Weise ein leidenschaftliches Manifest für die alten naturverbundenen Wege, für die Spuren schamanisch-magischer Wurzeln unserer Kultur und die teilweise fast vergessenen Schamanengottheiten, die so viel Zauber und tiefe Verbundenheit in unseren Alltag zurückbringen oder in diesem verankern können.

Wir sind uns ganz sicher, dass dir die Erde und der Schutz der Natur am Herzen liegen und du dein Möglichstes tust, um nachhaltig, ganzheitlich und achtsam mit unser aller Mitgeschöpfen umzugehen. In Yggdrasil ein Weltbild der Verbundenheit zu erkennen und in den Fruchtbarkeitsgöttern die tiefe Bedeutung eines gesunden Genährtseins auf allen Ebenen zu sehen wird bestimmt deinen inneren Boden bereitet haben, um darin nach und nach die alten Wurzeln auf deine Weise wiederzubeleben und etwas für dich Alltagstaugliches daraus erwachsen zu lassen. Lass uns dazu gemeinsam Samen in Form von weiteren magischen Mythen und vielschichtigen Wesen ausbringen, sodass du selbst schauen kannst, was daraus in deinem Leben gedeihen mag und wer oder was dich vielleicht am meisten berührt und zu dir spricht.

Lass dich daher auf den nächsten Seiten gerne vom und für den Wächter der Weltenbrücke Bifröst begeistern: Heimdallr.

Heimdallr ist in vielerlei Hinsicht eine spannende Gestalt, und es ist äußerst schade, dass er eher im Schatten der anderen Götter steht und daher heute fast vergessen ist. Dabei gibt es zu ihm unglaublich viel zu erfahren und zu erspüren.

Schon die Geschichte seiner Geburt gibt uns klare Hinweise darauf, dass er magische Kräfte hat. Im Gedicht *Heimdallrgaldr* (was übersetzt „Heimdallrs Zauberlied" bedeutet und ebenfalls auf seine Zauberkunst hinweist) wird beschrieben, er sei der Sohn von neun Schwestern – und es wird allgemein angenommen, dass er Odins Sohn ist, obwohl es keine hundertprozentige Sicherheit darüber gibt. Doch gehen wir einmal davon aus, dass diese neun Schwestern neun Wellen des Meeres, vermutlich Töchter der Meeresgottheiten *Aegir* und *Ran*, sind. In manchen Nacherzählungen wurden daraus Seejungfrauen oder Meerjungfrauen, doch das liegt wohl daran, dass eine Welle zu wenig menschlich-körperlich ist, als dass man sie sich als Wesen vorstellen konnte.

Außer diesen zwei Zeilen *„Von neun Müttern bin ich der Junge, von neun Schwestern bin ich der Sohn"*[29], die Snorri Sturluson in seinem Gylfaginning zitiert, ist nichts mehr erhalten vom Heimdallrgaldr – jedoch soll im *Skaldsskaparmal* (einem Teil der Prosa-Edda) noch der Hinweis auf eine Tötung Heimdallrs enthalten sein, von welcher er offensichtlich wiederauferstanden sein muss. Schon seine Zeugung geschieht somit in einer Art Zwischenwelt, ebenso sein Entstehen und außergewöhnliches Geborenwerden, denn diese neun Wellen tragen ihn irgendwann ans Ufer. So ist er auf besondere Weise von Beginn an ein Verbindungsglied zwischen dem unergründlichen weiten Ozean, aus dem alles Leben an Land ging, und dem Festland – zwischen dem Urgrund allen Seins und den neun Welten. Heimdallr ist damit Verbindung, „Weltenbrücke" und Wächter in einem.

Er hat neun Schwestern als Mütter – wird also folglich auch neun Mal geboren (von jeder dieser Mütter ein Mal). Diese Zahl ist in der germanischen Mythologie sehr wichtig, da sie drei Mal die heilige Drei in sich trägt. Auch Odin hängt neun Tage am Weltenbaum,[30] um anschließend die Runen zu empfangen. Der Weltenbaum selbst führt in neun Welten, die das nordische

---

29 Diese beiden Zeilen klingen im Originaltext ganz wunderbar: „Níu em ek mæðra mögr, níu em ek systra sonr." Gylfaginning 27
30 Siehe dazu Seite 110 im Kapitel „Odin".

Universum bilden.[31] Die heilige Drei enthält in sich die drei Gesichter der Großen Göttin: Jungfrau, Mutter/reife Frau, weise Alte und damit zugleich das Zyklische der Mutter Erde: Werden, Wachsen/Gedeihen/Reifen, Vergehen. In der dreifachen Drei könnte sich für unsere Vorfahren das „Allumfassende" oder eine vollständige Ganzheit gezeigt haben, weswegen neun Welten das ganze Universum sind und besonders wichtige Momente in den Mythen immer wieder die Neun aufgreifen. Es ist ein wenig vergleichbar mit der Zahl 1.000 in anderen Mythen, die auf „unendlich viele" oder „unzählige" hinweist. Möglicherweise wird in Heimdallrs Fall hier bereits mythologisch angelegt, dass er in alle neun Welten hineingeboren wird, sie alle kennt und auch alles in ihnen sehen kann. Er ist also durch die neunfache Geburt in alle neun Welten allumfassend initiiert. Auch im weiteren Zusammenhang mit ihm wird dir die magische Zahl Drei oder eben Neun sehr häufig begegnen.

Er selbst ist bewandert in der Kunst des Gestaltwandels (wie auch sein Vater Odin und Loki[32]), was seit jeher ein Zeichen für einen Zauberkundigen oder Schamanen ist. Er nimmt stets die Gestalt eines Seehundes an und zeigt darin aus unserer Sicht ganz deutlich seine Herkunft aus den Tiefen des Meeres beziehungsweise seine Geburt durch neun Wellen. Dies allein zeichnet ihn fast schon als „Heckenreiter" aus, der mit einem Teil seines Seins fest in Asgard, der Welt der Götter, steht und der mit einem anderen Teil im Meer mit all seinen Wogen beheimatet ist, was sein Beiname *Vindhler* (könnte in etwa „Wind-Meer" bedeuten) noch unterstreicht.

Auch seine Wächterposition auf der Brücke zeigt an, dass er ein wenig außerhalb von allem steht, also am Rande des Hag, der Einfriedung, und doch gerade hier das Verbindungsglied bildet. Irgendwie zwischen den Welten und doch in alle Welten gehörend, in alle Welten zugleich blickend, wachsam und achtsam.

---

31 Wie auf Seite 38 im Kapitel „Ein Weltbild der Verbundenheit" erläutert.
32 Siehe Seite 132 im Kapitel „Loki".

Heimdallr wird in sechs Gedichten der Edda erwähnt (Völuspa, Grimnismal, *Lokasenna, Thrymskvida, Rigsthula, Hrafnagaldr Odins*) und in der Völuspa, dem Lied der Seherin, sogar (heilige) drei Mal.

Es heißt, die Etymologie zu seinem Namen sei unklar. Sein Name lässt sich spannenderweise auch auf drei Weisen deuten. *Heimr* ist die Welt, hier sind sich die Fachkundigen einig. *Dallr* wird einerseits als „Leuchten" übersetzt und somit trägt dieser uralte Seher den Namen „Weltenleuchten" oder „der, der die Welt erleuchtet/beleuchtet". Wir finden einen ähnlichen Beinamen bei der Göttin Freyja: *Mardöll*, die das Meer erleuchtet. *Dallr* heißt auch „Bogen" und gibt so den Hinweis auf den Regenbogen bzw. die Regenbogenbrücke, womit sein Name ebenso auf seine Rolle als Wächter der Weltenbrücke hinweisen kann. *Dallur* hingegen bedeutet „Frucht tragender Baum", und in Verbindung mit *Heimr* wäre es der Weltenbaum, worin wir die neun Geburten in jede der neun Welten hinein verorten können beziehungsweise in diesem Schamanengott den Weltenbaum selbst wiederfinden. Welche der Bedeutungen auch immer einst die „richtige" gewesen sein mag, so steht doch außer Frage, dass er für die gesamte Welt, oder vielmehr alle Welten, eine sehr wichtige Rolle spielte und demnach auch in der heidnischen Mythologie sehr bedeutsam gewesen zu sein scheint.

DAS GRAS WACHSEN HÖREN –
SCHAMANISCH „SEHEN"

Genau wie es einigen anderen Söhnen und Töchtern berühmter Eltern ergeht, kennen die meisten selbstverständlich Odin – jedoch kaum jemand seinen Sohn Heimdallr und dessen enorme Fähigkeiten, die allesamt Hinweise auf einen äußerst fähigen Schamanengott unserer Kultur sind. Vielleicht ist diese Tatsache jedoch auch ein Fingerzeig darauf, dass die schamanischen Wurzeln immer weniger eine Rolle spielten und in weiten Teilen Europas[33] sogar aufgrund der Gefahr für Leib und Leben versteckt werden mussten.

Wie bei jedem hervorragenden schamanischen Seher sind bei Heimdallr alle Sinne hellwach. Er schläft nie, und im Gylfaginning heißt es ganz poetisch: „er bedarf weniger Schlaf als ein Vogel" – während dort zugleich seine Gabe zu hören mit den Worten gerühmt wird: „Er hört auch das Gras in der Erde und die Wolle auf den Schafen wachsen, mithin auch alles, was einen stärkeren Laut gibt."[34] Ist das nicht bezaubernd?! Wie kann eine Gottheit, die die Wolle auf den Schafen wachsen hört, so in Vergessenheit geraten? Müsste er nicht immer wieder neu Kinderaugen zum Leuchten und Erwachsene zum Schmunzeln bringen und daher seine Geschichte und sein Wesen nach wie vor unseren Alltag verzaubern?

---

33 Die sogenannten „Hexenverfolgungen" im Mittelalter sind bekannt. Weniger bekannt ist, dass unter anderem die spirituellen Traditionen der Sami in Lappland zu Beginn des 17. Jahrhunderts verboten wurden, deren ovale Zaubertrommeln verbrannt und an Schamanen „Exempel statuiert" wurden. Lange Zeit (noch bis in die 1950er-Jahre hinein!) war es ihnen verboten, zu joiken (traditioneller Gesang der Samen) oder Trommeln zu besitzen.
34 Gylfaginning 27. Vgl. dazu auch Jacob und Wilhelm Grimm: Deutsche Mythologie, Band 1, S. 213

Vielleicht magst du kurz innehalten und tiefer in die Bedeutung hinter diesen Worten hineinspüren und dies für dich festhalten: Was ist für dich in diesen recht poetischen Beschreibungen enthalten? („… weniger Schlaf als ein Vogel, Wolle auf Schafen wachsen hören und Gras aus der Erde heraus und alles, was lauter ist.")

Es heißt natürlich außerdem: Er sieht absolut alles und das genauso gut bei Tage wie bei Nacht. Dies bedeutet natürlich erst einmal, dass er Einblick in alle Welten hat und jedes Geschehen mitbekommt. Im Zusammenhang mit den Fruchtbarkeitsgöttern (und seinem offenbar allgemein bekannten Interesse für das Gras und die Schafwolle) kann es darauf hinweisen, dass der Wächter Heimdallr mit sehr großer Aufmerksamkeit auch das Wachstum beschützt – und zwar von Vieh und Pflanzen gleichermaßen. Darin liegt eine naturverbundene Achtsamkeit auf die feinsten Regungen in diesen Arten.

Für uns persönlich ist in all diesen überlieferten Beschreibungen die Kunst des schamanischen Sehens[35] enthalten, die stets alle Sinne umfasst und niemals nur das Sehen als Sinn der Augen bzw. die Visualisierungskraft meint. Schamanen, Seherinnen und Medizinleute aller Kulturen legten seit jeher Wert auf die feinste Wahrnehmung mit allen Sinnen, was das Riechen, Hören, Schmecken, Fühlen und Spüren miteinbezog und ebenso den sogenannten Kanal des prophetischen Wissens, der blitzartigen Eingebungen gleichkommt und sich vermutlich aus all diesen Sinnen zusammen nahezu explosionsartig ergibt. Diesen letztgenannten Sinn vergleichen wir gern mit dem Comic-Motiv der plötzlich aufblinkenden Glühbirne über dem Kopf, wenn jemandem eine Idee kommt oder ein Licht aufgeht.

---

35 Mehr dazu findest du im Buch „Wer wachsen will, braucht starke Wurzeln" von Jennie Appel.

Im Thrymlied, das du schon von der Geschichte um Thor und den gestohlenen Hammer kennst, wird Heimdallr als „Weißester der Asen"[36] bezeichnet, was strahlende Helligkeit und Licht meinen könnte, und gleich darauf heißt es: „Er war sehr zukunftskundig, wie sonst nur die Vanen."[37] Die Vanen sind das ältere und äußerst naturverbundene Göttergeschlecht und jene, die sich in der Zauberkunst *Seidr* auskannten und zu den Asen brachten. Hierin zeigt sich also Heimdallrs verbindende Brückenbauerrolle zwischen den beiden Göttergeschlechtern und erhebt ihn unter allen Asen mit diesem einen Satz in die Rolle des größten Sehers neben Odin.

Heimdallr schläft niemals, ist immer mit allen Sinnen hellwach und daher genau der Richtige für seinen Posten an der Weltenbrücke Bifröst, von der aus er in alle Welten zugleich hineinschaut. Er ist der Wächter Asgards, und da Bifröst, wie bereits erwähnt, die Welt der (Asen-)Götter mit unserer Welt, Midgard, verbindet, ist er derjenige, auf den du als Erstes treffen würdest, wenn du dich aufmachen würdest, um über die Weltenbrücke zu gehen. Auf dieser Regenbogenbrücke ist Heimdallr eine zentrale Gestalt zwischen Göttern und Menschen und nahezu die personifizierte Verbindung dieser Welten oder Arten.

Falls er ein drohendes Unheil herannahen sieht, so besitzt er das *Gjallarhorn* (das gellende Horn), das überall in den neun Welten hörbar ist und mit dem er im späteren Verlauf der Mythologie *Ragnarök*, das Ende der Zeit, einläutet.

MORGENSTUND HAT GOLD IM MUND

Auch wenn diese Gottheit selbst fast in Vergessenheit geraten ist, so hat sich in unserem heutigen Sprachgebrauch jedoch etwas ganz beständig bis heute erhalten. Der Weißeste der Asen trug den Beinamen *Gullintanni*, was „Goldzahn" bedeutet, und wer kennt nicht das Sprichwort „Morgenstund hat Gold im Mund"?!

---

36 Thrymlied 15
37 Ebd.

Heimdallr, der nie schläft, scheint sein Weltenleuchten auch über seine güldenen Zähne zu verstärken, wenn er stets schon bei Sonnenaufgang achtsam auf der Weltenbrücke steht und den Himmel in leuchtend feurige Farben taucht.

Es heißt, die ersten Deutungen, er sei der Gott der Morgenröte und sein Horn ein Hinweis auf die Mondsichel, seien inzwischen nicht mehr haltbar – doch es ist sowohl das Sprichwort erhalten geblieben als auch u. a. eine Illustration Heimdallrs des dänischen Künstlers J. T. Lundbye von 1907. Sie zeigt ganz deutlich einen Hahn auf seinem Kopf (das Tier, das den neuen Tag ankündigt), das Gjallarhorn und den Regenbogen im Hintergrund.

Spannend ist hier auch die Erzählung in den Sagas, in der ein hell leuchtender Ase mit der Göttin *Nott*, der Nacht, einen Sohn namens *Dagr*, den Tag, zeugte. Snorri Sturluson schreibt dazu, dass Dagr „hell und schön, wie die Linie seines Vaters"[38] sei.

Einer seiner *Kenningar* oder Beinamen ist zudem „Wiederbeschaffer von Freyjas Halsschmuck" und im gleichen Zusammenhang „Lokis Todfeind", da er nach dem Diebstahl von Freyjas *Brisingamen* erbittert mit Loki kämpft, um Freyja ihren wertvollen Schmuck zurückzubringen. Der vielgesichtige Gestaltwandler Loki und der Seehund-Gestaltwandler Heimdallr kämpfen hier beide verwandelt in Seehunde gegeneinander. Im späteren Verlauf der Mythologie, nämlich zu Ragnarök, töten sich die beiden dann tatsächlich gegenseitig.

Manche Forscher sehen in Heimdallr einen Feuergott, der dem indischen Agni ähnelt, und dem britischen Autor Brian Branston zufolge steht Heimdallr für das „gute Feuer"[39], das uns Wärme schenkt und nützlich ist, während Loki das unkontrollierbare, gefährliche und in Rage geratene Feuer darstellt, dass letztlich Ragnarök, das Ende der Welt, einleitet. Psychologisch können wir sämtliche überlieferte Geschichten um die beiden auch als einen Ausdruck von „zwei Seelen in einer Brust" deuten, also

---

38 Vafthrudnismal 24 und Gylvaginning 10
39 Vgl. Brian Branston: Gods of the North, S. 137 ff.

als zwei unterschiedliche, auf den ersten Blick gegensätzliche Leidenschaften in uns selbst. Wenn du dem in tiefer Innenschau auf den Grund gehen willst, können diese Fragen hilfreich sein:

> *Vielleicht bist auch du für etwas Feuer und Flamme, brennst schier vor Begeisterung und verbrennst dich zuweilen auch mal daran?*
>
> *Kennst du diese gegensätzlichen Gefühle von dir?*
>
> *Welche unterschiedlichen Feuer brennen in dir?*
>
> *Sind in deinem Leben Dinge vereint, die scheinbar nicht zusammenpassen?*

GOTT DES URSPRUNGS

Unser Weltenbrückenwächter gilt zwar nicht als Göttervater, jedoch als „Gott des Ursprungs"; u. a. wegen seiner neun Geburten soll er für den Beginn eines langen Lebens stehen.

Die Rigsthula (das Lied von Rig in der Edda) soll von einem Asen handeln, der einst am Strand spazieren ging und zu einem Gehöft kam. In späteren, bearbeiteten Zusätzen der Prosa-Edda wurde diese Stelle mit dem Zusatz „derjenige, der Heimdallr hieß" ergänzt und damit Rig mit Heimdallr gleichgesetzt. Eben jener ist der Begründer des Menschengeschlechts. Er bringt den Samen aus, und es entstehen drei menschliche Stände, die jeweils in Urgroßmutter und Urgroßvater, Großmutter und Großvater und Mutter und Vater unterteilt werden und aus denen alle Menschen hervorgegangen sind. Damit wäre Heimdallr, Göttervater Odins Sohn, der Menschenvater und also Vater von uns allen.[40]

---

40 Diese Geschichte weicht zwar von denen im Kapitel „Feuer und Eis – Die Schöpfung aus Gegensätzen" geschilderten Schöpfungsgeschichten ab, doch gibt es in vielen Kulturen nebeneinander bestehende Schöpfungsmythen, die dann jeweils verschiedene Aspekte betonen.

Kannst auch du für dich spüren, dass darin ein Hauch Magie enthalten ist, wenn du davon ausgehst, dass alle Menschen vom größten zauberkundigen Seher abstammen?

Was heißt das für dich persönlich?

Wie fühlt sich das für dich an?

Und wie könnte dies dazu beitragen, mehr Zauber in deinen Alltag zu bringen?

Es heißt von Rig/Heimdallr, er sei auch ein Lehrer, der in allen Künsten bewandert ist und seinem Sohn das Runenwissen lehrt – die Menschen jedoch, die dazu aufnahmebereit seien, die würde er in allen Künste unterweisen.

Er gilt als ein ernsthafter Gott, der selten zu Scherzen aufgelegt ist und an sich und andere hohe Ansprüche stellt (was aus seinen Andeutungen über mögliche Schüler oder Schülerinnen sehr deutlich hervorgeht).

Der Anfang der Völuspa, das so bekannte „Lied der Seherin" in der Edda, beginnt ebenfalls mit einem Hinweis darauf:

„Gehör gebiete ich allen heiligen Geschlechtern, höheren und niedrigeren, Heimdalls Nachkommen"[41] bzw. „Gehör erbitte ich von allen …", also achtsames Zuhören von beiden Seiten war ihr wichtig.

Gemeint mit „allen" sind hier Menschen, Götter und nach einigen Auslegungen von Fachleuten auch Riesen (denn die neun Mütter Heimdallrs gelten teilweise als Riesinnen aufgrund eines Berichts im Hyndlalied – und Riesen meinen immer auch Urkräfte der Natur).

---

41 Völuspa 1

Wenn du all das nun in seiner Essenz verdichtest, erhältst du eine spannende Mischung aus dieser vielschichtigen Gestalt des Heimdallr: hochsensibel, Künstlerseele, großer Seher und bereit, all sein Wissen und Können auch zu teilen. Ein uralter Schamanengott, der in alle Welten hineinsieht, der alles wahrnimmt, alles hört, der Natur lauscht und absolute Achtsamkeit verkörpert. Der Sohn von neun Wellen bzw. Urkräften, Wächter der Weltenbrücke Bifröst und (in manchen überlieferten Geschichten) Stammvater der Menschheit.

Sich mit ihm zu verbinden kann uns Menschen helfen, ebenfalls sehend und zielsicher zwischen den Welten zu wandeln und auf die geheimnisvollen Lieder der Erde zu hören, sie in uns erklingen zu lassen und uns von ihnen auf den Pfad führen zu lassen, der uns entspricht und auf dem wir all unsere Talente leben können.

Wenn unsere Ahnen in den Mythen das verpackt haben, was sie über das Leben „wussten", und in der nordischen Mythologie der größte Seher und Brückenhüter das Geschlecht der Menschen begründete ... Was heißt das im Hier und Heute für uns alle?

Was bedeutet es für dich in Bezug auf die Menschheit?

Vielleicht kannst du darin erkennen, dass alle Menschen potenziell mit einer großen Intuition und Visionskraft gesegnet sind. Vielleicht kannst du entdecken, dass *alle* Menschen die Fähigkeit haben, wahrhaft zu sehen, und dass ihr Eindruck von der Welt und vom ihr zugrundeliegenden Heiligen durchaus bedenkenswert ist. Und das ist nur ein kleiner Teil dessen, was diese Geschichten dir aufzeigen können.

Wir werden dich in den folgenden Kapiteln noch weiter auf diese spannende Reise in die Urkraft des Nordens und die damit verbundenen spirituellen Wurzeln mitnehmen. In den letzten Jahren, in denen wir immer tiefer in all diese Zusammenhänge eingetaucht sind, die sich zwischen den großen Sagen Europas auftun, erkennen wir auch immer deutlicher all das wieder, was uns der schamanische Weg bisher (ganz praktisch und als gelebtes Weltbild) gelehrt hat, und es führt uns doch jedes Mal noch weiter darüber hinaus. Wir erfreuen uns an den so zugänglichen europäischen Schamanengöttern und ihren Helferlein – und an all dem, was uns das heute sein kann. Für so viele Facetten dieses inneren Reichtums brennen immer wieder Kerzen hier in unserem Zuhause, die uns daran erinnern, diese Leidenschaft weiterhin hell und warm lodern zu lassen und aus vollem Herzen an all jene weiterzugeben, die sich gerufen fühlen, und es für sie ganz praktisch erfahrbar zu machen.

BOTSCHAFTEN AUS DER ANDERSWELT – BOTSCHAFTEN DER GÖTTER

Wir halten es für eine wunderbare Möglichkeit, die Bruchstücke aus archäologischen Funden, Überlieferungen, Mythen und Sagen zu nutzen, um unsere spirituellen Wurzeln zu erahnen. Da du innerhalb des nordischen Pantheons Heimdallr als einen Seher unserer Kultur kennengelernt hast und in ihm die Botschaft steckt, dass wir möglicherweise alle diese Seherfähigkeiten haben, möchten wir dich hier ein wenig mehr in die Magie der Seelenflüge mitnehmen.

Während wir uns sowohl visionär mit schamanischen Methoden beschäftigen als auch in Fachbüchern recherchieren und uns austauschen, spüren wir es immer wieder ganz deutlich: Die alteuropäische Urspiritualität wurde zwar immer wieder unterdrückt und man versuchte sie zuweilen auch ganz auszulöschen, doch letztlich existierte sie weiter. Unter anderem ist sie, trotz all dem, was in Vergessenheit geraten ist, ganz tief in den Menschen noch lebendig. Eine leise Sehnsucht, die dann und wann am Herzen nagt. Vielleicht spürst auch du dies immer wieder einmal und atmest auf, wenn solche „Puzzleteile" ineinanderfallen.

Die Fäden wurden vor langer Zeit gewebt und mögen in Vergessenheit geraten sein, doch wir können sie wieder neu aufnehmen – und ja, auch etwas ganz Neues, Eigenes daraus stricken. Um bei dem ganz pragmatischen Beispiel zu bleiben: Wir können uns anschauen, woraus die Fäden gesponnen wurden, und erkennen, dass diese (wie bereits erwähnt) größtenteils nur rekonstruiert oder doch zumindest eingefärbt wurden – was wir dann jedoch mit den Fäden, mit der Wolle machen, das ist uns überlassen.

Wir, die Autoren, weben diese Fäden gerade während des Schreibens in unsere neuen Bücher und auch in die Seminare hinein. So viel Urkraft, die wieder erinnert werden mag ...! Und wir sind uns ganz sicher, dass auch in dir eine ganz lebendige Kraft ist, eine Facette unserer wundervollen Natur, die sich voll und ganz in dieser Welt entfalten mag. Daher möchten wir dich ermutigen, deine ureigenen Fäden zu spinnen und dein ganzes Sein in die Welt hineinzuweben. Wenn wir dich dabei, so wie beispielsweise mit diesem Buch, ein Stück des Weges begleiten und inspirieren dürfen, freuen wir uns darüber sehr.

In unserer Arbeit tragen wir altes Wissen zusammen, Geschriebenes, durch Kunst Überliefertes, Geschichten und Mythen der Ahnen, Weisheit, die gut versteckt und nicht aufgeschrieben wurde, und wir vereinen es mit dem, was wir auch auf unseren visionären Suchen zusammentragen, was uns auf einem Seelenflug finden will.

Verknüpft mit Samen der Inspiration, die wir so lange in uns tragen, bis sie keimen, reifen, wachsen und erblühen ... wenn die Magie und Kraft reif sind, sich zu entfalten.

Manche Erkenntnisse bilden sich und manche Weisheit verankert sich, wenn wir Menschen tanzen, singen, weben und wirken und in hingebungsvoller Ekstase unsere ureigene Sicht sich mit all dem verbinden lassen. Nur in direkter Erfahrung lässt sich den Stimmen von Ahnen, Geistern und Gottheiten lauschen und Urkraft atmen.

Mit dem Feuer der Ekstase zu wirken erweitert die Sicht auf die Welt und das Bewusstsein, und zugleich kann dieses Feuer den Rücken stärken, aufrichten und nach uralter Tradition „aus einem Guss" formen und damit den inneren Kern unverletzbar, unzerbrechlich bewahren.[42] Bitte mache hier deine eigenen Erfahrungen und schau, ob es etwas mit dem von uns Geteilten gemeinsam hat.

Unsere kulturellen Wurzeln waren nie abgeschnitten – sie waren im wahrsten Sinne verborgen unter Schutt und Asche. Sie mögen lange Zeit verborgen gewesen sein, doch sie gingen nicht gänzlich verloren. Hüter der Schwellen und Pforten,

---

42 Mehr dazu findest du im Teil IV, Kapitel „Der Weg der Völva", ab Seite 167, sowie auch im Teil V, Kapitel „Mythologie und Initiation", ab S. 246.

Zaunreiterinnen und Stabträgerinnen bewahrten die Schlüssel zu den Zugängen der Anderswelt, zu unendlichen Bewusstseinsebenen, zu direkter Wahrnehmung der (Nat)Urkraft.

Wie nimmst du all deine Ebenen aus Körper, Geist, Seele und Energie wahr?

Wie bringst du sie in dir in Einklang?

Wie wird dein Wissen, deine Weisheit im Körper verankert und wie drücken diese sich aus?

Was ist für dich ein Schlüssel zu deiner Urkraft?

Kannst du wahrnehmen, wenn du dich auf einer Schwelle beziehungsweise „zwischen den Welten" befindest?

Wenn ja: Wie fühlt es sich an?

Manche Menschen erleben die Anderswelt als eine reale Welt, die neben der unseren existiert und in die wir durch ein erweitertes Bewusstsein hineinreisen können. Andere nehmen diese schamanischen Reisen eher als Innenweltreisen wahr, die einen Aspekt ihrer eigenen Psyche widerspiegeln. Möglicherweise greifen wir Menschen darin ganz natürlich auf ein Urwissen zu, klinken uns ins morphogenetische Feld ein oder treffen wirklich unsere Ahnen und Ahninnen – vielleicht sogar Gottheiten. *Was ist deine Wahrheit dazu?*

Mit erweitertem Bewusstsein, ekstatischer Trance und einer tief empfundenen schamanischen Reise geht ein gewisser Kontrollverlust einher. Daher lautet einer der geflügelten Sätze in unseren schamanischen Ausbildungsgruppen: „Schamanismus ist pure Hingabe." Es ist eine Hingabe an den Fluss des Lebens, an die Begebenheiten, die darin geschehen, an die Spirits und deren Rat, an das eigene Bauchgefühl, die untrügliche innere Stimme, an die Klienten und ihre Themen (sofern man mit Klienten arbeitet), an das, was ist. Dies gilt auch im Hier und Jetzt, in dieser Welt, zum Beispiel auf einer Medizinwanderung, wenn wir die „winkenden" Blätter als Richtungsanzeiger werten und unseren Weg ändern oder den Flug der Vögel miteinbeziehen und nicht gerade in Trance versunken sind.

Ab dem Moment des Erschaffens eines heiligen Raumes entfaltet sich aus unserer Sicht die schamanische Reise, und alles, was darin geschieht, ist Teil des Rituals, der Antwort auf die Frage, die man gestellt hat, der Botschaft, die sich in dem Moment entfalten will – ob dies nun aus unseren eigenen Innenwelten oder den uns umgebenden Anderswelten stammen mag. Jede schamanische Reise lädt dich daher ein, Kontrolle loszulassen, dich hinzugeben, den Botschaften zu lauschen, die Bilder zu betrachten, die Körperempfindungen und Emotionen in eine Sprache zu übersetzen, die dann ebenfalls eine Botschaft bildet. Bitte beantworte dir die oben gestellte Frage nach deiner ureigenen Wahrheit zu all dem, das sich hier zeigt – und ob es für dich dein Unbewusstes ist, dein höheres Selbst oder Krafttiere und Gottheiten als Wesen, die mit dir kommunizieren, oder anderes: Finde deinen Weg, die wertvollen Botschaften ins Alltagsleben zu überführen und für dich zu handeln. Gehe deinen ganz eigenen Weg und bilde inmitten der durchbrochenen spirituellen Linien deine Linie. Sei ein Anfang für etwas ganz Neues. Wir sind uns ganz sicher, dass die Göttinnen und Götter dir dabei zulächeln werden, deine innere Stimme sich freut, angehört zu werden, und die Krafttiere jubeln.

ZUGÄNGE ZU DEN „GÖTTINNEN UND GÖTTERN"

Vielleicht geht es dir wie einigen anderen Menschen, mit denen wir uns in den letzten Jahren ausgetauscht haben und gemeinsam nach dem Schatz in unseren Wäldern schauten.

Einige berichteten uns, dass sie mit den nordischen Göttern so ihre Probleme hätten, keinen wirklichen Zugang finden und vielleicht auch einfach zu christlich geprägt seien. Wie ist das für dich? Kannst auch du dich eher von den farbenprächtigen Göttern und Göttinnen des Hinduismus begeistern lassen oder von den phonetisch so tiefen Klängen der nordamerikanischen Spiritnamen, den bunten Wesen Südamerikas? Es gäbe da so vieles aufzuzählen, doch möglicherweise kannst du mit solchen Wesenheiten grundsätzlich nicht viel anfangen. Wir haben immer wieder feststellen dürfen, wie viele Ähnlichkeiten zwischen den Göttern und Göttinnen sowie den Wesenheiten der Mythologien weltweit bestehen. Aus den eigenen Erfahrungen in einigen Kulturen, den Gesprächen mit indigenen Lehrerinnen und mit Ethnologen sowie dem tiefen Austausch im Miteinander spüren wir sehr stark, dass all diese Mythologien und spirituellen Weltbilder untrennbar mit den Landschaften und dortigen Witterungsbedingungen zusammenhängen, all den (auch darüber hinausgehenden) Bedingungen und Gegebenheiten vor Ort. Ausnahmslos alle dieser unglaublich geschätzten indigenen Lehrerinnen und Lehrer haben uns immer wieder gesagt, wie viel Reichtum und Beseeltheit *genau hier* zu finden sei, und sie ermutigen die Menschen immer wieder, genau dort zu „suchen", wo sie leben. Häufig wird eine klare Verbindung zwischen deiner Lebenskraft und einem Fluss und Berg in der Nähe deines Geburtsortes gesehen und von den schützenden Spirits deiner Heimatregion gesprochen. Je tiefer man in die einzelnen Weltbilder und Beschreibungen eintaucht, desto mehr Ähnlichkeiten innerhalb des Kerns tauchen auf, und je mehr man dann dahinterblickt, desto klarer wird erkennbar: Es sind zeitlose Urkräfte der gesamten Natur, also auch unsere Urkräfte, und diese zeigen sich überall in unterschiedlichem Gewand.

Vielleicht gelingt es dir, aus all diesen unterschiedlichen Gewändern den puren, nackten Kern herauszuschälen und letztlich bei jedem Spaziergang wahrzunehmen, wie die gesamte Natur zu dir spricht, dir die größte Lehrmeisterin sein kann und sich ebenso in dir wiederfindet: als deine innere Stimme, dein Bauchgefühl, deine Intuition, deine feinen Sinne und so vieles mehr. Unsere Ahnen, die über eine lange Zeit hinweg nichts in Schriftform festgehalten haben, nutzten Geschichten, um all das auszudrücken, was sie über das Menschsein in all seinen Facetten und mit all seinen so herausfordernden Widrigkeiten und Fallstricken verstanden haben. Im Laufe der Zeit wurden diese Weisheiten auf verschiedene Weise personifiziert, damit sie den Menschen leichter zugänglich und durch ein Gesicht, einen Charakter und ein Gewand auch leichter vorstellbar sein sollten. Doch wie alles wandelt sich auch dieses Gewand mit der Zeit ebenso wie deine Vorstellungskraft. Wenn du dich mit einer Gottheit nicht anfreunden kannst oder sie „so gar nicht an dich geht", laden wir dich ein, hinter diese äußeren Erscheinungen zu blicken und die Urkraft darin zu finden. Immer wieder wirst du in diesem Buch zwischen all den Mythen von uns diese Einladung finden: Verbinde dich mit der Natur – um dich herum und in dir. Denn darin ist so viel Weisheit und Urkraft vorhanden.

Bei all dem, was da im innersten Kern gleich ist und sich nahezu überall finden lässt, gibt es auch die ganz und gar ursprünglichen Besonderheiten, die sich aus der direkt umgebenden Natur ergeben. Gerade hier haben sich die immer beliebter werdenden Jahreskreisfeste in genau der Form entwickelt, in der sie nun rekonstruiert und vor allem wiederbelebt werden. Der Verlauf der Jahreszeiten und was diese im Einzelnen mit sich brachten, war existenziell. In diesem heiligen Jahreskreisrad findet sich der ganze Zyklus des Menschseins ebenfalls wieder, sodass es sogar in direkten Bezug zum weiblichen Menstruationszyklus gesetzt wird. Und natürlich gilt es weiterhin als Abbild für einen Lebenszyklus den Kreislauf vom Samen, der im Dunkeln herankeimt, über das Wachsen und Erblühen bis hin zum Sterben und dem Wieder-in-die-Erde-Eingehen. Diese Feste und die damit verbundenen Mythen, Gottheiten und gesellschaftlichen Aktivitäten haben sich nicht dort entwickelt, wo immer Sommer war oder beständige Kälte, – das meinen wir, wenn wir sagen, dass sich die spirituellen Weltbilder auch aus den geografischen Besonderheiten speisen – und die jeweiligen Kulturen haben ihre wertvollen Feste zu eben jenen Ereignissen in der Natur, die für sie existenziell waren. Es gehört zu den Urbedürfnissen des Menschen, sich mit den Naturkreisläufen zu verbinden. Wohl, weil der Mensch selbst Natur ist. Sich mit all dem und der Natur in sich selbst zu verbinden nährt die universelle Lebenskraft, stärkt die eigene Urkraft und hält uns durch und durch lebendig.

ACHTSAMKEITSBASIERTE NATURMEDITATION ALS GRUNDLAGE

Im Rahmen unserer gemeinsamen Seminare führen wir unsere Teilnehmer öfter in den Wald, um sie zum sogenannten Utiseta einzuladen. Das Wort entstammt der germanischen Naturspiritualität: *Uti* bedeutet „draußen" und *seta* heißt „sitzen". Worum es also geht, ist damit im ersten Schritt erst einmal recht einfach umrissen: draußen sitzen und nichts tun. Für viele Teilnehmende ist das oft zuerst seltsam, eine oder mehrere Stunden an einem Fleck im Wald zu sitzen und einfach da zu sein. Doch allen fällt irgendwann auf, wie erholsam es sein kann, einfach dem Wald zu lauschen und alles achtsam an sich vorüberziehen zu lassen. Plötzlich ist ein vorbeikrabbelnder Käfer ein Ereignis, eine durch das Laub huschende Maus macht einen Höllenlärm und der Gesang der Vögel legt sich wie eine wärmende Decke um uns. Unter der Rinde der Bäume knackt es, Zweige reiben im Wind aneinander und selbst ein träge herabtrudelndes Herbstblatt macht bei der Landung auf dem Waldboden ein sanftes Geräusch. Bislang haben all unsere Teilnehmenden drei Erkenntnisse geteilt: dass sie sich selbst nur selten die Erlaubnis geben, einfach nichts zu tun (in was für Zeiten leben wir bloß?!); dass sie zum ersten Mal auch die leisen Töne im Wald wahrgenommen und dass diese ihre Seele berührt haben; und schließlich, dass sie selbst alles andere als leise sind, wenn sie durch den Wald gehen.

Die tiefere Bedeutung von Utiseta erschließt sich vor allem in der genannten Berührung der Seele. Es geht nicht nur um ein entspanntes Draußensitzen, sondern um eine tiefe Veränderung der Wahrnehmung beziehungsweise um ein Überschreiten der gewohnten Grenzen der eigenen Wahrnehmung. Im zweiten Schritt ist Utiseta eine Art Trancetechnik, ähnlich der Visionssuche nordamerikanischer Ureinwohner-Stämme. Die Stille, die bei einer solchen Übung in uns entsteht, stößt innere Türen auf, schenkt Raum und lässt uns wieder neu auf die Zwischentöne lauschen, in denen so manche Botschaft verborgen ist.

Wenn du dich im Wald oder auf einer freien Fläche in den Bergen mit weitem Blick tief in die dich umgebende Landschaft versenkst, deinen Blick weich werden lässt und innerlich still wirst, erweitert sich deine Wahrnehmung wie von selbst. Du webst dich hinein in die Landschaft und ihr Bild, du wirst Teil davon.

Möglicherweise nährt es dein Gefühl, zwischen Himmel und Erde gehalten zu sein, und unterstützt dich dabei, dich ganz natürlich noch mehr auf diese erweiterte Wahrnehmung einzulassen, die ein anderes Sehen ermöglicht.

All deine Sinne werden wach und lassen dich anders sehen als im Alltag. So kann es laut Sagen und Legenden leicht geschehen, dass du dich in die Natur versenkst und dabei in die Anderswelt gleitest ... *„away with the fairies"* (= „mit den Feen unterwegs", wie man in Irland sagen würde – zugleich jedoch auch ein Ausdruck fürs Verrücktwerden, ähnlich unserem „sie/er hört Stimmen"). Dabei ist es einfach die hingebungsvolle Versenkung, die es erlaubt, ganz und gar in der Natur aufzugehen und sich nicht länger als von ihr getrennt zu empfinden – gleichzeitig alle Sinne zu erweitern und womöglich eine visionäre Eingebung zu erlangen.

Schamanismus, Seidr, Weissagungen aus Naturbeobachtungen und so vieles mehr sind in den nordischen Kulturen beheimatet und warten nur darauf, von uns allen wiederentdeckt, wieder erinnert und belebt zu werden. Dazu reicht manchmal schon eine Praxis des „Draußensitzens", bei der du dich in dich selbst versenken und so Teil der Natur werden kannst, während du zugleich deinen Geist aussendest und etwas empfängst. Man könnte sehr vereinfacht auch sagen: naturbasierte Achtsamkeitsmeditation im Wald oder auf einem Hügel mit der Aussicht auf eine Vision …

Auf diese Weise kannst du alte Wurzeln neu nähren und etwas daraus erwachsen lassen, das dich auch heute trägt!

Diese Praxis des Utiseta ist dennoch nicht wirklich eine Meditationspraxis, die den Geist leert oder beruhigt, wenngleich sie durchaus erdend sein kann. Es ist eher so, dass durch das Sitzen und Verschmelzen mit der Natur der Anker gelegt wird, von dem aus sich der Geist innerhalb eines veränderten Bewusstseins weitet und aufmacht, um „in andere Welten zu reisen". Leider wird in keiner der Quellen berichtet, wie diese willentliche Bewusstseinsveränderung oder Trance herbeigeführt wurde, und so können nur Vermutungen angestellt werden, dass wahrscheinlich auch hier Gesang (siehe Seite 178 – *Vardlokkur* etc.) eingesetzt wurde, da Klang und *Galdr* (siehe Seite 119) offensichtlich eine große Rolle spielten, und auch Atemtechniken oder das Einsetzen von Rhythmusinstrumenten denkbar wären. Allerdings gibt es hier scheinbar einen Unterschied zum Seidr- oder Spa-Ritual, zu dem wir im Teil IV dieses Buches (ab Seite 155) noch kommen werden: Die Seherin sitzt bei einem solchen Ritual allein und folglich würde sie auch allein für sich singen. Es gibt dazu eine berühmte Stelle in der Völuspa:

„Allein saß sie (die Seherin) draußen, als der Alte kam, der Yggjung[43] der Asen".

Die Seherin sitzt „allein draußen", was vermutlich nicht nur ein „draußen in der Natur sein" als ein Praktizieren im Freien meint, sondern auch ein „draußen" im Sinne von außerhalb von menschlichen Siedlungen, womit zugleich eine bewusst aufgesuchte Einsamkeit einhergeht.

---

43 eine Umschreibung/ein Kenning für Odin

Ein weiterer Aspekt, der zur Praxis des Utiseta gehören könnte, ist das Klopfen auf den Boden. Da die *Völva* mit ihrem Stab klopft und damit etwas anzeigt, und im *Gulathingslög* (einem alten norwegischen Gesetzbuch) steht, dass dies dazu diene, die Trolle und Toten aufzuwecken, und an einigen Stellen der alten Schriften auch das Utiseta auf Grabhügeln benannt ist, ist es durchaus denkbar, dass bei diesem „Draußensitzen" immer wieder auf die Erde geklopft wurde, um Erdgeister oder Verstorbene zu erwecken. Von Odin wirst du im kommenden Kapitel hören, dass er die verstorbene Völva aus Hels Reich (dem Reich der Verstorbenen) erweckt, und sowohl aus den nordischen Sagas als auch aus anderen Kulturen der Welt ist bekannt, dass man mit dem Klopfen auf den Boden die Ahnen aufzuwecken versuchte. Man ruft sie dadurch heran, um Rat, Botschaften und Visionen zu erhalten, und bittet sie um Beistand.

In Odins Fall wird die Zwiesprache mit der Völva mythologisch abgebildet, in der sich deutliche Bilder und Ereignisse im Leben von Göttern und Menschen (weltenübergreifend) zeigen und die Seherin immer tiefer blickt, während ihre Visionen mit der stetigen Frage „Wisst ihr noch mehr?" an Aussagekraft gewinnen.

Wir können dir leider keine konkrete, traditionell überlieferte Übungsanleitung geben, wie du beim Utiseta deinen Kontakt mit der Geisterwelt, den Göttinnen und Göttern oder den Ahnen herstellen kannst, denn niemand weiß es genau. Simek schreibt dazu zum Beispiel: „Utiseta ist in den nordischen Quellen eine Form der praktischen Magie, sowohl im Totenzauber[44] als auch im Rahmen des Wahrsagezaubers. … Nächtliches Utiseta diente dem Zweck, mit den Toten in ihrem eigenen Bereich (d. h. außerhalb menschlicher Behausungen) in Kontakt zu kommen."[45] Es gibt nur spärliche Hinweise in den überlieferten Quellen, diese zeigen jedoch deutlich, dass es um eine gewisse

---

44 Gulathingslög 32
45 Rudolf Simek: Lexikon der germanischen Mythologie, S. 454

Kontaktaufnahme ging (also nicht um reine Meditation oder Naturachtsamkeit) und diese der Sichtigkeit zuträglich war. Es lässt sich also eine zielgerichtete Praxis herauslesen, die einen Kontakt zu anderen Welten und Wesen herzustellen vermag, wobei der Geist fokussiert, auf das Anliegen konzentriert ausgeschickt wird – ähnlich einer Brieftaube, der du eine Frage mitgibst und die irgendwann mit einer Botschaft zurückkehrt.

Es erinnert an die heutigen Beschreibungen von schamanischen Reisen, und so möchten wir die Erklärung einer solchen Reise hier nach der Ritualbeschreibung des Utiseta ebenfalls mit dir teilen, sodass du aus diesen Informationen alles Nötige für deinen Weg zusammenstellen kannst.

Trotz der spärlichen Quellenlage findest du dieses so zentrale Ritual unserer Ahnen in diesem Buch, denn du kannst es für dich mit deinem Tun und Sein wiedererinnern und wiederbeleben. Unsere Anleitung ist eher ein „Heranführen" und ein Einladen jener alten Magie, das du bitte als eine Möglichkeit von vielen ansehen solltest und Schritt für Schritt durch deine eigenen Erfahrungen erweitern und vertiefen kannst.

Ritual: Utiseta und Naturachtsamkeit

Dinge, die du benötigst:

Einen Ort in der Natur, der möglichst von Straßenlärm verschont ist. Nimm dir gern eine kleine Flasche Wasser mit, um nach deiner Übung direkt etwas trinken zu können.

Vorbereitung:

Sorge dafür, dass du eine Weile ungestört in der Natur verbringen kannst, indem du das Handy ausschaltest und vorab eine leichte Mahlzeit zu dir nimmst. Mit sehr vollem Bauch tendiert man zum Einschlafen, mit Magenknurren ist man zu unaufmerksam und unentspannt.

Das Ritual:

Nimm dir einen Moment Zeit, um dich dem Ort vorzustellen (den Wald um Einlass zu bitten, bevor du ihn betrittst) und ggf. deine Absicht kurz zu nennen. Wir haben die Erfahrung gemacht, dass dies das Ritual stets vertieft (möglicherweise, weil es sowohl dem eigenen Geist eine klare Schwelle aus dem Alltäglichen hinaus ins „magische Bewusstsein" bietet als auch die Pflanzen-, Tier- und anderen Wesenheiten informiert und dadurch einfach höflich ist).

- Lass dich vom geeigneten Sitzplatz finden und nimm dort deinen Platz ein.

- Versenke dich in die dich umgebende Natur. Lass deinen Blick weich werden und deinen Geist frei. Lass geschehen, dass dein Geist sich aufmacht, um noch mehr Teil der

Natur zu werden oder „in andere Welten zu reisen".
Gib dich gern der Zwiesprache mit Spirits, Ahnen, Göttinnen und Göttern hin oder dem weichen Moos, das dich umgibt und so viel zu erzählen weiß ...

- Vielleicht hilft dir dazu auch das Zitat aus der Völuspa: „Weit, weit, ich sehe die Welten alle." Nutze auch den vorhergehenden Text in diesem Kapitel als Inspiration und wähle, was du für dich ausprobieren magst – da es sich hier um einen Erfahrungsweg handelt –, und wähle gern beim nächsten Mal etwas anderes, um zu vergleichen, was in dir und um dich herum geschieht ...

- Gönne diesem Ritual einige Zeit, damit du selbst in tiefere bzw. erweiterte Schichten des Bewusstseins vordringen kannst.

- Wann immer du spürst, dass dein Utiseta zu einem natürlichen Ende gekommen ist, bedanke dich auf deine Weise bei diesem Ort, bei den Wesenheiten für die Begleitung oder die Botschaften und verabschiede dich. Nimm einige tiefe Atemzüge und trinke etwas Wasser, um dich wieder ganz in den Körper zurückzubringen.

- Mach dich erst dann wieder auf den Rückweg, wenn du voll und ganz im Hier und Jetzt angekommen bist.

Nachbereitung:

Du wirst feststellen, dass Utiseta mehr sein kann, als einfach nur draußen herumzusitzen oder an einem gewählten Sitzplatz in Wald, Feld oder Wiese zu meditieren, und dass es sich auch von einer naturbasierten Achtsamkeitsübung deutlich unterscheidet. Aufgrund der spärlichen Quellenlage wirst du zur spirituellen Mythenforscherin und deine ganz eigenen Aufzeichnungen werden dir über die Jahre helfen, deine Schritte auf diesem Weg zu erinnern, deine Erkenntnisse zu sammeln und eines Tages zusammenzufassen. Wann immer du von einem bewussten Utiseta zurückkehrst, empfehlen wir dir daher sehr, deine Erlebnisse schriftlich festzuhalten.

Zusatzinformation zu Trance und Trancereise

Die schamanische Reise ist das grundlegende Werkzeug des schamanischen Weges. Dr. Michael Harner, ein US-amerikanischer Anthropologe, der in den 1970er- und 1980er-Jahren umfassende kulturvergleichende Studien zum Schamanismus betrieb, stellte fest, dass diese Form des „Seelenflugs" in allen schamanischen Traditionen lebendig war und für diverse Zwecke genutzt wurde. Der Schamane oder die Schamanin versetzt sich hierzu mithilfe eines monotonen Rhythmus, der durch Rasseln, Trommeln oder aneinander geschlagenen Äste erzeugt werden kann (und etwa 205 bis 220 Schläge pro Minute hat), in einen veränderten Bewusstseinszustand. Neuere Forschungsergebnisse zeigen, dass sich die Gehirnwellen bei dieser schamanischen Trance im Alpha- oder Theta-Bereich bewegen, in die man auch bei tiefen Meditationen gelangt. Vergleichbar ist dieser Zustand mit dem Moment, in dem man ganz wach und bewusst, aber gleichzeitig so entspannt ist, dass der Körper augenblicklich in tiefen Schlaf fallen könnte, wenn man ihn ließe. Mit diesem entspannten und dennoch hellwachen, offenen Geist bereist der schamanisch Tätige die geistige Welt – in unserem Kulturkreis auch gern „Anderswelt" genannt – und erbittet dort Hilfe und Information.

Mit der schamanischen Reise öffnen sich dem Bewusstsein völlig neue Welten. Unsere Seele kann ihre Flügel ausspannen, sich weiten und selbst erfahren. Wir sehen Bilder und uns begegnen Wesen, die uns dabei helfen, einen veränderten Blick auf unsere Anliegen zu gewinnen, und uns Rat und Beistand geben.

Um diese Welten zu betreten, darf das Alltagsbewusstsein zurücktreten, sich entspannen und nur noch als Beobachter fungieren. Die Landschaften, die sich während einer schamanischen Reise entfalten, können wir betreten, erforschen und deren Bewohner befragen. Wir werden einen Weg widergespiegelt sehen, der unserem Weg in der Alltagswelt entweder entspricht, ihn ergänzt oder auch hinterfragt. Unsere Seele kann sich in diesen Gefilden frei bewegen und auf nahezu jede Frage eine Antwort finden, wenn wir lernen, genau hinzuschauen und vor allem unsere Fragen genau zu stellen.

Ein veränderter, offenerer Bewusstseinszustand ist die Grundvoraussetzung für eine schamanische Reise. Die Grenzen unseres Alltagsbewusstseins, das uns dabei hilft, in unserer Welt zu funktionieren und nicht bei Rot über eine Ampelkreuzung zu laufen oder unsere Hand auf eine heiße Herdplatte zu legen, werden erweitert. Die schamanische Reise geht weit darüber hinaus. Sie findet jenseits von „Funktionieren" oder „Nicht-Funktionieren" statt. Das Bewusstsein wird durch das Herbeiführen einer Trance zu einer Art leerer Leinwand, auf der sich die Geschehnisse der geistigen Welt abbilden. Manche Menschen können sich durch Meditation in einen solchen Zustand versetzen, die meisten schamanischen Kulturen wenden zu diesem Zweck bestimmte Hilfsmittel wie Trommeln, Rasseln, Gesänge und Räucherwerk an. All diese Werkzeuge werden mit einem bestimmten Rhythmus benutzt, der den Geist völlig entspannen und offen wahrnehmen lässt.

Diesen Rhythmus findest du in diversen Längen und mit unterschiedlichen Instrumenten eingespielt an vielen Stellen kostenfrei im Internet (und natürlich auch im Handel von verschiedenen Anbietern erhältlich). Suche dir aus dieser Fülle einfach etwas aus, das dich anspricht.

Teil III:
Kraft der Wandlung

ODIN: DER GOTT DER WANDLUNG, DER VIELFALT & DES WISSENS

Die Nacht ist kalt und stürmisch, Wolken rasen über den dunklen Himmel, Blitze zerreißen die Finsternis und ein bleicher Mond schaut teilnahmslos auf einen einäugigen, bärtigen Mann, der blutend und vor Schmerzen stöhnend an einem Baum hängt. Niemand hat ihn überwältigt und ihm das angetan, niemand hat ihn für irgendetwas bestraft oder ihn als abschreckendes Beispiel hier zur Schau gestellt. Er selbst hat sich in diese Situation begeben, hat sich selbst an den Baum gehängt, sich selbst mit einem Speer verletzt und den Schmerz willkommen geheißen. Dieser Schmerz, dazu die Entbehrungen, die Erschöpfung … all das soll seinen Geist öffnen, ihn auf andere Ebenen der Wahrnehmung reisen lassen, soll Geheimnisse offenbaren und tiefes Wissen aus dem Urgrund der Welt bergen.

Die Nacht vergeht und der Schmerz verändert sich. Unbändiger Durst plagt den Mann, während die Sonne ihren Lauf nimmt. Eine weitere Nacht bricht herein, die Wunde blutet wieder, Muskeln verkrampfen, Hunger quält den Magen.

Sieben weitere Nächte hängt der Mann an diesem Baum, opfert sich, nimmt das Leid in Kauf und erhofft sich Weisheit. Und dann endlich in der neunten Nacht bricht der Geist des Mannes in eine andere Wirklichkeit durch … völlig hingegeben an den Augenblick, an die große Ordnung, an den Wandel und die Weite des Kosmos sinkt er zur Erde nieder … und das Wissen der Runen wird ihm geschenkt. Niemand weiß, wo dieses Wissen zuvor verborgen war, doch nun ist es in ihm gegenwärtig, fließt in ihm mit unbändiger Kraft. Zauberzeichen, magische Symbole, geheimnisvolle Chiffren, die die ganze Welt enthalten, sie darstellen und beeinflussen können.

Der Mann erhebt sich und geht erschöpft zurück zu seinem Heim, zurück in den Kreis der Götter, die mit ihm erschaffen und bewahren und die doch so anders sind als er. Keiner sieht so weit wie er, keiner hat diese düstere Aura um sich herum, keiner ist das, was er ist: ein Gott, der niemals aufhört zu lernen!

Diese Qualität, die Bereitschaft, fortwährend dazuzulernen, ist eines der Hauptmerkmale dieses vielschichtigen und oft undurchschaubaren Gottes: Er ist mächtig, aber nicht allmächtig; er ist wissend, aber nicht allwissend; ihm ist stets bewusst, dass die neun Welten mehr bereithalten, als sein Geist fassen kann. Er durchstreift die Welten auf der Suche nach Wissen, nach tiefem Zugang zu den Geheimnissen, die er, obwohl er an der Schöpfung dieser Welten maßgeblich beteiligt war, nicht alle kennt.

Um dieses Wissen zu erlangen, ist ihm kein Preis zu hoch. Die Edda beschreibt seine Selbstopferung für das Wissen um die Runen mit dieser berühmten Stelle:

„Ich weiß, dass ich hing am windigen Baum

Neun lange Nächte,

Vom Speer verwundet, dem Odin geweiht,

Mir selber ich selbst,

Am Ast des Baums, dem man nicht ansehn kann,

Aus welcher Wurzel er spross.

Sie boten mir nicht Brot noch Met;

Da neigt' ich mich nieder

Auf Runen sinnend, lernte sie seufzend:

Endlich fiel ich zur Erde."[46]

Und kurz danach scheint Odin die Leser und Leserinnen der Edda beziehungsweise die Zuhörenden am prasselnden Herd-

---

46 Havamal 139 und 140

feuer direkt anzusprechen, sie zu fragen, wie es denn um ihr Wissen stehe und was sie bereit seien, dafür zu tun:

> „Weißt du zu ritzen? Weißt zu erraten?
> Weißt du zu finden? Weißt zu erforschen?
> Weißt du zu bitten? Weißt Opfer zu bieten?
> Weißt du, wie man senden, weißt, wie man ändern soll?"[47]

Hier scheint der Mythos selbst darauf hinzuweisen, dass es nicht nur darum geht, von Odin und seiner Suche zu hören, sondern sich selbst auf den Weg zu machen und einen ganz eigenen tiefen Einblick in die Welt (oder die Welten) zu gewinnen. Völlig jenseits von jeder Wohlfühl-Esoterik wird hier deutlich, dass jeder authentische Weg gewisse Opfer erfordert: Willst du dorthin gehen, kannst du nicht für immer auf deiner Couch sitzen bleiben; willst du dies erlangen, kannst du dich nicht gleichzeitig an jenes klammern; willst du bestimmte Dinge lernen, musst du Zeit und Energie investieren. Die überlieferten Geschichten um Odin zeigen diese Zusammenhänge auf recht brachiale Weise, erzählen von den Mühen, die er auf sich nimmt, und stellen zugleich Fragen an denjenigen, der sich mit diesen Mythen auseinandersetzt:

> *Was ist dir so wichtig, dass du deine Komfortzone dafür verlässt?*
>
> *Was ist ein so wesentlicher Wert für dich, dass du bereit bist, es zu schützen und dafür vielleicht auch Schmerzen auf dich zu nehmen?*
>
> *Gibt es etwas Größeres als dein eigenes Ego?*
>
> *Gibt es etwas, für das du bereit bist, wirklich alles zu geben?*

---

47 Havamal 145

EINÄUGIG AUF DER SUCHE NACH WISSEN

Odins Ziel, das, was er verfolgt und für das sich das alles lohnt, kann man ebenfalls den Mythen entnehmen. Worum es ihm geht, ist die Erhaltung der Welt und ihrer Ordnung. Odin möchte wissen, woher alles stammt. Er möchte mehr über den Urgrund des Seins erfahren, also über die Zeit, bevor Ymir entstand, bevor Audumla seinen Großvater Buri aus dem Eis leckte, bevor die Kälte Niflheims und die Hitze Muspelheims zusammenflossen. Ebenso möchte er wissen, wohin das Schicksal die Welten führen wird und wie er einem drohenden Untergang die Stirn bieten kann. Hierfür opfert und martert er sich selbst am Baum, hierfür reißt er sich selbst ein Auge heraus, um dafür aus Mimirs Brunnen trinken zu dürfen und so dessen Weisheit aufzunehmen, hierfür beschwört er eine tote Völva (eine nordische Seherin und Zauberin), um von ihr aus dem Totenreich weitere Geheimnisse zu erfahren. Odin ist ein Wanderer und Suchender zwischen den Welten, der vielleicht manchmal übers Ziel hinausschießt und Dinge in Erfahrung zu bringen versucht, die ihm nach Meinung anderer nicht zustehen, doch immer dient seine Suche dem Wohle der Welten und ihrer unzähligen Wesen.

Dabei sind die Opfer, die er bringt, und die Zauber, die er wirkt, allesamt schamanisch geprägt. Sowohl die Selbstopferung am Baum als auch das Ausreißen des eigenen Auges erinnern stark an sogenannte schamanische Zerstückelungen beziehungsweise Zerstückelungsreisen, auf denen der schamanisch Praktizierende Wesen oder Kräften begegnet, die ihn in einem initiatorischen Prozess zerreißen und neu zusammensetzen, damit sie oder er fortan besser reisen und so dem Wohle der Gemeinschaft dienlicher sein kann.

Diese nicht gerade angenehme geistige Erfahrung, die u. a. der Grund dafür ist, dass eigentlich niemand sich darum reißt, ein Schamane oder eine Schamanin zu werden, erlebt auch Odin. Im Zustand zwischen Leben und Tod (oder zwischen Wachen und Schlafen), einem Zustand, der genau einer schamanischen Trance entspricht, erhält er das Wissen, das er sucht. Er bietet sich der Welt dar, wird verletzt und geheilt, wird in etlichen Initiationen von geheimnisvollen Kräften im wahrsten Sinne des Wortes geöffnet und geweitet, auf dass mehr in ihm Platz findet: mehr Wissen, mehr Erfahrung, mehr Verstehen, mehr Intuition, mehr Weisheit, mehr Hingabe, mehr Verbundenheit. Um es anders auszudrücken: Mit jeder Reise, die dieser göttliche Wanderer unternimmt, wird er zu einer größeren, weiteren und durchlässigeren Version seiner selbst.

Und immer wieder verwandelt er sich in andere Wesen, eine Fähigkeit, die er mit vielen anderen mythologischen Gestalten aus unterschiedlichen Kulturen teilt. Im griechischen Pantheon verwandelt sich Zeus in einen Schwan oder Stier, während die Göttin Demeter die Gestalt eines Pferdes annimmt. Im keltischen Raum gibt es die Geschichten über Ceridwen, die sich in einfach jedes Tier verwandeln kann. In Indien gibt es Sagen über Nagas (Schlangenwesen), die menschliche Gestalt annehmen können, während in Japan von den sogenannten Kitsune berichtet wird, Fuchsgeistern, die sich, wenn sie erst einmal hundert Jahre alt geworden sind, auch als schöne Frauen zeigen können.

Auch in Afrika und Südamerika gibt es solche Mythen, und natürlich sind diese Verwandlungen auch in Märchen erhalten geblieben: Prinzen oder Prinzessinnen, die zu Fröschen werden, Bären, die zu Menschen werden können, und so weiter.

All diese Motive entstammen uralten schamanischen Vorstellungen, in denen die Grenzen zwischen Tier- und Menschenwelt noch fließend gedacht wurden und die gegenseitige Verwandtschaft noch völlig akzeptiert war. Der Mensch war in dieser Vorstellungswelt noch nicht die „Krone der Schöpfung" und Tiere galten als große Lehrer und Vermittler von überlebensnotwendigen, wichtigen Fähigkeiten. Sich in sie zu verwandeln, auf inneren Reisen ihre Gestalt anzunehmen, war (und ist) hilfreich, um gewisse Fertigkeiten zu erlangen oder auch um Wissen zu gewinnen. Zu etwas anderem zu werden bedeutet immer auch, dieses andere besser zu verstehen, es wahrhaftig zu verinnerlichen. Man könnte diese Erlebnisse auf tranceinduzierten Reisen als Extremformen des Sich-in-andere-Hineinversetzens deuten, als tiefer seelischer Ausdruck von Empathie.

In diesem Sinne entspricht Odin auch dem Archetyp des Magiers, der tief in das Geheimnis der Welt hineinblickt, Wissen sammelt und es in Weisheit wandelt, sich selbst in das große Gefüge der Welt hineinwebt und das Verborgene offenbart. Er beobachtet, er lauscht – und ist von einem tiefen Respekt für das Wunder erfüllt, das alle und alles umgibt und durchfließt.

Vielleicht kannst du dir an dieser Stelle einfach einmal vorstellen, wie es sein mag, zu einem Tier zu werden und zu fühlen, wie es ist, dieses Tier zu sein ...

Wie bewegst du dich?

Was benötigst du, um dich wirklich zu nähren?

Wie groß muss dein Revier sein, damit du dich wohlfühlst?

Wie fühlt sich diese Freiheit an?

Wie fühlt sich Fliegen, Schwimmen, Krabbeln, Rennen an?

Wie fühlt es sich zum Beispiel als Schlange an, mit dem Bauch ständig so nah an der Erde zu sein?

Wie fühlt es sich an, so langsam und gelassen durch die Welt zu spazieren wie eine Schildkröte?

Wie ist es, Teil eines intakten Wolfsrudels zu sein und gemeinsam zu jagen, zu spielen, zu ruhen?

Auf diese Weise erfährst du andere Aspekte des Seins (auch deines eigenen, menschlichen Seins), die in deinem Alltag ansonsten gar nicht auftauchen oder zumindest viel zu kurz kommen. Diese Form der Empathie kann gerade in der heutigen Zeit so wertvoll sein, denn die meisten Menschen haben größtenteils verlernt, sich wirklich einzufühlen und auf diese Weise in das Innere eines anderen Wesens zu lauschen.

Kennst du selbst Momente, in denen du dich überwiegend auf den Verstand verlässt, die Welt daher oft nur „aus dem Kopf heraus" betrachtest und nicht aus dem Körper, schon gar nicht aus dem Körper eines anderen (also aus der Weltwahrnehmung eines anderen Wesens)? In unserer westlichen Industriegesellschaft haben wir alle das so gelernt, und es fällt schwer, sich wieder in ein natürlicheres Miteinander einzufühlen, sich auf Fremdes einzulassen und zu verstehen, dass es auch ganz andere Sichtweisen als die eigene gibt. Doch wenn du Mythen und Märchen, in denen diese Verwandlungen ständig vorkommen, in ihrer tiefen Bedeutung ernst nimmst, wenn du wie der wandernde, lernende und gestaltwandelnde Gott Odin durch die Welt gehst und dabei verstehst, dass die Grenzen, die du für die Norm hieltest, hauptsächlich in deinem Kopf existieren, kann deine Welt weiter werden und vielen Blickwinkeln Platz bieten. Auf diese Weise kannst du die Spinne in deiner Zimmerecke betrachten und versuchen zu verstehen, dass sie hier ebenfalls nur einen warmen, sicheren und trockenen Platz zum Leben gesucht hat. Oder dass derjenige, mit dem du in Diskussionen so gut wie nie auf einen Nenner kommst, einfach anders von seinem Umfeld geprägt wurde, als es bei dir der Fall war. In dieser Form ist der Gestaltwandel sozusagen ein psychischer Akt des Perspektivenwechsels – und der Mythos, den du zuerst als so weit weg von deinem alltäglichen Leben empfunden hast, wird plötzlich zu einer ganz praktischen Angelegenheit. Sich einfühlen, wahrhaftig in Beziehung treten, für einen Moment zu jemand anderem werden, die Perspektive verändern, seine Gestalt wandeln – all dies lohnt es sich zu vertiefen und dabei zu entdecken, wie deine ureigene Kraft im Kontakt mit anderen

Wesen und anderen Erfahrungshorizonten immer größer und lebendiger wird, du erfüllt wirst von der Energie des großen Ganzen.

ALLES FÜR DIE POESIE

Aber die nordischen Mythen halten natürlich auch noch andere Aspekte solcher Phänomene wie den Gestaltwandel bereit. Abenteuer, Humor, Erotik ... auch das findet sich hier. Exemplarisch wollen wir gern eine Geschichte wiedergeben, die insgesamt recht handfest daherkommt ...

Diese Geschichte beginnt nach dem Krieg der Asen und Vanen, der wahrscheinlich eine mythologische Darstellung des Konflikts zwischen alter Jäger-und-Sammler-Lebensweise (mit ihren Göttern, den Vanen) und der neueren, sesshaften, bäuerlichen Art (mit ihren Göttern, den Asen) ist.[48] Als diese Auseinandersetzung beendet ist, treffen sich Asen und Vanen, um offiziell Frieden zu schließen.[49] Wie es damals Brauch war, spucken sie alle in einen Kessel. (In frühen Kulturen wurde zum Teil angenommen, dass in Körpersäften wie Speichel, Blut, Sperma und Menstruationsblut die Essenz der Wesen enthalten sind, und daher dienten sie oftmals der Bekräftigung von Schwüren und Eiden.) Dieser vermischte Speichel von Asen und Vanen beginnt im Kessel vor sich hin zu brodeln, bis ein Wesen dem Kessel entsteigt, dass alle guten Eigenschaften der verschiedenen Göttergeschlechter in sich vereint: *Kvasir*, das weiseste Wesen, das es jemals gab, dem aber leider kein langes Dasein beschieden ist. Er reist in den Welten herum, stiftet Frieden, gibt weisen Rat und jeder mag ihn. So viel Gutes erzeugt Neid – das kann man heute sehen, und auch in alten Zeiten war das wohl nicht anders.

---

48 Diese neuere Sichtweise der historischen Forschung nimmt also einen sozialen Konflikt an, während früher die Meinung vorherrschte, dass es sich bei diesen Beschreibungen des Asen-Vanen-Krieges um die mythologische Deutung eines tatsächlichen Krieges zwischen skandinavischer Megalithkultur und sich nordwärts ausbreitender Streitaxtkultur bzw. Angehörigen der sogenannten Schnurkeramikkultur handele.

49 Diese Geschichte findet sich im Bragaroedur in der Prosa-Edda.

Die beiden Zwerge *Fjalar* und *Galar* locken Kvasir in einen Hinterhalt, bringen ihn kurzerhand um und brauen aus seinen Überresten einen Trank, der alle Weisheit beinhaltet. Und da sie schon dabei sind und ihnen das Serienmörder-Dasein offenbar gefällt, ermorden sie auch noch ein Riesenpaar. Dessen Sohn *Suttong* findet das aber alles andere als lustig. Er schnappt sich die Zwerge und setzt sie bei Ebbe auf einer winzigen Insel aus. Als die Flut kommt und die beiden Zwerge ihr Ende nahen sehen, bieten sie Suttong als Ausgleich für dessen tote Eltern den aus dem armen Kvasir gebrauten Dichtermet an. (Solch ein sogenanntes Wergeld war in früheren Zeiten durchaus üblich. Es konnte ja passieren, dass man jemanden aus Versehen umbrachte ... hoppla! Und dann bezahlte man die Hinterbliebenen entsprechend.) Suttong lässt sich auf den Handel ein, versteckt diesen Dichtermet, dessen Wert ihm sofort bewusst wird, bei seiner Tochter *Gunnlöd* und schließt beide zusammen in einem Berg ein.

Davon erfährt nun Odin und macht sich, verkleidet als der kräftige Knecht *Bölverkr*, auf den Weg, dieses wertvolle Getränk in seinen Besitz zu bringen. Nach einigen Abenteuern, die mehreren anderen Knechten das Leben kosten und Suttongs Bruder *Baugi* zum unfreiwilligen Komplizen machen, schlüpft Odin schließlich in Gestalt einer Schlange durch ein Loch in den Berg. In der Höhle Gunnlöds angekommen verwandelt er sich zurück, und die erotisch ausgehungerte Gunnlöd erliegt sogleich den göttlichen Flirtversuchen. Drei Nächte lang erfreut sich Gunnlöd der Liebeskünste Odins, dann täuscht dieser einen Schwächeanfall vor und meint, dass ihn drei Schlucke vom Met, den Gunnlöd hier bewacht, zu alter Stärke finden lassen würden. Gunnlöd wiederum meint, dass drei Schlucke ja nicht weiter auffallen, und lässt Odin gewähren, der aber mit diesen drei Schlucken den gesamten Met in sich hineinschüttet und als Schlange entflieht. Wieder aus dem Berg heraus, verwandelt er sich in einen Adler und fliegt, den Bauch mit Met gefüllt, davon. Durch das enttäuschte Geschrei der verlassenen Gunnlöd alarmiert, verwandelt sich auch Suttong zornentbrannt in einen Adler und verfolgt Odin, dem es immer schwerer fällt, mit seinem Metbauch in der Luft zu bleiben. (Seltsamerweise hatte ihn der viele Met als Schlange nicht gestört, und er passte auch noch durch das Loch im Berg ...)

Nun – schon in der Nähe von Asgard – sinkt er langsam ab, während die restlichen Asen, die ihn und Suttong herannahen sehen, überall auf einer großen Wiese Gefäße aufstellen. Odin muss dringend an Höhe gewinnen, daher lässt er einen riesigen Strahl Adler-Dünnpfiff auf Suttong aus sich herausschießen, der diesen vom Himmel holt. Von diesem ausgeschiedenen Met sagt man, dass er fortan die schlechten Dichter und die Schwätzer inspiriert habe und weiter inspiriere. (Besser kann man wohl schlechte Gedichte und unnötiges Gerede nicht kommentieren!) Den Rest des Mets erbricht er in die aufgestellten Gefäße. Zauberhaft! Eine gewisse Menge aber behält Odin in sich und wird so zum weisesten aller Asen und neben *Bragi*[50] zum größten Dichter aller neun Welten.

Diese Geschichte ist aber mehr als nur eine amüsante und leicht vulgäre Anekdote aus dem Leben eines Gottes. Sie zeigt, dass in einer Gesellschaft, die einerseits bäuerliche Strukturen hatte und in der andererseits kriegerische Auseinandersetzungen nicht allzu selten waren, dennoch körperliche Stärke nicht den größten Wert darstellt, sondern überraschenderweise die Dichtkunst. Und sie zeigt auch, dass Odin, der hier wirklich nicht gerade zimperlich vorgeht, doch genau das im Sinn hat: die richtigen Worte finden, die Dinge kunstvoll beschreiben, mit Sätzen und Reimen gleichsam Bilder malen. Solch einen Schwerpunkt kann wohl nur eine Kultur setzen, in der die mündliche Überlieferung eine so große Rolle spielt.

Und tatsächlich ist auch eine von Odins Hauptfähigkeiten der Galdr: Wortmagie, das Weben von Zauberversen, die Dichtkunst im weitesten und magischsten Sinne, mit der dann auch die Runen als Zauberzeichen voller verborgener

---

50   Siehe Teil IV, Kapitel „Die Welt mit anderen Augen sehen" ab Seite 181.

Bedeutung zusammenhängen. Worte haben Macht – das war den Menschen der nordischen Kultur klar, weshalb auch der *Skalde*, derjenige, der die Mythen und Sagen kunstvoll singen konnte, hoch angesehen war.[51]

Die Skalden der damaligen Zeit versuchten sich in ihrer Kunstfertigkeit zu überbieten, denn ein guter Ruf führte nicht selten zu einem langfristigen Engagement an irgendeinem Fürstenhof, was ein sicheres Einkommen garantierte. Daher wurden ihre Verse immer kunstvoller und manchmal auch komplizierter. Die bereits erwähnten Kenningar waren ihre Spezialität – immer wieder neue Umschreibungen für Personen und Dinge zu finden, die Bezug nahmen auf weitere mythologische Begrifflichkeiten und die irgendwann wohl nur noch dem etwas sagten, der die Mythen in- und auswendig kannte. Um ein fiktives Beispiel zu nennen: Statt „König Haralds Schiff" zu sagen, verklausulierte der Skalde den König als „der Asen Abkömmling", den Namen „Harald" führte er auf die Ahnenreihe des Herrschers zurück und dem Schiff entsprach natürlich nur eine mythologische Beschreibung, die den Glanz und die Glorie dieses Seegefährts unterstrich. Und so wurde dann eben aus dem profanen Schiff König Haralds „des Asen Abkömmlings und Enkel Gunnars güldenes Wellenschwert, das Jörmungandr gleich die See durchschneidet". Man muss sich schon wirklich gut auskennen, um diesen Formulierungen folgen zu können – und manche dieser Verse sind bis heute aufgrund des fehlenden Kontextes unverständlich.

Für den Asengott Odin gab es beispielsweise Hunderte solcher Kenningar, die zum einen verdeutlichen, welche Bandbreite von Bedeutungsebenen die damaligen Skalden in ihren Vorträgen ansprachen, und zum anderen noch einmal deutlich zeigen, wie vielschichtig Odin gesehen wurde.

Fjölnir, der viel Wissende, *Herblindi*, der das feindliche Heer Blendende, *Omi*, der Lärmende, *Oski*, der Wunsch Erfüllende, *Yggr*, der Schreckliche *Kjallar*, der Schlittenfahrer, *Glapsvidr*,

---

51   Mehr dazu im Teil IV, Kapitel „Die Welt mit anderen Augen sehen – Schönheit in Poesie verwandeln", ab Seite 181.

der Verführer, *Hrafnagud*, der Rabengott – all diese Namen bezeichnen Odin und seine verschiedenen Aspekte, stellen bestimmte Facetten seines Wesens in den Vordergrund.

Diese Kunst der Kenningar ist eine Umarmung der Vielfalt und kann dich vielleicht dazu inspirieren, dich selbst zu fragen, welche Kenningar es denn für dich gäbe …

Welche Aspekte deiner selbst sind so wesentlich, gehören so sehr zu deinem Wesen, dass sie solch ein Kenning verdient hätten?

Welches deiner vielen Talente könnte als Beschreibung für dich gelten?

Bist du der gut Zuhörende oder die Tatkräftige?
Bist du der stets Scherzende oder die Tiefgründige?
Bist du der Forschende oder die Glaubende?
Der, der das Herz auf seiner Zunge trägt, oder die Verschwiegene? Der Pausenbrotschmierende oder die Playstationspielende?

Wer bist du für dich?

Wer bist du für andere?

Und stimmen diese Kenningar wirklich?

Und noch viel wichtiger: Fühlst du dich wohl mit ihnen?

Odin fühlte sich unserer Meinung nach in der Rolle des *Grimnir* am wohlsten. Grimnir meint den in Verkleidung Erscheinenden. Das kann man wirklich als Hobby Odins bezeichnen … Er verbarg seine Göttlichkeit, kleidete sich in einen einfachen Reisemantel, setzte einen alten Schlapphut auf und begab sich nach Midgard, um sich unerkannt unter die Menschen zu mischen.

Bei diesen Ausflügen prüfte er gern die Herzen der Menschen: Er kam als armer Wanderer und bat um Essen und Unterkunft. Zeigten sich die Menschen großzügig, so belohnte er sie im Nachhinein. Waren sie aber geizig und unfreundlich, strafte er sie. Das erinnert an Rübezahl, jenen Berggeist aus dem tschechischen Riesengebirge, bei dem man einige Aspekte Odins wiederfindet, die sich im Volksglauben Schlesiens und Tschechiens bis zum 17. Jahrhundert erhalten haben.

Ein Gott – viele Gesichter

Odin ist im Grunde das Gegenteil seines Sohnes Thor. Er ist kompliziert, undurchschaubar, hat bei fast allem, was er tut, einen Hintergedanken, und zeigt sich in immer wieder neuen Gestalten. Welchem Aspekt man begegnet, hängt vom eigenen Weg, dem eigenen Hintergrund ab. Er ist wie ein facettenreicher Mensch, der in dieser oder jener Situation ein völlig anderes Gesicht zeigt, je nachdem, was gerade seine Absicht ist. Daher ist Odin auch nicht so leicht als gut oder böse einzuordnen. Vieles, was er tut, dient einem höheren Zweck, manches ist aber dennoch moralisch fragwürdig. Auf jeden Fall entspricht er keinem infantilen Bild vom „lieben Gott", sondern eher einem komplexen, weitverzweigten Charakter: machtvoll und mitfühlend, sich für andere einsetzend und dann wieder nur am eigenen Vorteil interessiert, großzügig und listig, strahlend und dunkel. Sein skandinavischer Name Odin kommt von der Wortwurzel *ödr*, was so viel wie „Raserei" bedeutet. Und auch sein westgermanischer Name *Wodan* meint ursprünglich einfach „Wut". Beide Wurzeln weisen aber über diese direkte Bedeutung hinaus auf eine Raserei, die als Ekstase gedeutet wird – ein Außer-sich-Sein, das Odin als Gott der Trance und des schamanischen Seelenfluges kennzeichnet. Ebenso weisen *ödr* und *wod* auch auf Stimme, Lärm und Dichtkunst hin. Das wilde *wod* braust durch den Körper, stärkt für den Kampf, inspiriert zugleich aber auch zu ineinander verschlungenen Versen, führt den Geist in ekstatische Zustände des Weltenwanderns und des schamanischen Sehens. Schon in den Wortwurzeln seiner Namen kannst du sowohl die Widersprüchlichkeit als auch die besonderen Kräfte dieses Gottes erkennen, der in vielen Geschichten so menschlich wirkt.

Er ist der Vater mancher Götter, aber er ist nicht der Allvater, der alleinige Herrscher. Diese Funktion und dieser Beiname sind wahrscheinlich spätere Entwicklungen, die schon unter dem Einfluss des aufkommenden Christentums entstanden, das aufgrund des Glaubens an den EINEN Gott auch solche alte Geschichten entsprechend umdeutete. Odin ist König der Götter, aber er ist kein Alleinherrscher, denn Asgard ist in Grundzügen demokratisch organisiert. Es gibt Ratsversammlungen, auf denen jede Göttin und jeder Gott seine Meinung kundtut. Odin ist dabei eher so etwas wie ein Vorsitzender oder ein Ratspräsident.

Immer wieder sucht er die Hilfe von Frauen, ein wunderbares Bild dafür, dass die Kulturen, aus denen diese Geschichten stammen, anerkannten, dass Weisheit oft weiblichen Ursprungs ist – diejenigen, die neues Leben in die Welt bringen können, verstehen es vielleicht auch am besten, erkennen eine höhere Macht leichter. Und so sucht Odin die Nornen auf und lässt sich Ratschläge geben, da diese drei Frauen als einzige das *Orlog* kennen (das Gesetz des Universums); er erfährt immer wieder die Unterstützung seiner Frau *Frigg*, und er erweckt eine mächtige Völva aus dem Reich der Toten, damit sie ihm etwas über sein Schicksal mitteilt. Bei dieser Gelegenheit erfährt er, dass auch er sterblich ist – eine Besonderheit der nordischen Mythen, die nicht von ewigen Göttinnen und Göttern ausgehen, sondern auch in diesem Bereich die Vergänglichkeit respektieren, die überall in der Natur anzutreffen ist.

Nachdem Odin vom Zyklus der Welten, seiner eigenen Sterblichkeit und dem zerstörerischen Übergang zwischen zwei Zyklen – der Ragnarök – erfahren hat, sammelt er Krieger für diese letzte Schlacht gegen die Kräfte des Chaos. Die Walküren (übersetzt: Wählerinnen) bringen die eine Hälfte aller gefallenen menschlichen Krieger zu ihm, während zuvor die Vanengöttin Freyja die erste Hälfte zu sich nimmt. Da Odin sich große Sorgen um diese Schlacht macht und so gut wie möglich vorsorgen möchte, stiftet er manchmal sogar Unfrieden zwischen zwei Königreichen in Midgard, um Krieger kämpfen zu sehen, um sie fallen zu sehen und sie schließlich zu sich zu holen. Wie schon erwähnt, wird Odin ja auch „Hrafnagud" genannt, der Rabengott, was zum einen auch darin begründet liegt, dass die Gefallenen auf dem Schlachtfeld üblicherweise als „Fressen für die Raben" betitelt wurden. Wieder hat er gute Absichten, die Mittel aber sind fragwürdig. Sein Sohn Thor lehnt ein solches Verhalten strikt ab, was zum Streit zwischen ihm und seinem Vater führt.

Odin lernt aber noch etwas von einer Frau, was für dieses Buch und seinen schamanischen Ansatz der Mythenbetrachtung von Bedeutung ist: Die Vanengöttin Freyja bringt ihm die Kunst des Seidr bei, eine Form des Zaubers und des Seelenflugs, die bei den Vanen weitverbreitet, den Asen jedoch unbekannt war. Mit dieser Kunst kann Odin Trancereisen in andere Bereiche der Wirklichkeit unternehmen und in alle Bereiche des Weltenbaumes reisen. Sie lehrt ihn auch, mit den Toten zu reden und sie zu beschwören; sie befähigt ihn außerdem, eine weitreichende und tiefe Ahnenverbindung aufzunehmen sowie mit nicht personifizierten Urkräften des Weltzusammenhanges in Beziehung zu treten.[52] Odin sorgt durch sein beständiges Lernen sozusagen in sich für einen Ausgleich zwischen Männlichem und Weiblichem – als Himmelsgott tritt er durch den Kontakt zur Vanen- und Erdgöttin Freyja in eine innige Beziehung zur Erde. Dieses Gleichgewicht der Kräfte ist es, das ihm seine Macht und seine tiefen Einblicke verleiht. Er reist in alle Welten und lernt dort dazu, bringt dann dieses Wissen zurück, um Asgard und Midgard zu schützen, die Ordnung aufrechtzuerhalten oder wiederherzustellen – eine fast klassische Beschreibung eines schamanisch Tätigen.

---

52 Über die Kunst des Seidr wirst du im Teil IV, Kapitel „Die nordische Kunst des Sehens: Seidr" ab Seite 176 noch mehr erfahren.

Dazu passt auch die Theorie, dass Odins Reittier – der achtbeinige Hengst Sleipnir – ein Sinnbild für die Totenbahre ist. Wenn eine solche Bahre, wie allgemein üblich, von vier Menschen getragen wird, dann ist das eine Liege, die von acht Beinen bewegt wird. Und diese Totenbahre ist es, auf der der Schamane im Zustand zwischen Leben und Tod in andere Welten reist.

Sleipnir, „der Dahingleitende", soll den angenehmsten Ritt ermöglichen und so sicher tragen wie kein anderes Pferd. Er hat Runen auf seinen Zähnen, kann als einer der wenigen Lebenden die Umzäunung Hels (des Totenreichs) überwinden und sicher zwischen der Welt der Verstorbenen und der Welt der Lebenden hin- und herreisen. Mit all seiner Zauberkunst ist dieses besondere Pferd ein weiser und trittsicherer Führer in der Anderswelt. Daher ist auch das „Reiten auf Sleipnirs Rücken" ein Kenning für schamanisches Wirken und die damit einhergehende Ekstase, während schamanisch geprägte Kulturen auch gern die Schamanentrommel, also das Werkzeug, mit dessen Rhythmus eine Trance ausgelöst wird, als „Pferd des Schamanen" bezeichnen. Man reitet in die andere Welt, lässt sich in Hingabe tragen.

Odin ist als Sucher nach Wissen und mit all seinen Befähigungen, die er durch diese Reisen erlangt hat, auch als Schutzpatron der Seherinnen, Schamanen, der Priester und Priesterinnen, der Schriftsteller und Dichter bekannt. Wie gesagt, ein vielfältiger Gott.

Begleitet wird er von zwei Raben namens *Hugin* und *Munin*, was so viel wie „Gedanke" und „Erinnerung" bzw. „gedankenvoll/kühn" und „geistvoll/begierig" bedeutet. (Ein jeder hat wohl Haustiere, die ihm in gewisser Weise entsprechen …) Mit ihrer Hilfe erkundet Odin ebenso die Welten. Er schickt die Raben aus, lässt sie hierhin und dorthin fliegen, lässt sie beobachten und ihm dann berichten. Immerzu macht er sich Sorgen, dass sie nicht zu ihm zurückkommen, dass er sich nicht mehr erinnert, keine klaren Gedanken mehr fassen und somit seiner Aufgabe nicht mehr gerecht werden kann.

Des Weiteren sind zwei Wölfe an Odins Seite: *Geri* und *Freki*, „der Gierige" und „der Gefräßige". Sie helfen ihm auf dem Schlachtfeld und auch bei der Jagd, wobei „Jagd" für Odin nicht nur die Jagd bedeutet, um abends in seiner Halle etwas zu essen zu haben, sondern auch die sogenannte „Wilde Jagd", womit die Winterstürme gemeint sind, die ums Haus pfeifen und in denen man das Heer der Toten sah, das angeführt von Odin[53] auf Sleipnir übers Land zieht. Denn Odin ist auch der Sturmgott und zugleich Fährmann für die Toten, weshalb er oft in einem blauen Mantel dargestellt wird, der der Farbe der Totenflecken gleichkommt.

Er ist der Gott der Gegensätze, Schöpfer und Bewahrer, gleichzeitig der Vater des Krieges[54], Reisender und Suchender, Herrscher und Lernender – ein Gott, der dir helfen kann, auch die Gegensätze, die in dir lebendig sind, anzunehmen und wertzuschätzen. Wer von uns Menschen ist schon wie Thor, allzeit geradeheraus und stets auf der richtigen Seite? Wir alle sind wohl eher Suchende und Wanderer, die eine Weile den einen Weg gehen, um dann einige Meilen zurückzulaufen, die verpasste Abzweigung zu nehmen und jenem Weg zu folgen … oder die mal ängstlich und mal freudig feststellen, dass es überhaupt keinen Weg gibt, sondern dieser erst mit den eigenen Schritten erschaffen werden muss. Wir alle sind Menschen, die nicht immer wissen, was richtig und was falsch ist, die sich mühsam zurechtfinden müssen und mehr in Grauzonen als in klar definierten Schwarz-Weiß-Bereichen leben. In diesen Grauzonen, die lebendig fließen und eher von einem *Sowohl-als-auch* statt einem *Entweder-oder* geprägt sind, ist Odin zu Hause. Ein Gott, der die immense Kraft der Suche symbolisiert, der sich nicht auf Vorgefertigtes verlässt, sondern selbst erfahren möchte. Eine Suche, die sich nicht mit einem vermeintlich unausweichlichen

---

53 In einigen Legenden taucht hier auch Frau Holle/Frau Percht als Anführerin der Wilden Jagd auf.
54 Der Krieg zwischen Asen und Vanen war laut der nordischen Mythologie der erste Krieg überhaupt.

Schicksal abfindet, sondern stattdessen versucht, dieses selbst in die Hand zu nehmen und die wirklich großen Zusammenhänge zu verstehen. Ein Gott, dessen Geist sich weit austreckt und in dem Platz ist für alles, was ist.

LOKI: DER NORDISCHE TRICKSTERGOTT

Mit Odin hast du schon einen oftmals ambivalent erscheinenden Gott des nordischen Pantheons kennengelernt, doch mit Loki kommen wir nun sozusagen zum Meister der fragwürdigen Entscheidungen und der Doppeldeutigkeit. Ist bei Odin das Undurchschaubare eher ein Nebeneffekt seiner ganz eigenen Reise durch die neun Welten, so ist es bei Loki Absicht. Loki verbirgt sich, agiert mit Tricks und Listigkeit, spielt Menschen, Götter, Riesen und alle anderen Wesen gegeneinander aus, hat stets ein Ass im Ärmel, redet sich aus jeder Verantwortung heraus, lebt grenzenlos frei, bricht jedes Tabu und feiert seine Vielschichtigkeit.

All das ist jedoch nur eine Sichtweise auf seinen Charakter, und man sollte nicht dabei verharren. Es ist natürlich verlockend, auf solch einen unverschämten Kerl wie Loki herabzuschauen und sich im selben Moment moralisch aufgewertet zu fühlen. Lehnt man Lokis Verhalten ab, fühlt man sich gleich auf der richtigen Seite und klopft sich selbst auf die Schulter: *Immerhin bin ich nicht so wie Loki!*

Gerade Interpretationen aus dem christlichen Bereich sind mit Loki stets so verfahren, weshalb Loki auch oft mit dem Teufel gleichgesetzt wurde. Selbst Snorri Sturluson, dem zu verdanken ist, dass immerhin ein kleiner Teil der nordischen Überlieferung bis in die heutige Zeit erhalten blieb, ließ im Grunde kein gutes Haar an Loki, was wohl auch seinem christlichen Hintergrund geschuldet ist. Loki erscheint daher meist einfach wie das klischeehafte Abziehbild des Bösen, von dem man sich tunlichst fernhalten sollte.

Wir wollen in diesem Buch einen anderen Weg einschlagen und uns Loki vorurteilsfrei und mit einem offenen Blick nähern. Nach vielen Jahren der Beschäftigung mit diesen Geschichten sind wir überzeugt, dass Loki in der nordischen Mythologie eine ganz wichtige Rolle spielt, die weit über die bloße Besetzung als Gegenspieler und Bösewicht hinausgeht.

Loki ist für uns der nordeuropäische Trickstergott, ein Wesen, das als Schwindler, Scharlatan und Lügner auftritt, um alles durcheinanderzubringen, wobei hinter diesem Durcheinander aber immer eine gewisse Notwendigkeit steht.

C. G. Jung bezeichnete den Trickster als „Vorläufer des Heilsbringers"[55], womit er eine mythologische Grundfigur meint, die jede Ordnung untergräbt, sich über alles lustig macht, dadurch aber oft versteckte Wahrheiten aufdeckt, über die andere gern den Mantel des Schweigens breiten. Der Trickster reißt Menschen, Dingen oder gesellschaftlichen Strukturen die Maske herunter und agiert damit wie eine herausfordernde, aber gute Form des Clowns oder des Kaspers. Ist es nicht vielleicht möglich, dass eine Gesellschaft gerade diejenigen braucht, die ihre Grundregeln von Zeit zu Zeit infrage stellen? Und könnte dies nicht auch ein Zeichen einer gesunden Gesellschaft sein, wenn sie solch einen Trickster in ihrer Mitte aushalten kann? Wie auch immer … Loki wird mit diesem Bild des Tricksters auf jeden Fall perfekt beschrieben, denn in nahezu jeder überlieferten Geschichte überschreitet er Grenzen, bricht Regeln, stellt das soziale Gefüge infrage, tut fragwürdige Dinge, aber bringt durch eben dieses Handeln, das andere zur Verzweiflung treibt, Bewegung in die Welt. Der Unsinn, den Loki macht, die Streiche, die er anderen spielt, sind zunächst ärgerlich, setzen aber Ereignisse in Gang, die es den anderen Göttern und Göttinnen überhaupt erst erlauben, sich als Helden und Heldinnen zu zeigen und ihre Fähigkeiten zu entwickeln. Und auch wenn er Schaden anrichtet, macht er diesen Schaden dann durch sein Geschick (und oft auch weitere Lügen) wieder gut.

---

55 C. G. Jung: „Zur Psychologie der Trickersterfigur", GW 9/1: §472

Goldene Haare und verärgerte Zwerge

Als Loki eines Tages auf die wenig glorreiche Idee kommt, Thors Frau *Sif*, während sie schläft, ihr Kopfhaar komplett abzuschneiden,[56] handelt er sich enormen Ärger mit Thor ein. Körperlich hat Loki Thor wenig entgegenzusetzen, als dieser ihn am Hals packt, ihn schüttelt und ihm droht, ihn umzubringen. Doch Loki kann reden, beschwichtigen, lügen wie kein Zweiter. Und so versichert er Thor, dass er Sif noch viel schönere Haare besorgen wird, wenn Thor ihn nur loslässt. Der an sich gutmütige Thor, der immer wieder auf das Gerede und die Schmeicheleien Lokis hereinfällt, lässt sich auch dieses Mal erweichen – und so zieht Loki los, um irgendwoher neue Haare für Sif zu organisieren, die währenddessen in ihrer Kammer sitzt und vor sich hin weint. Wenn Götter irgendetwas Kunstvolles benötigen, wenden sie sich üblicherweise an die Zwerge. Daran hält sich auch Loki, der als Gott des Feuers bei den Zwergen ohnehin recht angesehen ist, schließlich wären ihre Schmieden ohne Feuer zu nichts zu gebrauchen. Loki besucht also zwei Zwerge, die für ihn ein zartes Gewebe aus purem Gold herstellen, welches Sifs abhandengekommene Lockenpracht ersetzen soll. Und da Loki schon mal da ist, bittet er auch gleich noch um andere Dinge, die ihm die Zwerge anfertigen: einen Speer, der immer sein Ziel trifft[57] und den er später Odin überreicht, sowie ein zusammenfaltbares Schiff[58], das bald darauf Freyrs Eigentum wird. Doch Loki wäre nicht Loki, wenn die Geschichte hier schon zu Ende wäre. Auf dem Rückweg trifft er zwei weitere Zwerge namens *Brock* und *Sindri*, die ebenfalls für ihr handwerkliches Geschick bekannt sind. Kaum hat Loki sie getroffen, fängt er auch schon an, sie zu verhöhnen und ihnen zu sagen, dass ihre Kunst nicht mit den großartigen Werken mithalten könne, die er eben von den anderen Zwergen erhalten habe. Brock und Sindri werden

---

56 Diese Geschichte findet sich im Skaldskaparmal der Prosa-Edda.
57 Der Name dieses Speers lautet *Gungnir* und er wird auch dazu benutzt, ihn über ein gesamtes Heer zu werfen, um dieses Odin zu weihen.
58 Dieses Schiff wird Skidbladnir genannt und hat immer günstigen Wind.

bei ihrem Ehrgeiz gepackt und schließen mit Loki eine Wette ab, dass sie bessere Dinge herstellen können, die den Göttern weit gerechter werden als der Tand, den Loki schon habe. Siegessicher verwettet Loki seinen Kopf … und Brock und Sindri machen sich ans Werk. Sindri schmiedet wie ein Besessener und Brock bedient den Blasebalg mit der ganzen Kraft eines geschickten Zwergenhandwerkers. Loki merkt schnell, dass die Wette doch keine so gute Idee war, und verwandelt sich in eine fiese Stechfliege, um Brock bei der Arbeit zu stören und somit das Ergebnis nicht ganz so grandios werden zu lassen, wie es sich bereits andeutet. Doch Brock ist ein harter Hund, der einiges aushält, und so entsteht als Erstes ein Eber mit goldenen Borsten,[59] der ebenfalls in den Besitz von Freyr übergehen wird. Danach stellen Sindri und Brock einen Zauberring[60] her, von dem in jeder neunten Nacht weitere acht gleichwertige Ringe „abtropfen" und an dem im weiteren Verlauf der Saga Odin großen Gefallen findet. Loki wird langsam wirklich mulmig, und so gibt er sich dann in Gestalt der Stechfliege große Mühe, Brock möglichst viele Schmerzen zuzufügen. Endlich gelingt dies, Brock schlägt nach der Fliege (erwischt sie natürlich nicht) und setzt daher kurz mit seiner Arbeit am Blasebalg aus. Daher misslingt das letzte Werkstück – ein Kriegshammer, den du bereits als Mjölnir im Kapitel über Thor kennengelernt hast.

Nach dieser Episode in der Schmiede reisen Loki, Brock und Sindri nach Asgard, um den anderen Göttern und Göttinnen die neu entstandenen Zauberkunstwerke zu zeigen und ihr Urteil über diese zu hören. Das goldene Gewebe wächst augenblicklich an Sifs Kopf fest und macht sie noch schöner als zuvor, die anderen Gaben werden ebenso verteilt und letztlich steht fest, dass Brock und Sindri tatsächlich die besseren Dinge hergestellt haben. Dass Loki sich auch aus dieser verlorenen

---

59 Dieser Eber des Freyr hört auf den Namen Gullinborsti, kann schneller als ein Pferd rennen und das auch über Wasser oder durch die Luft. Praktisch ist auch, dass seine goldenen Borsten so stark leuchten, dass Freyr auch in dunkler Nacht unterwegs sein kann.

60 Dieser Ring mit Namen *Draupnir* ist ein Symbol für Herrschaft und für Reichtum. Seine Zauberkraft des Hervorbringens immer wieder neuer Ringe steht für die stets wiederkehrende Fruchtbarkeit.

Wette wieder herausredet und seinen Kopf nicht verliert, sondern „nur" die Lippen zugenäht bekommt, damit man seine Lügen nicht mehr hören muss, ist dann fast Nebensache. Wichtig ist dabei jedoch, dass der ursprüngliche Streich die Voraussetzung dafür war, dass die Asen sechs neue Gegenstände voller Zauber überreicht bekamen und dass so Lokis zweifelhaftes Benehmen letztlich zu etwas Gutem geführt hat.

Dieses Erzählschema zeigt sich oft in den Mythen, die mit Loki in Zusammenhang stehen: Eine Schnapsidee führt zu Chaos, die Wiedergutmachung ihrerseits zu Wachstum. Dabei nutzt Loki immer wieder seine unnachahmliche Redegewandtheit und seinen Scharfsinn ebenso wie die Zauberkunst, die ihm die Vanen beigebracht haben und die auch den Gestaltwandel beinhaltet. Das alles macht Loki zu einem uralten und sehr einfallsreichen Schamanengott, der jenseits von Begrenzungen und Regeln seinen Weg geht und immer unglaublich kreativ ist, um sich aus jeder (selbst verschuldeten) misslichen Lage wieder herauszuwinden.

Auch Geschlechtergrenzen interessieren ihn nicht, da er mal als Mann, mal als Frau auftaucht. Mal verwandelt er sich in dieses Tier, mal in jenes. Jede Trennlinie wird von ihm übertreten, was zum Beispiel der sogenannte Mythos vom Baumeister[61] verdeutlicht …

EINE MAUER, EIN RIESE, EIN PFERD

Als der Krieg zwischen den Asen und Vanen zu Ende ist, liegt der Wall um Asgard in Schutt und Asche. Und wie auch wir Menschen uns oft bei Dingen verhalten, die kaputt sind, sagen die Götter: „Irgendjemand müsste das mal reparieren …", um sich dann wieder dem Müßiggang, den Saufgelagen, dem Erschlagen von Riesen oder sonst etwas zu widmen, was mehr Spaß macht.

---

61   Diese Geschichte findet sich im Gylfaginning der Prosa-Edda.

Zum Glück erscheint ein riesiger Mann auf der Bildfläche, der anbietet, die Mauer innerhalb eines Winters wieder aufzubauen. Als Lohn für diese Arbeit fordert er in beispielloser Demut lediglich die Sonne, den Mond und die schöne Freyja. Die Götter beauftragen ihn trotzdem, denn sie denken, dass es ein Mann allein niemals schaffen kann, eine solche Mauer in so kurzer Zeit zu errichten. Und was schadet es, wenn er schon mal den Großteil der Arbeit erledigt, wenn er das vereinbarte Ziel nicht erreichen und somit keinen Lohn empfangen wird?! Da Thor gerade anderweitig beschäftigt und irgendwo in den neun Welten unterwegs ist, böte nur eine neue Mauer Schutz vor etwaigen Angriffen durch Frost- oder Eisriesen.

Der Baumeister bekommt also den Auftrag und beginnt mit der Arbeit. Allerdings kommt ihm dabei jemand zu Hilfe, obwohl zu der Abmachung gehört, dass er den Job ganz allein zu erledigen hat: Sein ebenso riesiger Hengst erscheint auf der Baustelle und schleppt unermüdlich Steine und Felsbrocken heran, sodass der Bau doch weit schneller vorangeht, als die Götter es sich vorgestellt hatten. Aber Loki beruhigt sie und meint, dass er die Aufgabe auch mit dem Pferd nicht innerhalb eines Winters zu Ende bringen könne und sie nichts zu befürchten hätten. Drei Tage vor Ablauf der Zeit ist die Mauer jedoch nahezu fertig und die anderen Götter geben Loki die Schuld für ihre Misere. Wie sollen sie ohne Sonne und Mond leben? Und noch viel wichtiger: Wer sagt Freyja, dass sie schon wieder als Faustpfand verhökert wurde, und riskiert damit den Zorn der mächtigen Göttin?

Loki sieht nur eine Möglichkeit: Er verwandelt sich in eine rossige Stute und lockt den Hengst des Baumeisters davon, sodass keine Steine mehr herbeigeschafft werden und die Arbeit an der Mauer nicht rechtzeitig vollendet wird. Der Baumeister ist außer sich vor Zorn, da er ahnt, dass er betrogen wurde. In diesem Moment kehrt jedoch Thor von seinem Abenteuer zurück und erschlägt kurzerhand den Baumeister, da er ja von der ganzen Geschichte und den Versprechungen, die die anderen Götter gegeben haben, durch seine Abwesenheit nichts mitbekommen hatte. Die Götter aber freuen sich, haben sie nun doch eine neue Mauer, ohne auch nur einen Finger dafür gekrümmt haben zu müssen.

Einige Wochen später taucht dann auch Loki wieder auf. Er hatte es geschafft, den riesigen Hengst wegzulocken, aber seine Täuschung war so gut, dass sie gewisse Konsequenzen hat. Steifbeinig schleicht er nun zurück über die Hügel nach Asgard, im Schlepptau ein graues Fohlen mit acht Beinen, welches er in Gestalt der Stute zur Welt gebracht und ihm den Namen Sleipnir gegeben hat. Im weiteren Verlauf der Mythen wird dieses achtbeinige Pferd das Reittier Odins werden.

NIRGENDWO DAZUGEHÖREN

Die Rolle des Tricksters scheint Loki auf den Leib geschrieben zu sein. Der Außenseiter, der die allgemein gültigen Regeln kritisch beäugt und sie mit seinem Tun hinterfragt, scheint einfach fester Bestandteil seines Charakters zu sein. Und in gewisser Weise ist Loki tatsächlich in diese Rolle hineingeboren worden.

Loki heißt mit Nachnamen Laufeyson und trägt damit den Namen seiner Mutter *Laufey*, einer Riesin oder auch Vanin.[62] Da sich in den Kulturen, die uns die nordischen Mythen überliefert haben, der Nachname des Sohnes üblicherweise vom Vater herleitet und nicht von der Mutter, ist dies schon ein Hinweis auf seine außergewöhnliche Herkunft. Sein Vater *Farbauti*, wahrscheinlich ebenfalls ein Riese, zeugt ihn durch einen Blitz, findet nach der Geburt des Kindes aber keinen Zugang zu seinem Sohn. Loki ist ihm zu klein und zu schwach, weshalb er Loki ablehnt, sich sogar für ihn schämt. Eine ganz klassische und tragische Vater-Sohn-Konstellation, die nicht nur in den Mythen, sondern wahrscheinlich überall auf der Welt allzu oft vorzufinden ist. Auf irgendwelchen Wegen kommt Loki dann zu

---

62 Laufey bedeutet höchstwahrscheinlich „die Laubreiche", was sowohl auf eine Riesin (als personifizierte Urkraft der Bäume) oder auf eine Vanin (als Baumgöttin) hindeuten kann.

den Asen, wobei seine Herkunft immer zweifelhaft bleibt: Niemand weiß genau, ob Loki Ase, Vane oder doch eher ein Riese ist. Obwohl er manchmal als Bruder, Blutsbruder oder Ziehsohn von Odin bezeichnet wird, lachen die anderen Götter über ihn, wollen nichts mit ihm zu tun haben, meiden ihn. Immer wieder stößt er auf Ablehnung, doch immerhin lernt er von den Vanen die Kunst des Gestaltwandels und wie er aus sich selbst heraus Feuer erzeugen kann. Ebenso erhält er Zauberschuhe, mit denen er durch die Luft und über das Wasser laufen kann.

Durch seine mangelnde Zugehörigkeit entwickelt er sich zu einem regelrechten Klassenclown, der die anderen Götter und Göttinnen mit seinen Geschichten unterhalten kann – ein Hofnarr, der mehr geduldet als wirklich gemocht wird. Nirgendwo passt Loki wirklich hinein, nirgendwo ist er von Herzen willkommen. Und so beginnt er, in negativer Weise Aufmerksamkeit auf sich zu ziehen, bevor er gar keine bekommt. Er handelt aus einer inneren Wunde heraus, tut schlimme oder zumindest ungehörige Dinge, die das negative Bild von ihm immer wieder bestätigen. Ein Muster, das auch der modernen Psychologie und Pädagogik nicht unbekannt sein dürfte.

Daher sind die Geschichten um Loki uns Menschen vielleicht näher als andere Göttergeschichten. Wenn Menschen nicht für das anerkannt werden, was sie sind, kann dieses Gefühl des Abgelehntseins ebenso in destruktives Verhalten führen – entweder zu Wut und Aggression gegenüber anderen oder auch gegen sich selbst. Ebenso können Depressionen die Folge sein und bis hin zum Selbsthass führen.

Loki ist uns Menschen in diesen Gefühlswelten sehr nah, was sich auch darin zeigt, dass er in einer Version der nordischen Schöpfungsgeschichte mitwirkt.

Er ist einer von drei Göttern, die die ersten beiden Menschen erschaffen, und sein Anteil ist es, den Menschen Leidenschaft, Begeisterung, Gefühl und inneres Feuer zu schenken. Typisch für Loki ist dabei, dass dieses Feuer natürlich immer zwei Seiten hat: Es ist wärmend, kann aber auch verzehrend sein. (Wie könnte man die Wirkung menschlicher Gefühle besser beschreiben?)

Letztlich resultiert auch Ragnarök aus einer Zurückweisung Lokis durch die anderen Götter, die ein großes Fest veranstalten, zu dem er nicht eingeladen ist.[63] Ihre (zugegebenermaßen recht makabren) Spiele, bei denen sie verschiedenste Waffen auf den unverletzbaren *Baldur* schleudern, nutzt Loki für eine Rache, die dann leider völlig über das Ziel hinausschießt. Da er weiß, dass Baldurs Unverletzbarkeit aus Eiden herrührt, die seine Mutter *Frigg* allen Wesen und Dingen auf der Welt abgenötigt hat, stellt Loki einen Pfeil aus der Mistel her – der einzigen Pflanze, die diesen Eid nicht geleistet hatte. (Sie wurde übergangen, so wie auch Loki übergangen wird.) Er drückt diesen Pfeil dem blinden *Hödur* in die Hand, der ihn auf Baldur wirft und ihn damit tötet, was wiederum Ragnarök auslöst, den Untergang der bekannten Welt und den Übergang in einen neuen Zyklus des Seins.

Interessanterweise ist es in dieser Geschichte eigentlich Loki, der die kosmische Ordnung der Dinge aufrechterhält, denn das „Spiel", Waffen auf einen durch seltsamen Zauber unverletzbaren Gott zu werfen, behagt Loki so ganz und gar nicht, schließt es doch die Vergänglichkeit als integralen Bestandteil des Seins aus.

Loki erhält noch eine letzte Chance, diese durch List und Tücke erfolgte Tötung Baldurs wiedergutzumachen, denn Frigg erfährt, dass Baldur wieder von den Toten zurückkehren kann, wenn ausnahmslos alle Wesen um ihn weinen. Doch während alle Wesen aller Welten dies tatsächlich tun, weigert sich eine Riesin namens *Thöck,* auch nur eine Träne zu vergießen, womit Baldurs Schicksal besiegelt ist. Diese Riesin ist niemand anderer als Loki, abermals in Verkleidung einer Frauengestalt.[64]

Diese Tat verzeihen die anderen Götter Loki nicht, und auch mit dem geschickten Herausreden klappt es diesmal nicht. Die Götter jagen und fangen ihn, um ihn dann in einer Höhle an drei große Steine zu fesseln.[65] *Skadi*, die Göttin der

---

63 Siehe Gylfaginning in der Prosa-Edda.
64 Zumindest behauptet das Snorri Sturluson im Gylfaginning: „Wir aber glauben, dass dieses Riesenweib Thöck, das den Asen so viel Leid gebracht hat, in Wirklichkeit Loki in verwandelter Gestalt war."
65 Vgl. Gylfaginning 50

Jagd (und auch des Winters und des Skilaufens!), befestigt eine Giftschlange über Loki, deren ätzendes Gift unablässig auf ihn herabtropft. Nur *Sigyn*, Lokis treue Frau, kann ihm etwas Abhilfe verschaffen, indem sie das Gift in einer Schale auffängt, die sie schützend über ihn hält. Doch jedes Mal, wenn sie die volle Schale leert, trifft das Gift Loki, der sich vor Schmerzen aufbäumt und die Erde zum Beben bringt.[66] (In alter Zeit eine mythologische Erklärung für Erdbeben.) Irgendwann kann Loki sich jedoch befreien … und dann geht wirklich alles den Bach herunter, während Loki sich gänzlich auf die Seite der Feinde Asgards schlägt. In einem letzten Gefecht kämpft er gegen Heimdallr, mit dem ihn schon zeitlebens eine Feindschaft verband, die sich einfach herleiten lässt:

Heimdallr ist der Wächter auf der Brücke, also der *Wächter der Grenze*. Loki ist dagegen die *Auflösung jeder Grenze*, das kreative Chaos, das sowohl Wunder als auch Verderben hervorbringen kann. Und so führt die letzte Zurückweisung durch die anderen Götter, der letzte Hieb in die seit Lokis Geburt bestehende Wunde, schließlich dazu, dass Loki sich gänzlich verliert und alle mit in den Untergang reißt. Ob er deshalb als grundsätzlich boshaft bezeichnet werden kann, wie es in der Rezeptionsgeschichte oftmals der Fall war, überlassen wir deinem Urteil …

INNERES GLEICHGEWICHT

Wenn du die Geschichten um Loki aus der Perspektive betrachtest, die wir eingenommen haben, können seine Verletzungen und seine Handlungen, die daraus folgen, dich aber sicher auf Folgendes hinweisen:

---

66 Die Fesselung Lokis hat unübersehbar gewisse Ähnlichkeiten mit der Strafe des Prometheus (der in der griechischen Mythologie übrigens ebenfalls ein listiger und betrügerischer Charakter ist), der den Menschen unerlaubterweise das Feuer brachte und dafür von Zeus an einen Felsen gekettet wurde, wo ein Adler jeden Tag von seiner Leber fraß. Vielleicht haben manche Menschen alter Zeiten Lokis Tat auch nicht gänzlich verurteilt, sondern konnten ebenso seinen Versuch sehen, die ursprüngliche Ordnung und das Gleichgewicht aufrechtzuerhalten. Ob jemand zur damaligen Zeit Loki als einen Kulturheroen wie Prometheus betrachtete, der den Menschen etwas Lebensnotwendiges brachte, bleibt aber zu bezweifeln.

Eine Anerkennung all der verschiedenen Anteile in dir selbst verhindert, dass ein (nicht gesehener) Anteil völlig durchdreht. Wenn du dich selbst annehmen kannst und dabei auch deine inneren Gegensätze zu akzeptieren lernst, kannst du insgesamt heilsamer agieren. Wenn du deine Wunde wirklich anschaust und ihr Aufmerksamkeit schenkst, kannst du sie langsam vernarben lassen und diese Narbe dann mit Stolz anstatt mit dem chronischen Schmerz der offenen Wunde tragen. Vielleicht kannst du dann sogar wie Loki in seinen besten Momenten aus solch einer vermeintlichen Schwäche neue Stärke gewinnen. Dich mit Loki zu verbinden, die Mythen um ihn mit neuen Augen zu betrachten und alle Geschichten auch als sehr altes, aber dennoch zutreffendes Psychogramm zu begreifen, kann dir helfen, dich selbst in all deiner Vielschichtigkeit anzunehmen und dich ebenso in die Wesen aller Welten (mitsamt all ihren Wunden) einzufühlen.

Und noch etwas gibt es, das Loki dir zeigen kann und was mit einer inneren Balance zu tun hat: das Gleichgewicht der Elemente. Die Elemente der Welt sind alle in irgendeiner Form in Lokis (erweitertem) Wesen vereint … Zuerst einmal wird er auch *Loptr* genannt, was so viel wie „der Luftige" bedeutet. Darüber hinaus hat Loki eine ganze Reihe wirklich seltsamer Kinder. Von Sleipnir, dem achtbeinigen Pferd, hast du schon gehört, aber es gibt auch noch den *Fenriswolf*, ein sehr erdhaftes Wesen; dazu *Jörmungandr*, die Weltenschlange, die im Wasser lebt und die ganze Welt umspannt (durch sie entstehen übrigens Ebbe und Flut, da Jörmungandr sechs Stunden lang ein- und sechs Stunden lang ausatmet); und letztlich Hel, seine Tochter, die die Unterwelt beherrscht und nah an den Feuern der Erde lebt.[67] Der Name von Lokis Vater Farbauti heißt übersetzt „der kräftig Schlagende", was hier nicht nur eine gewalttätige Ader meint, sondern ganz einfach auch für den Sturm (also die Luft) steht.

---

67 Fenris, Jörmungandr und Hel sind Kinder, die aus Lokis Verbindung mit der Riesin *Angrboda* hervorgehen, deren Name übersetzt „die Kummer Bereitende" bedeutet.

Alle Elemente sind also in oder durch Loki vertreten – unterschiedliche Kräfte, die er versucht, im Gleichgewicht zu halten, Gegensätze, die lebendig sind und Chaos verursachen können, dabei aber gleichzeitig lebendig machen und Leben schenken.

Hier kannst du zum einen wieder die schöpferische Kraft sehen, die aus Gegensätzen entsteht, als auch die Anstrengung, die es bedeutet, all diese Kräfte im Gleichgewicht zu halten. Loki kann mit all seinen Geschichten, seinem Schmerz und seinem Scheitern, seiner Kraft und seinem Geschick aufzeigen, wie wichtig dieses Gleichgewicht in uns Menschen ist. Was gebraucht wird, ist ein Ausgleich zwischen feurigen Elementen (deiner Leidenschaft) und dem kühlen Wasser deines Verstandes oder der Frische deines klaren Geistes; und ebenso zwischen bodenständigen Elementen (deinem ganz erdigen Dasein beziehungsweise dem, was wirklich wesentlich für dich ist) und deiner luftigen Fantasie, deiner Ideenwelt und deiner Inspiration. Solch ein Gleichgewicht der Elemente in Verbindung mit dem weiter oben genannten Akzeptieren deiner inneren Gegensätze, dem Anschauen deiner Wunde und dem heilsamen Annehmen dieser Wunde, führt dazu, dass du die menschliche Erfahrung in all ihrer Fülle auskosten kannst, ohne einen Anteil von dir abzulehnen oder zuzulassen, dass diesem durch die Ablehnung anderer Schaden zugefügt wird.

Wir sehen Loki in der Tat als sehr menschlichen Gott, als sehr menschlichen Charakter an, durch den wir unserer eigenen Menschlichkeit begegnen und es möglicherweise ein kleines bisschen besser als er machen können.

Vielleicht magst du dich ebenso – inspiriert durch einen alten nordischen Schamanengott – wieder deiner natürlichen Ganzheit zuwenden und dich selbst mit all deinen unterschiedlichen Aspekten umarmen.

DIE LOSE DER NORNEN

„Eine Esche weiß ich, heißt Yggdrasil,
Den hohen Baum netzt weißer Nebel;
Davon kommt der Tau, der in die Täler fällt.
Immergrün steht er über Urds Brunnen.

Davon kommen Frauen, vielwissende,
Drei aus dem See dort unterm Wipfel.
Urd heißt die eine, die andre Verdandi:
Sie schnitten Stäbe; Skuld hieß die dritte.
Sie legten Lose, das Leben bestimmten sie
Den Geschlechtern der Menschen, das Schicksal
verkündend."[68]

So beschreibt die Völuspa, der Seherin Weissagung, die geheimnisvollen Frauen, die während der ersten Momente der Schöpfung einfach aus dem Nebel auftauchen: die Nornen. Sie werden nicht erschaffen, sondern bilden sich einfach aus den Nebeln, die durch das Zusammenfließen der Feuer Muspelheims mit dem Eis Niflheims entstehen. Sie symbolisieren eine Naturkraft, die weder göttlich noch riesenhaft ist, sondern etwas ganz anderes und viel Geheimnisvolleres. Sie sind zu dritt und bilden daher im Weltbild der nordischen Kulturen ein Ganzes, ein Vollständiges – was sich auch in einer Deutung ihrer Namen widerspiegelt.

Ausgehend vom Verb *verda* beschreiben die Namen Vergangenheit, Gegenwart und Zukunft: *urdum* (wurde), *verdandi* (werdend) und *skulu* (werden, wollen). Die Nornen sind also die personifizierte Zeit, der Ablauf des Weltgeschehens und das

---

68 Völuspa 13 und 14

persönliche Schicksal. All diesen Phänomenen können auch die Göttinnen und Götter nicht entrinnen, und daher fürchten sie die Nornen, die mehr über diese Zusammenhänge wissen als sie selbst.

Die Nornen wohnen in einer Halle unter einer Wurzel Yggdrasils, direkt an einer Quelle, einem Brunnen oder einem See. Mit dem Wasser oder dem Schlamm benetzen sie täglich Yggdrasil, sodass dieser nicht vertrocknet. Sie haben also eine dem Leben gewidmete Aufgabe und sind fast wichtiger als die Asen und Vanen, die zwar verwalten und schützen, aber den Lebensbaum selbst nicht nähren. Die Nornen in ihrer Funktion als Zeit- und Schicksalsfrauen lassen den Baum wachsen, denn Wachstum geschieht innerhalb von Zeit. Wir wissen nicht, ob die Menschen, die die Mythen vor langer Zeit zum ersten Mal erzählten, tatsächlich so philosophisch abstrakt gedacht haben, aber offenbar war ihnen zumindest unbewusst klar, dass die Zeit oder das Schicksal letztlich alles verzehrt und darum vielleicht auch alles bestimmt. Auch wenn man heutzutage den Begriff „Schicksal" in der Regel als etwas Drohendes und Unabänderliches auffasst, fragen wir uns, ob ein solcher Glaube an das Schicksal nicht auch viel weiter gefasst als ein Glaube an den Wandel gedeutet werden könnte. Denn letztlich ist es doch das, was Schicksal meint: dass sich Dinge und Umstände wandeln, dass zum Beispiel ein armer Bauernjunge zu einem großen Wikingerhelden wird und dass dieser große Wikinger-held zu einem alten Mann wird und irgendwann stirbt; oder dass ein Mädchen aus einem Armenviertel mit einer einzigartigen Idee Millionen macht, ein Wirtschaftsimperium aufbaut ... und dennoch irgendwann krank wird und den Weg alles Zeitlichen geht; dass ein Schwerverbrecher sich ändert, einen anderen Weg einschlägt und vielen, vielen Jugendlichen hilft, ebenfalls einen heilsamen Pfad einzuschlagen ... und dann alt wird und (Überraschung!) stirbt.

Alles unterliegt diesem Wandel, und die Nornen scheinen in der Vorstellung der alten nordischen Kulturen als Impulsgebe-rinnen dieses Wandels zu fungieren: Sie werfen Lose, heißt es.

Wir verstehen diesen Hinweis in der Edda dahingehend, dass die Nornen hin und wieder „die Karten neu mischen", jedem Spieler ein anderes Blatt zuteilen und sozusagen den „Zufall" in die Welt bringen, Neues auftauchen lassen, mit dem man sich dann auseinandersetzen muss. Sie werfen Herausforderungen und Aufgaben in die Waagschale des Lebens und erzeugen kleine Veränderungen oder auch wahre Umwälzungen. Dabei sind auch sie nicht gut oder böse, sondern gänzlich neutral. Vor allem sind sie aber kein Ausdruck eines völligen Determinismus, also einer kompletten Vorherbestimmung jedes einzelnen Menschenlebens. Sie wissen lediglich, was sie da unter der Wurzel Yggdrasils „erwürfeln", und haben Einblick in die Zusammenhänge, die von diesen Würfen abhängen. Sie durchschauen das Netz des Lebens und wissen, was geschehen kann, wenn man hier und dort an einzelnen Fäden zieht. Sie werfen möglicherweise Knochen, Steine oder kleine Ästchen auf die Erde und sehen in der Anordnung oder den Zeichen, mit denen diese Gegenstände versehen sind, die Wandlung der Ereignisse und deren zukünftige Entwicklung. Sie sind mit zwei Begriffen verbunden, die es lohnt, sich näher anzuschauen: Orlög[69] und Wyrd. Orlög entspricht der Grundlage des Seins, den Urgesetzen des Lebens – wie eine Blaupause liegt es allem zugrunde und bestimmt die Rahmenbedingungen. Von den Nornen wird manchmal gesagt, dass sie dieses Orlög erschaffen. Wyrd meint das Netz des Lebens und die Muster, die wir mit unserem Tun in dieses Netz hineinweben, die Verbindungen und Verknüpfungen, die sich daraus ergeben. In der älteren Forschung wurde oft behauptet, dass die Nornen dieses Wyrd erzeugen, dass sie also das komplette Netz des Lebens weben, was eine fatalistische Haltung der nordischen Völker belegen würde. Doch wie bereits erwähnt, gehen wir ganz und gar nicht von einem Determinismus aus, und jüngere Forschungen haben auch gezeigt, dass das Wort „Wyrd" „kaum heidnisch-germanisches Gedankengut tradiert,

---

69 Manchmal auch Örlög oder Ørlög geschrieben.

sondern einer auf spätantik-christlichem Glauben basierenden mittelalterlichen Weltsicht angehört"[70] und man somit nicht wirklich davon sprechen kann, dass die Nornen das Schicksal des Einzelnen vorherbestimmen. Ihre Lose bestimmen vielleicht bei der Geburt die Rahmenbedingungen, also das Elternhaus, das Heimatland, den wirtschaftlichen Rahmen, die körperlichen Grundvoraussetzungen, aber was der einzelne Mensch dann daraus macht, obliegt ganz allein ihm oder ihr. Die Nornen werfen natürlich immer weiter Lose und beeinflussen damit die Rahmenbedingungen, erzeugen so also manchmal glückliche Fügungen und ein anderes Mal Pech auf ganzer Linie, aber wir Menschen können dann darauf reagieren und bleiben selbst die Handelnden.

Daher sollte man die Nornen auch nicht mit den Parzen, den römischen Schicksalsgöttinnen, verwechseln, obwohl sie auf verwandten Vorstellungen basieren. Letztere werden als Spinnerinnen und Weberinnen dargestellt, und ihr Einfluss scheint daher auch weiter zu gehen als der der Nornen. Die Parzen sind weit aktiver an der Herstellung des Lebensnetzes beteiligt, sie spinnen die Wolle (den Grundstoff des Lebens) zu einem Faden (dem einzelnen Leben selbst) und schneiden ihn irgendwann ab (der Tod). Die Nornen lassen den Menschen und Göttern hingegen weit mehr Freiraum, ihr Schicksal selbst in die Hand zu nehmen. Und so werden sie in der Edda auch nicht als Spinnerinnen und Weberinnen dargestellt, sondern als diejenigen, die Lose werfen und tiefe Einblicke haben. Ein großer Unterschied.

Wenn du dir diese Nornen also als diejenigen weisen Frauen vorstellst, die immer wieder einmal neue Lose werfen, die dann Rahmenbedingungen in deinem Leben verändern, so kannst du dir mit diesem Hintergrund eine Reihe von Fragen stellen, die dein Verhältnis zu Schicksal, Bestimmung, Freiheit und Selbstverantwortung in ein neues Licht tauchen:

---

70 Rudolf Simek: Lexikon der germanischen Mythologie, S. 494

Welche Dinge geschehen dir einfach und für welche bist du selbst verantwortlich?

Was kannst du beeinflussen und was nicht?

Wieso könnte es für dein Leben hinderlich sein, diese Dinge zu verwechseln?

Lohnt es sich für dich, wenn du dich über Dinge grämst, die dir ohne dein Zutun widerfahren?

Kannst du aus der Situation, die dir widerfährt, handeln und sie in etwas anderes verwandeln?

Kannst du eine besondere Form von Würde in deiner Handlungsfähigkeit entdecken?

Kannst du die immense Freiheit wertschätzen, die darin liegt, dass du fähig bist, dich gegen ein vermeintlich unausweichliches Schicksal aufzulehnen?

Kannst du der Welt ein freudiges und zugleich trotziges „Jetzt erst recht!" entgegenrufen?

Was möchtest du selbst von Herzen ins Lebensnetz mit einweben? Und auf welche Weise möchtest du das tun?

Neben diesen drei Nornen, die am Urdbrunnen sitzen und Lose werfen, gibt es auch noch weitere Frauengestalten in der nordischen Mythologie, die als Nornen bezeichnet werden. Snorri Sturluson spricht im Gylfaginning[71] davon, dass jedes Kind bei seiner Geburt eine Norne neben sich stehen hat, die

---

71 Gylfaginning 15

ebenfalls Lose wirft oder deren Anwesenheit selbst wie ein Los wirkt.[72] Snorri Sturluson meint, dass es gute Nornen mit göttlicher Herkunft gebe, die ein gutes Leben begünstigen, während auch Nornen aus dem Alben- oder Zwergengeschlecht bei der Geburt anwesend sein können, die dem Kind dann schon von Anfang an das Leben verhageln. Hier mischen sich vielleicht Vorstellungen von Nornen und *Disen*, wobei Letztere mythische Frauen sind, die sowohl als Schutzgeister wie auch als Todesbotinnen fungieren.[73] Überreste solcher Vorstellungen finden wir zum Beispiel auch im Märchen von Dornröschen, bei deren Geburt ihr gute Feen nur das Beste wünschen, aber eine böse Fee ihr Schicksal recht negativ beeinflusst.

Eine wirklich schöne Geschichte ist in diesem Zusammenhang die Nornagest-Saga aus Dänemark, die noch einmal zeigt, dass es in der nordischen Vorstellungswelt keine unabänderliche Vorherbestimmung gibt, sondern dass immer Spielraum für eigene Entscheidungen bleibt. Diese Geschichte handelt von *Nornagest*, dem Sohn von *Thord von Thinghusbit*. Drei Nornen erscheinen bei seiner Geburt, von denen zwei ihm ein gutes Leben prophezeien und ihn segnen. Eine Norne aber zeigt den schockierten Eltern eine brennende Kerze und offenbart ihnen, dass ihr Sohn nur so lange leben werde, bis diese Kerze heruntergebrannt sei. Eine der anderen Nornen löscht diese Kerze jedoch sofort und gibt sie der Mutter mit dem Hinweis, sie gut zu verwahren. Durch diese Tat schützt sie den Säugling, der daraufhin den Namen Nornagest erhält, „der Gast der Nornen". Später versteckt Nornagest diese Kerze selbst und wird dadurch 300 Jahre alt. Er lebt ein gutes und abenteuerreiches Leben, wird ein guter Kumpel des berühmten Wikingers Ragnar Lodbrok und dessen Sohn Björn Eisenseite, bekehrt sich dann eines schönen Tages zum Christentum und

---

72 Dieser Glaube hat sich im nordischen Bereich sehr lange gehalten, und noch heute bekommt eine Frau, die gerade Mutter geworden ist, auf den Faröer-Inseln als erste Mahlzeit nach der Geburt die sogenannte Nornengrütze serviert.

73 Um es zu komplettieren, widmen wir uns auch noch den Fylgien, ebenfalls meist weiblich dargestellten Schutzgeistern, im Kapitel „Alle die vor dir kamen: Der Weg deiner Ahnen" ab Seite 200.

möchte sich nach einem so langen Leben aus dieser Welt verabschieden. (Die eigene Unsterblichkeit ist offenbar ein weit weniger faszinierendes Konzept, wenn man erst einmal merkt, dass alle, die man liebt, dennoch sterben.) Nornagest holt die Kerze hervor, zündet sie an, lässt sie – im inneren Frieden mit sich selbst – herunterbrennen und stirbt.

Auch hier sieht man, wie eng Leben und Tod miteinander zusammenhängen und wie die Nornen zwar eigentlich neutral sind, aber dennoch ihre lebensfördernde Qualität im Vordergrund steht. Diese Qualität stellt ja auch schon ihre Funktion als Versorgerinnen Yggdrasils unter Beweis. Sie sind die Verkörperung größerer Gesetze, die den gesamten Kosmos betreffen. Auch wenn wir Menschen diese Gesetze vielleicht nie verstehen werden, zeigen uns die Geschichten um die Nornen doch, dass wir alle in der Lage sind, mit dem, was sie uns zuteilen, umzugehen und trotz aller etwaigen Unbill ein gutes Leben zu führen. Ein Aspekt der nordischen Mythologie, der voller Hoffnung steckt und aufgrund seines Realismus sowie seiner Betonung der Freiheit eine große Seelenkraft weckt.

Ritual: Die Kraft des Webens

Zu spinnen und zu weben heißt, Fasern zusammenzubringen – aus den Rohstoffen einen wirklichen Faden zu erzeugen und dann daraus ein Gewebe herzustellen, wie zum Beispiel ein Tuch oder einen Teppich. Dabei laufen viele Fäden zusammen und ergeben am Ende ein vollständiges Bild oder im Falle des Spinnens den gewünschten Faden.

Du kannst diese alte Tradition sinnbildlich nutzen, um Fäden aus der Anderswelt mit Fäden aus der Alltagswelt zu verbinden, und dabei das, was dir wichtig ist, in die Welt bringen. Du kannst mit einer kleinen und doch kraftvollen Zeremonie den Alltag aktiv mit Spiritualität durchdringen und so mitten an diesem Tag das Heilige für dich erfahrbar machen.

Spinnen und Weben bedeutet auch, Ordnung in die losen Fäden zu bringen, sie zu einem erkennbaren Muster anzuordnen. Die Kunst ist es, dabei nicht starr zu werden, sondern einen weichen, beweglichen Stoff zu erzeugen. Er behält so seine Flexibilität, und doch bringt dies Chaos und Ordnung ins Gleichgewicht.

Dinge, die du benötigst:

Zwei Baumwollfäden (möglichst ohne Kunstfaseranteile) und einen Stock (den du gerne gleich draußen in der Natur suchen kannst, während du zu einem Platz schlenderst, an dem du dein Ritual durchführen magst).

Vorbereitung:

In diesem Fall können alle Reflexionen und Impulsfragen, die tiefe Innenschau und der „Sinn" des Rituals beim Tun selbst entstehen. Du benötigst also keinerlei aufwändige Vorbereitungszeit. Gern kannst du den Text zum Ritual hier einmal durchlesen und dann die Impulsfragen zum Beispiel während deines Spaziergangs in dir hin und her bewegen und mit jedem Schritt näher an deine Antworten kommen. Es geht hier um Ordnung inmitten von Chaos, um den leuchtenden ureigenen Kern inmitten von Alltagsgrau oder zu vielen Anforderungen und möglicherweise auch um das Wiedererwecken einer Lebendigkeit inmitten von zu viel Starre. Es geht um deine Handlungsfähigkeit und darum, wie du dich jederzeit wieder ins Netz des Lebens hineinweben kannst.

Das Ritual:

- Verbinde dich gern (sei es gleich zu Beginn deines Spaziergangs, um diesen zu einer Art „Medizinwanderung" zu machen, oder auch später, wenn du an deinem Ort angekommen bist) durch ein Gebet oder einen Wunsch mit all den weisen magischen Zaunreiterinnen und Sehern vor dir und bitte um die Stärkung deiner Intuition, wenn du magst.

- Nimm dir nun einen kleinen Stock hier draußen (oder unterwegs gefunden) und deine zwei Baumwollfäden. Knote jeweils den Anfang der beiden Fäden oben an den Stock.

- Nun halte den ersten Faden und lasse über Daumen und Zeigefinger in ihn hineinströmen, was in dir gerade chaotisch, haltlos, verzweifelt – in irgendeiner Form deinem Empfinden nach „nicht in Ordnung" ist – und wobei du dir Halt oder eine Veränderung wünschen würdest. Tauche tief in dich selbst ein, in deine tiefsten Wünsche und vielleicht auch die tiefste Scham, hinter der du dich so sehr danach sehnst, dich und deine Leidenschaft, deine Träume voll zu leben. Deine Gefühle sind für dieses Hineinströmen-Lassen sehr willkommen und dürfen auf verschiedenste Weisen ihren Weg in den Faden finden: über ein genervtes Ausschnauben (in den Faden hinein), über Tränen, die nun fließen und die du mit dem Faden aufnimmst, eine Wut oder Anspannung, die du „hineinknurrst" oder per Visualisierung und Fingerdruck: Du stellst dir vor, das Gefühl sammelt sich in deinen Fingerkuppen, die den Faden halten, und mit einem klaren Fingerdruck/klarer Intention gibst du es in dem Moment in den Faden.

- Wenn du spürst, es ist genug geflossen, nimm den anderen Faden zwischen deine Finger und ströme all deine persönliche Kraft hinein (selbst, wenn du dich derzeit kraftlos fühlen solltest – erinnere dich an deinen strahlenden, unverletzlichen Kern, der stets gegenwärtig ist!) und gib all das in den Faden hinein, was dich ausmacht, wenn du dein volles Potenzial anzapfst, deine Wahrheit lebst und dein Licht strahlen lässt.

- Wenn dir danach ist und das Strömen über die Finger allein für dich nicht stimmig ist, puste gern auch hier deinen Atem mit hinein und übertrage mit drei tiefen Atemzügen alles, was dir dazu in den Sinn kommt. Gern kannst du auch deinen Speichel als magisches Bindemittel nutzen (es sieht dich ja keiner). Schamanische Kraftgegenstände wurden seit jeher auch mit Tränen, Schweiß, Speichel oder gar (Mond-)Blut „informiert" und auf diese Weise mit der eigenen Kraft versehen.

- Wenn alles so weit ist, beginne auf deine ureigene Weise, die Fäden zu zwirbeln, zusammenzubringen, was zusammengehört – sie zu verweben. Spüre in den verschiedenen Bereichen deines Lebens gerne folgenden Fragen nach:

  Wo muss Ordnung ins Chaos gebracht werden?
  Wo ist die Ordnung zu starr und muss aufgeweicht werden?
  Wo muss mehr Lebendigkeit eingebracht werden?
  Was ist mein Kern? Was macht mich aus?

- Lass hier deine Erkenntnisse, Gedanken und Gefühle kommen und gehen, webe sie sanft mit hinein, flechte, zwirbele, drehe ... Du kannst nichts falsch machen. Du webst dein wildes, freies Leben und dort, wo Ordnung oder Fügung gebraucht wird, darf diese mit hineingewebt werden ... Sei frei, spiele damit.

- Wann immer es stimmig ist, wickele deinen gezwirbelten Faden immer wieder und wieder um den Stock (so sieht es irgendwann wie eine kleine Spindel aus). Und dann nutze entweder den Platz, an dem du eben gewebt hast, oder begib dich erneut auf einen Spaziergang und lass dich von einem Baum finden, dem du dein Gewebtes anvertrauen darfst.

- Hänge deine Spindel am für dich stimmigen Ort in die tragenden Äste eines grünen Freundes und vertraue sie sowohl dem Baum als auch dem Wind an – ähnlich wie eine Gebetsfahne.
  Vertraue. Du hast dich ins Netz des Lebens hineingewebt, und deine Wünsche werden genau dorthin wehen, wo sie Unterstützung erfahren.

Nachbereitung:

Zu Hause kann es für dich und deine Entfaltungsprozesse sehr vorteilhaft und unterstützend sein, wenn du deine Erlebnisse in Wald und Feld, deine Erkenntnisse im Geiste und deine Emotionen währenddessen für dich festhältst – in Skizzen und Worten, wie immer es dir entspricht.

Von Zeit zu Zeit kann ein weiterer Gang zu diesem Ort spannend und erkenntnisreich sein, wenn du deine Spindel erneut besuchst, schaust, wie sie sich verändert hat, ob sie noch da ist etc., und dies in Bezug zu deinem vorherigen Tun sowie deiner damaligen inneren Haltung setzt.

Ritual: Eine Opferzeremonie im Wald – Fülle für alle!

Dinge, die du benötigst:

Nach Herzenslust kannst du hier auch innere Themen einbringen und die Früchte/Samen/Gaben entsprechend sinnbildlich wählen und auslegen.

Wähle gerne heimisches Obst, je nach Jahreszeit und Verfügbarkeit Nüsse, Samen, Kerne, und wenn du magst auch dekorative Elemente wie Blüten. Achte darauf, dass alles in der Natur verbleiben darf und dort in den natürlichen Kreislauf eingehen kann.

Vorbereitung:

Spüre zu Hause schon nach, ob du „einfach nur" Dankbarkeit ausdrücken magst, zum Beispiel für dieses kostbare Leben, oder einen bestimmten Anlass würdigen möchtest und konkreter Dank erfolgen mag. Manchmal gibt es so herausragende Meilensteine im Leben, dass diese besonders gewürdigt werden mögen. Was immer du wählst: Vielleicht erspürst du auch eine Form, die deinen Dank stimmig widerspiegelt (Kreis, Herz, Spirale, Pentagramm o. Ä.), oder du hast ein Bild/Muster im Sinn, das du auslegen magst. Drücke dich kreativ, frei fließend und inspiriert aus, um deine Schätze im Inneren sowie jene, die dir im Außen als Geschenke gegeben werden, zu ehren und dich zu bedanken.

Ein Beispiel: Wenn dich etwas zum Strahlen gebracht hat oder du dir endlich erlaubt hast, zu strahlen und dein Licht unter dem berühmten Scheffel hervorzuholen, so kannst du

leuchtendes Gelb oder Orange (zum Beispiel Ringelblumen-
blüten) auf dem erdig braunen Waldboden zu einem Mandala auslegen.

Wenn du kürzlich Unterstützer an deiner Seite hattest, die
du von Herzen würdigen magst, kannst du Nüsse und Samen
stellvertretend für die Eichhörnchen auslegen, die so viele
Menschen zum Lächeln bringen, oder einfach Brotkrumen
für all die Zeichen auf dem Weg und die wunderbare Füh-
rung deiner Intuition, die du erhalten hast. Kleine Opferga-
ben sind so wertvoll, weil sie deiner Dankbarkeit Ausdruck
verleihen und gleichzeitig wieder Sinnvolles bewirken.

Packe dir entsprechend eine kleine Waldtasche mit allem,
was du für dich benötigst, und ggf. auch etwas, um es feierlich zu gestalten. (Kerzen/Wachs etc. bitte immer wieder
mitnehmen und nur Naturmaterialien, die irgendwann in
den natürlichen Kreislauf übergehen, im Wald zurücklassen,
im Sinne der Tiere vorzugsweise auch ohne Zucker.)

Das Ritual:

- Tauche nun ein in eine innige Zusammenarbeit mit der
  größten Lehrerin, die es gibt: Mutter Natur. Hierzu kannst
  du ein Waldstück wählen, deine Lieblingsstelle im Stadt-
  park, deinen Garten oder was immer dir als richtiger Platz
  draußen in der Natur passend erscheint.

- Während du zu diesem Ort gehst, erinnere dich ein
  wenig an all das, was dir geschenkt worden ist, wofür du
  dankbar bist, was du erreicht hast. Lege dabei den Fokus
  bewusst auf das, was du zuvor gewählt hast (zum Beispiel
  ein spezieller Anlass).

- Bereite an dem von dir gewählten Ort auf deine Weise
  einen heiligen Raum. Erschaffe Atmosphäre durch das,
  was du bist und tust. Das kann zum Beispiel eine stille
  Meditation sein, um ganz an dem Ort anzukommen, ein

frei entstehender Gesang oder ein Lieblingslied, das du dem Ort schenken möchtest, ein Gebet, Trommeln oder Rasseln ...

- Sprich deinen Dank einmal klar aus. Es geschieht so viel, wenn die Worte (selbst leise) deine Kehle hörbar verlassen dürfen.

- Beginne dann, deine Opfer-/Dankesgaben liebevoll abzulegen. Beim Legen des Mandalas erinnere dich an all die Menschen, Wesen, Dinge, Ereignisse ..., für die du Dankbarkeit verspürst beziehungsweise für all das, was dir derzeit im Leben so kostbar ist. Oder für alles, was mit deinem besonderen Thema zusammenhängt, wenn du das Ritual einem ganz persönlichen Meilenstein deines Lebens widmen möchtest.

- Vermutlich werden dabei auch absurde Momente an dir vorbeiziehen, herzhaft zum Lachen bringende, innig verbundene, tief berührende und einige mehr ... Es ist so wunderbar, was alles passieren darf! Und es ist so wichtig, sich die Zeit zu nehmen, all das zu erinnern, wertzuschätzen und dann voller Gefühl, voller Freude deine Gaben abzulegen. Für all die Momente, die dir wichtig sind, wirst du ganz kreativ fließend bunte Blätter, Blüten, Früchte und Samen so anordnen, dass genau dein Bild entsteht und deinem Erleben entspricht – ein einzigartiges Fülle-Mandala für dein einzigartiges Sein!

- Wann immer es für dich stimmig ist, verabschiede dich von diesem Ort und kehre nach Hause zurück.

Nachbereitung:

Mit allem, was du bist, hinterlässt du Spuren in unserer Welt, und die liebevollen Spuren dieses Rituals in der Natur können dies kraftvoll und individuell unterstreichen. Wenn dir danach ist, gehe doch gern am nächsten Tag noch einmal an dieser Stelle vorbei und lass dich überraschen, ob es inzwischen jemandem so richtig lecker geschmeckt hat ...

Aus unserer Erfahrung nährt dieses Ritual Alltagszauber, Staunen und (inneres) Kinderglück enorm. Vielleicht wirst du „einfach nur" die heimischen Tiere erfreuen und überraschen oder ein gewidmetes Dankesritual daraus machen, bei dem du klar benennst, was du stellvertretend für etwas in das Mandala einfügst, und dabei sogar vielleicht aussprichst, wofür du dankbar bist.

Das Schöne ist, dass dieses Ritual Nachhaltigkeit und Mehrwert für viele Wesen bietet. Die heimischen Vögel und auch weitere kleine Tiere des Waldes und Feldes finden kaum mehr etwas zu essen. Es tut auf so vielen Ebenen gut, sich Zeit für eine Innenschau zu nehmen, auf Spurensuche nach Fülle und Dankbarkeit in seinem Leben zu gehen und dann liebevoll Gaben, die gleichsam Sinnbilder sind, zusammenzutragen und in die Natur zu bringen.

Jede abgelegte Gabe kann mit klarer Intention und Herz zu einer Wertschätzung der eigenen Spuren werden und gleichzeitig schmackhafte Spuren für ein anderes Wesen hinterlassen. All das, was dich genährt hat, darf so noch einmal nachklingen und damit andere nähren.

TEIL IV:
KRAFT DER
WEITSICHT

LIEBE, FRUCHTBARKEIT UND
EIN WEITER BLICK: FREYJA

Eine schöne und anmutige Frau, die vor einer großen hölzernen Halle auf einem grünen Hügel steht. Sie atmet tief die klare und kalte Luft ein, während Wolken über den weiten Himmel ziehen und das Gras sich wie ein grünes Meer wiegt. In ihren zarten und doch kräftigen Händen hält sie ein feines Gewebe voller Zauberkraft: vor Energie schimmernde Federn, pulsierende Fäden, eine Energie aus uralten Zeiten. Geschickt wirft sie sich dieses Tuch um die Schultern, schlüpft mit den Armen hinein und verschmilzt mit der Kraft. Ihre Arme werden zu Flügeln, Nase und Mund wandeln sich zu einem schwarzgelben Schnabel ... und im Bruchteil eines Augenblicks wird sie zu einem Falken, der sich mit einem weit tönenden Ruf in den Wind wirft. Die Flügel ausgebreitet, den Blick auf den Horizont gerichtet, ist die Seele dieser Göttin in Falkengestalt von Freiheit und tiefer Zugehörigkeit erfüllt.

Freyja oder Freya[74] ist wohl die bekannteste Göttin der germanischen und nordeuropäischen Völker und zugleich die wohl vielfältigste Göttin des gesamten nordischen Pantheons. Sie ist die Schwester und zunächst auch Geliebte von Freyr. Die beiden stammen aus dem uralten Göttergeschlecht der Vanen, bei denen eine Geschwisterehe absolut gängig war, welche jedoch bei den Asen nicht toleriert wurde.[75] Als Vanengottheiten gehören sie einer uralten, zutiefst naturverbundenen und bäuerlichen Kultur an, und zugleich gelten die Vanen als friedliebendes, ästhetisches, fruchtbares Göttergeschlecht, das neben allen bäuerlichen Themen einen hohen Sinn für Kunst, Schönheit und Fülle auf allen Ebenen hatte.

---

74 Weitere bekannte Schreibweisen sind: Freja und Freia. Zudem sind diverse Beinamen wie zum Beispiel Mardöll, *Vanadis, Gifjon, Hörn, Menglada* für sie verzeichnet.

75 Besonders Loki scheint das ein Dorn im Auge gewesen zu sein, wie seine Zankreden beweisen. Siehe Lokasenna 30–32

Wir als Autorenpaar können sagen, dass die Vanen unser liebstes Göttergeschlecht sind und für uns wie kein anderes für Naturverbundenheit, Freiheit und Ursprünglichkeit stehen. Freyja galt stets als die schönste Göttin, jedoch aufgrund ihrer Bedeutsamkeit auch als die Große Stamm-Mutter Nordeuropas (obwohl man ihren Vater, die vermutliche Mutter und somit ihre Abstammung ebenfalls kennt, steht sie spannenderweise recht weit oben im Pantheon) und damit in gewisser Weise auch als die Verkörperung von Mutter Erde selbst und ihrem Fruchtbarkeit bringenden Schoß. Sie ist die Tochter von Njörd, dem Gott des Meeres (und sehr wahrscheinlich von dessen Zwillingsschwester Nerthus, einer Erd- und Muttergöttin), und allein in ihrer Herkunft liegt bereits so viel: Das große, Fruchtbarkeit bringende Meer, der Urgrund, aus dem alles Leben entstiegen ist, brachte auch Freyja und Freyr hervor. Dieses Göttergeschlecht der Vanen steht für unglaubliche Lebendigkeit und Fruchtbarkeit, denn alles Leben und Sauerstoff-Erzeugende stammt aus dem Meer oder den Wäldern dieser Erde. Somit bringen diese Vegetationsgötter uns in vielerlei Hinsicht die Luft zum Atmen, pure fruchtbare Lebendigkeit und üppige Fülle. Es heißt, Freyja würde in ihrem Leib die Seelen Verstorbener hüten, um sie wieder zu gebären, und zugleich hütet sie die Hälfte der Gefallenen und bietet ihnen eine „letzte Seelenheimat" in ihrer Halle *Folkvangr*. Wir können hierin also erneut unsere bekannte Frau Holle leise anklingen hören, zumal Freyja auch zugeschrieben wird, dass sie Leben schenkt, indem sie die Hüterin aller Gewässer ist und diese mit ihrem Wissen und ihrer Zauberkunst belebt. Einer ihrer Beinamen lautet Mardöll, was „die die See anschwellen lässt" beziehungsweise „die das Meer leuchten lässt" bedeutet und sie ebenfalls in eine machtvolle Verbindung mit dem Meer bringt.

Doch beginnen wir ganz von vorn. Freyja ist altnordisch, bedeutet zunächst einmal „Herrin, Frau" (auch „Dame") und lässt daher den Raum, absolut jede Frau in ihr zu sehen. Sie ist eine freie Frau und zugleich ein Sinnbild für DIE FREIE FRAU schlechthin, die heute auch getrost als die Ahnin aller freien Frauen weltweit betrachtet werden kann. Freyja ist eine durch und durch souveräne, eigenständige, selbstbewusste und selbstbestimmte, wunderschöne und starke Frau, die genau weiß, was sie will und was nicht, sich nichts sagen lässt, sondern tatsächlich auch nur das tut, was sie tun möchte. Sie geht ihren Weg und lässt sich aufgrund ihrer Klugheit nicht vor irgendeinen Karren spannen, sondern ist stets für ihren leidenschaftlichen Einsatz für die gerechte Sache bekannt. Freyja ist eine extrem vielfältige Göttin, die unterschiedlichsten und teils auf den ersten Blick gegensätzlichen Aufgabengebieten zugeordnet ist – und auch darin ist sie ein wunderbares Symbol für Freiheit und Selbstbestimmung. Dies spiegelt sich ebenfalls darin, dass zu ihren Gemächern bzw. der gesamten Burg nur Zugang hat, wer von ihr eingelassen wird. Nur sie hat den Schlüssel. Sie öffnet die Tür – oder eben nicht. Genauso öffnet sie sich selbst, also ihren Leib, ihren Schoß, nur dann, wenn sie das möchte, und steht damit für eine freie, leidenschaftliche und absolut selbstbestimmte Sexualität. Aus all dem kristallisierte sich der Schlüssel als eines ihrer Symbole heraus. Sie ist die Göttin der Schönheit und der Liebe, der Sexualität und Lust, der Sinnlichkeit auf allen Ebenen, der Sonne, der Fruchtbarkeit – in all diesen Bereichen hat sie eine recht strahlende Rolle (Sonne und „strahlend schön") und etwas zutiefst Erfreuendes sowie Genießerisches.

Die Jötin (also Riesin) *Hyndla* sagt über Freyja: „Du rennst wie verrückt herum und willst immer nur das eine. Du hast doch jeden unter deinen Rock gelassen und treibst dich in den Nächten draußen herum, … so wie Heidrun den Ziegenböcken hinterherrennt."[76]

Loki behauptet sogar, dass alle Asen und Alben Freyjas Liebhaber gewesen seien.[77] Du kannst an diesen Aussagen zumindest deutlich erkennen, dass sie keine Scheu vor dem sexuellen Aspekt der Welt bzw. des Lebens hat und es in vielerlei Hinsicht liebt, ihre Leidenschaften auszuleben.

---

76 Hyndlalied 32
77 Lokasenna 30. Alben meint in diesem Zusammenhang sowohl Lichtalben als auch Schwarzalben, sprich Zwerge.

Dies könnte man auch getrost so interpretieren, dass Freyja definitiv außerhalb des vorgegebenen Rahmens agiert und damit nicht nur ihrer Selbstbestimmtheit und Leidenschaft Ausdruck verleiht, sondern bewusst Grenzen aufrüttelt oder auflöst (und sei es nur in den Köpfen) – und diese Zaunreiterei innerhalb der sexuellen Ekstase sie bereits als schamanische Grenzgängerin ausweist. Zumindest ist in ihrem ganzen Wesen ein gesellschaftlich aufrüttelnder Teil klar erkennbar.

Fühlst du dich frei?

Welche Grenzen sind in deinem Leben zu eng gesteckt? Und du möchtest sie (vielleicht schon lange) aufweichen?

Wo fühlst du dich fremdbestimmt?

Was kannst du als ersten kleinen Schritt tun, um deine Selbstbestimmung zurückzuerobern?

Kannst du deine Sexualität lustvoll und leidenschaftlich genießen?

Wenn nein: Was fehlt zu deinem sinnlichen Glück beziehungsweise was wäre ein erster kleiner Schritt darauf zu?

Was bedeuten Lust und Leidenschaft für dich?

Welchen Platz haben sie in deinem Leben?

Auf welche Weise könntest du beide Qualitäten mehr in deinen Alltag bringen? Kannst du selbst deinen Körper segnen?

Fühlst du dich durch und durch lebendig?

Welche körperliche Aktivität lässt dich lebendig fühlen?

Wie kannst du mehr von dieser Aktivität in dein Leben einladen?

Als eine Göttin der Fülle und des Reichtums weist sie sich unter anderem dadurch aus, dass alle ihre Tränen pures Gold sind. Daher findest du einen bekannten Kenning für Gold in der Skaldik: „Freyjas Tränen". Auch wenn Freyr und Freyja beide als Gottheiten der Fülle bekannt sind, ist hier eine leicht unterschiedliche Gewichtung ihrer Aufgaben erkennbar: Freyr tritt als Fruchtbarkeitsgott auf, der die Felder und Wälder segnet/begattet und damit für eine reiche Ernte sorgt; Freyja tritt als Fruchtbarkeitsgöttin insbesondere innerhalb der Sexualität auf (Kinderwunsch) und schenkt zudem Reichtum in Form von Gold und Silber.

Sie selbst liebt schönes Geschmeide und soll aus diesem Grund mit vier Zwergen je eine Nacht verbracht haben, um an ihr berühmtes Brisingamen (Halsband/Kette aus Flammen/Feuer) zu kommen – eine Kette oder ein Hüftgeschmeide, das etymologisch jedoch viel eher mit der Kraft des Mondes/Menstruation und auch Kultur zu tun hat, mit Erkenntnis, Wachstum und daraus erfolgender Erleuchtung, als mit einem bloßen Wunsch nach hübschem Schmuck. Es wird in den Mythen als schönstes aller Schmuckstücke beschrieben und soll aus Gold und Bernstein geschmiedet worden sein. Falls das Brisingamen ein Hüftgeschmeide oder Gürtel ist, so betont es Freyjas Becken strahlend und würde zu ihr als Beschützerin der Gebärenden ebenso passen wie zur sexuellen Leidenschaft und puren Weiblichkeit. Ist es doch ein Halsschmuck, so könnte es für die Ausdruckskraft der Göttin stehen und auch für ihre Lebenskraft, die sie mit ihrer Sexualität gewinnt. Ebenso galt in den nordischen Kulturen ein wertvoller Halsschmuck als Symbol für Macht und Stärke, was dadurch erkennbar ist, dass man in den Mooren überdimensional große Schmuckketten fand. Es ist davon auszugehen, dass diese für Menschen viel zu großen Ketten riesigen hölzernen Götterstatuen umgehängt wurden. Einer von Freyjas Beinamen lautet Menglada – die (mit dem Brisingamen) Geschmückte (eigentlich: „die Halsbandfrohe"), und möglicherweise gehen diese Moorfunde auf einen Freyja-Kult zurück.

Beides jedoch, ob nun Hals- oder Hüftgeschmeide, erscheint wie ein Symbol der Umgürtung der Großen Göttin, der Erde selbst. Es könnte also auch Freyjas Umarmung bzw. Umfassung der gesamten Lebenssphäre in ihrer Rolle der erdverbundenen Fruchtbarkeitsgöttin symbolisieren. Da vier Zwerge den Himmelsrichtungen zugeordnet sind und vier Zwerge (wenn auch nicht namensgleich, aber auch die Gottheiten tragen ja stets viele Namen) das Brisingamen aus vier Teilen schmieden, könnte dies ebenso das Erdumspannende oder Allumfassende darstellen. Die Quellen schweigen sich dazu aus, und diese Assoziationen begleiten uns und unsere Teilnehmer seit Jahren – was assoziierst du selbst?

Interessant ist, dass Freyjas Leidenschaften offensichtlich vielen ein Dorn im Auge waren und moralische Entrüstung entfachten – während Odin sich begeistert seinen Liebschaften widmen kann und stets gefeiert wird. Insbesondere zu Freyja und dem Brisingamen, welches sie unbedingt haben wollte, weil sie nie etwas Schöneres gesehen hatte, und zu den Zwergen, die wiederum Freyja jeweils für eine Nacht bei sich haben wollten, weil sie nie eine schönere Frau erblickt hatten, gäbe es einen passenden Vergleich zu Odin. Als er den Dichtermet unbedingt haben wollte, um der Eloquenteste aller Dichter zu werden, erschien es ihm nur folgerichtig, die gute Gunnlöd zu begatten. Er wollte etwas unbedingt und setzte seinen Körper und sexuelle Begierde dafür ein. Freyja, die genau das Gleiche macht, wird dafür verurteilt. Im Grunde ist dies heute noch die häufige Reaktion: Eine sexuell selbstbestimmte und äußerst lustvolle Frau wird schnell als „Schlampe" abgestempelt und vorverurteilt, während ein sich ähnlich verhaltender Mann gern als „toller Hengst" gefeiert wird oder zumindest ein anerkennendes Nicken erntet. Weil Freyja mit den Zwergen die vier Nächte verbrachte, hing ihr also (vor allem in christlicher Deutungsweise) der Ruf einer äußerst anrüchigen, sexbesessenen „Hure" an, die oberflächlich ist bzw. mal eben schnell mit jedem das Bett teilen würde – doch für die Zwerge gibt es auch psychologische Deutungen, die vielmehr mit der Bedeutung des Brisingamen in Verbindung stehen und der Erkenntnis, die man erlangen kann, wenn man bereit ist, in die Tiefen hinabzusteigen. Die wilden Abenteuer finden nämlich im Reich der Zwerge, tief unter der Erde statt. Daran kann man sehen, dass Freyja sich nicht zu schade ist, in andere Reiche und Welten hinabzusteigen. Dies kann möglicherweise ein Sinnbild dafür sein, dass sie auch bereit ist, sich ihre eigene Tiefe anzuschauen und ggf. auch ihre Schattenseiten (im Dunkelalbenheim/Swartalfheim). Außerdem wird dadurch ein weiterer Aspekt ganz klar: Sie steigt nicht in die Erde hinab, reißt die Diamanten, Edelsteine und Erze an sich und nimmt sich einfach, was sie an Werten aus der Erde braucht, sondern sie gibt etwas zurück. Es zeigt ihre Stellung als eine naturverbundene Bewahrerin der Erde und ihrer Geschenke und setzt ein Zeichen gegen die Ausbeutung dieser Schätze. Wir würden uns freuen, wenn du diese Interpretation einfach mal so in dir wirken lässt, nachspürst, was es mit dir macht, und vielleicht nachsinnst, wie unsere Welt sich verändern könnte, wenn wir alle ein wenig mehr unseren „Freyja-Aspekt" ausleben würden.[78]

Freyja ist also ganz sicher eine gute Göttinnenbegleitung für sinnlich-erotische und auch magische Abenteuer, aber diese sind nicht leichtfertig oder oberflächlich, sondern sie lebt hier ihre Freiheit und Selbstbestimmtheit aus. Falls du jemals vorhast, dir einen magischen Liebestalisman herzustellen, den du dann unter Freyjas Segen stellst, so ist es wichtig, dass du im Hinterkopf behältst, dass sie nicht gerade als die gute Ehefrau oder nette Hausfrau bekannt ist, die sich bindet und treusorgend ist – sondern als die wilde, lustvolle Abenteurerin. Die Bezeichnungen „um jemanden freien" oder „Freier" für einen Liebhaber gehen auf diese Göttin bis heute zurück, ebenso wie die Wörter „Freude, froh, erfreuen" etc. – wodurch sie auch den Beinamen „die Erfreuende" trägt. Dabei geht es nicht nur darum, dass sie mit ihrer Sinnlichkeit und Schönheit andere erfreut, sondern immer auch sich selbst. Die Sagas bezeugen heute noch

---

78 Freyjas Vorliebe für Edelsteine und Schmuck zeigt sich auch in den Namen ihrer Töchter *Hnoss* und *Gersimi*. Beide Namen bedeuten „Juwelen" bzw. „Kostbarkeit".

all die Lästereien über sie (vor allem ausgerechnet von Loki) und ihr wildes Liebesleben, worüber sie nur milde lächelt. Sie rechtfertigt sich nicht, wodurch sie allen Frauen den Weg ebnet, ganz selbstverständlich die gleichen Rechte wie alle Männer einzufordern und zu leben. Freyja bleibt die unwiderstehlich strahlend Schöne, in aller Selbstverständlichkeit, und es geht niemanden etwas an, was und wen sie begehrt und auf welche Weise sie dem nachgeht. Sie steht zu allem, was sie tut.

Vielleicht hast du in manchen Augenblicken deines Lebens mit Herausforderungen bezüglich Selbstfürsorge und Selbstannahme zu kämpfen, dann möchten wir dich ermutigen: Der Freitag, der nach Freyja benannt ist, eignet sich dazu, sich zumindest einmal in der Woche daran zu erinnern, Lust und Sinnlichkeit zu leben, magisch zu wirken, sich selbst und anderen Flügel zu verleihen, die Zwerge zu besuchen, uraltes und tiefes Wissen zu erlangen und/oder weiterzugeben, nach allen nur erdenklichen Möglichkeiten frei und selbstbestimmt zu leben und dieses kostbare Leben fruchtbar zu machen. Sollest du nicht jeden Freitag dafür Zeit und Raum in deinem Alltag finden, kannst du dich diesen Themen natürlich auch sehr gut „saisonal" widmen. Dazu gibt es unterschiedliche Interpretationen (letztlich so vielfältig wie die Göttin selbst) von verschiedenen Forscherinnen. Freyja wird unter anderem der Monat Februar zugeordnet, wenn aus der Erde langsam wieder das Leben zurückkehrt und die Sonnenstrahlen stärker spürbar werden, denn dafür steht letztlich das feurige Halsband Brisingamen ebenfalls. Ebenso gibt es die feste Verknüpfung mit der Wintersonnenwende, dem Julfest, zu dem sie gemeinsam mit Freyr die Sonne und die Wärme ins gesamte Nordeuropa zurückbrachte und den unwirtlichen Winter mit hoffnungsvollem Licht erfüllte. Doch als die Göttin, die ebenfalls die sexuelle Glut leidenschaftlich entfacht und das Freudenfeuer bringt, ist sie natürlich DIE Göttin des Monats Mai und der gesamten Maifestivitäten mit Maibaum (Phallus), bunten Bändern, tanzenden Menschen und der damit einhergehenden Vereinigungssymbolik, der „Heiligen Hochzeit".

Für welches Thema „brennst" du?

Wo entwickelst du in Diskussionen oder in deinem Tun eine leidenschaftliche Kraft? Was bedeutet in diesem Zusammenhang Fruchtbarkeit für dich?

Wie kann dein Einsatz für das, was du leidenschaftlich vertrittst, noch fruchtbarer werden?

Kannst du Fülle gut annehmen und genießen?

Spürst du Fülle oder eher Mangel in deinem Leben?

Ist dein Leben fruchtbar? Welche Früchte trägt es?

PFLANZEN, TIERE UND EIN FRIEDVOLLES MITEINANDER

Gerade bei einer so naturverbundenen Göttin wie Freyja lohnt sich auch ein Blick in die Tier- und Pflanzenwelt, der dir ganz einfache Wege aufzeigen kann, diese Gottheit „ganz nebenbei" in deinen Alltag einzubringen. Pflanzen, die man mit Freyja in Verbindung bringt, sind u. a. aufgrund ihres ausgeprägten Gerechtigkeitssinnes die Linde (unter der die *Thing*-Versammlungen stattfanden, für die alle zusammenkamen, um abzustimmen oder Gericht zu halten), die Schlüsselblume (denn sie hatte als Herrin die Schlüsselgewalt), Frauenmantel (als starke, freie Göttin, die alle Frauen unter ihrem Mantel beschützt) sowie heutiges „Mariengras", das ein europäischer Verwandter des nordamerikanischen Sweetgrass ist, aus dem die bekannten Räucherzöpfe gebunden werden (aufgrund des süßen, sinnlichen Duftes). Auch der Holunder, Erdbeeren, Schafgarbe, Flachs sowie Arnika und Ringelblume (wegen des leuchtenden Orange/Gelb) werden ihr oft zugeschrieben.

Freyja und Freyr sind zuständig für das Wetter, also Regen und Sonnenschein, für ein üppiges Wachstum, damit auch für Fruchtbarkeit auf den Feldern und in den Wäldern (Tiere mitgemeint), für Liebe und Freude und ebenfalls fruchtbares Miteinander.

Zudem stehen sie für Frieden. Das erste eher unschöne Aufeinandertreffen von Vanen und Asen wird als der erste Krieg überhaupt benannt, zu dessen Friedenssicherung schließlich die beiden Geschwister und ihr Vater Njörd als „Pfand" beziehungsweise als Geiseln zu den Asen wechseln und fortan dort leben.

Die Vanen sind wie bereits erwähnt älter als die Asen, reichen also weiter zurück. Auf diese erdverbundenen Naturgottheiten trafen die Kulturgottheiten, man könnte auch sagen, es ging um „Erdgötter versus Himmelsgötter". Die drei Vanengottheiten brachten sich schließlich äußerst sinnvoll und vor allem großzügig im Asen-Pantheon ein und sicherten damit den Frieden.[79]

Wie Freyr reitet auch Freyja auf einem Wildschwein (ihres heißt *Hildisvini*), was ihr den Beinamen *Syr* einbrachte, der „Sau" bedeutet. In der damaligen Zeit war das natürlich auch ein Hinweis auf die reiche Fülle, die sie bringt, sozusagen ein „Glücksschwein", das über die langen Winter hindurch nähren wird.

Sie besitzt jedoch ebenfalls einen Wagen, der von Katzen gezogen wird (diese heißen *Bygul* und *Trjegul*) und mit dem sie über den Himmel fahren kann. Damit begibt sie sich in ihrer Funktion als Todes- oder Kriegsgöttin[80] zu den Schlachtfeldern und wählt unter den Gefallenen die Hälfte aus, die sie

---

79 Die Vanen gelten als die „gebenden Gottheiten". Zu dieser Charakteristik passen auch drei Beinamen Freyjas: Vanadis, *Gefn* und Hörn. Vanadis bedeutet die *Dis* („Göttin", aber auch „Kind") der Vanen; Gefn bedeutet „die Geberin" (Gefjon gibt es auch als eigenständige Göttin). Ihre wahrscheinlich eher „flachsblonden" Haare waren möglicherweise ein Symbol für die Felder, worauf der Name Hörn hindeuten könnte, der wahrscheinlich „Flachs" bedeutet, was aber nur aus schwedischen Ortsnamen rekonstruiert werden kann.

80 Diese Bezeichnung steht im Widerspruch zu ihrer eher friedensbringenden Aufgabe und tauchte erst auf, als die Asen ins Spiel kamen – stellt also nicht unbedingt ihren ursprünglichen Charakter dar.

mit nach Folkvangr in ihren Prunksaal *Sessrumnir* nimmt.[81] Mit dabei sind die Walküren, die mit ihren Schwanenfedern die gefallenen Helden hinfortfliegen. Die andere Hälfte der Gefallenen kommt zum Asengott Odin nach Walhalla – was die meisten Menschen vermutlich schon einmal gehört haben, da es häufig zitiert wird und in Filmen und Büchern auftaucht. Freyja gilt als kluge, strategische Kriegskennerin und als geschickte Kämpferin, die vor allem mit dem Speer agiert. Dies passt wiederum zu ihrer Aufgabe als Stabträgerin, denn auch der Speer ist ein Stab, der ihrer anderen Seite entspricht: der Magie und Zauberkunst. Darin zeigen sich ganz deutlich die schamanischen Wurzeln unserer Kultur.

81 Sessrumnir meint eigentlich ein Schiff mit vielen Ruderbänken; im Gylfaginning 23 verwendet Snorri Sturluson jedoch für Freyjas Halle diesen Namen, was u. U. auf eine Verwechslung bzw. auf ein Missverständnis zurückzuführen ist. Gemeint ist auf jeden Fall ein Raum mit vielen Sitzgelegenheiten.

Der Weg der Völva

Alle uralten, weit zurückreichenden Höhlenmalereien, alle Kunstwerke mit schamanischen Einflüssen, all das, was man als Exponate einer Naturspiritualität zusammenfassen kann, haben ihre Grundlage in der achtsamen und wachsamen Beobachtung der Natur. Je mehr wir die Natur beobachten und beginnen, sie zu verstehen, desto mehr erkennen wir uns selbst – denn wir sind ein Teil von ihr. Wir selbst sind Natur. Daher ist Naturspiritualität immer auch ein Weg der Selbsterkenntnis. Die Natur befindet sich in einem dauerhaften Zusammenspiel, einem Fließen zwischen Fülle und Stille, Ebbe und Flut, Wachstum und Veränderung. Aus den achtsamen Beobachtungen dieses mal lauten und mal leisen Zusammenspiels entstanden erste Künste. Kreativität erwachte und wollte sich ausdrücken, in Musik, Tanz, Gesang, Malerei, der Gestaltung von Skulpturen und Talismanen, und es entstanden ebenso Divination, Weissagung, Prophetie, um immer tiefere Einblicke in das Gefüge der Welt zu gewinnen, sei es zur Vorhersage des Wetters, der Herdenwanderungen oder des persönlichen Weges.

Es gab jene, die jagten, diejenigen, die sammelten, und auch solche, die kochten, die Kinder behüteten und die Gemeinschaft zusammenhielten. Aus der Mitte der Gemeinschaft gab es dann stets eine Person, die sich durch eine Andersartigkeit (zum Beispiel die Fähigkeit, sehr schnell in Trance zu geraten) von den anderen unterschied und diese Fähigkeit oder Eigenschaft vertiefen und ausbauen durfte. Nach und nach entfernte sich diese (im nordischen Kontext zumeist) weibliche Person aus der Gemeinschaft und zog sich in eine Hütte abseits des Dorfes zurück, um dort tief in die Stille und die Natur einzutauchen und ihre Sinne wach und präsent zu halten. Von hier aus trat sie Reisen in die Anderswelt an, durchstreifte die Wälder und lernte von den Bäumen, den Tieren des Waldes, den Elementen, den Gestirnen und so weiter. Enge Naturverbindung und geistige Klarheit sowie die Fähigkeit zur Trance formten inmitten der Gemeinschaft die Rolle dieser Person, die Völva genannt wurde. Diese „Berufsbezeichnung" beinhaltete sowohl die Fähigkeiten der Seherin, Prophetin, Wahrsagerin als auch die der Priesterin, Schamanin und Ritualleiterin, die der Kräuterkundigen und Hebamme, der Zauberkundigen, Hexe und Heilerin. Sie war hoch angesehen und ihr Wort hatte Gewicht. Davon zeugt noch heute unser Ausdruck „jemandem huldigen", denn die „trollalte Huld" und später „Völvahuld" waren Bezeichnungen für eine Zauberin oder Seherin. So war sie also häufig die gefragte Beraterin, die man für persönliche und die Gemeinschaft betreffende Fragen zurate zog. Sie wusste durch ihre Wanderungen in den Wäldern und Anderswelten um die Zusammenhänge des Lebensnetzes und wie sie darin verbinden konnte, was zusammengehört, und trennen, was gelöst werden musste. Sie konnte im Lebensnetz weben und so manchen Faden aufnehmen und hineinweben – um etwas der Gemeinschaft Dienliches zu erwirken.

Es gab zunächst keinerlei Götterbildnisse oder Tempel – der Tempel war die Natur, der Heilige Hain. Jeder Schritt auf den Wanderungen führte sprichwörtlich über die Knochen der Ahnen, das alte Wissen, die Vergänglichkeit, die ins Hier und Jetzt hinüberreicht. Und so kannst auch du auf diesen alten Wegen wandern und ganz bewusst im Hinterkopf haben, dass möglicherweise einst auf genau diesen Pfaden eine Völva wandelte. Nicht etwa, um das Ganze zu romantisieren, sondern vielmehr im Bewusstsein zu haben, dass wahrscheinlich genau hier (dort, wo du wanderst) schon so vieles gelebt, gesehen, gewirkt und gewandelt wurde, dass auch deine Schritte dich erinnern können und auch du diese alte Methode heute für dich nutzen kannst. Mit jedem Schritt kann sich so für dich eine völlig neue Sicht auf die Welt, eine neue Tiefe der Verbindung ergeben.

Natürlich ergibt es durchaus Sinn, dich dann im Wald von einem Platz finden zu lassen und dich für ein Utiseta[82] dort hinzusetzen.

DIE STABTRÄGERIN – EINE UNABHÄNGIGE FRAU

Das zentrale Symbol der Völva war ein Stab (*Wala, Walas* = „der Stab"), und so kennzeichnete ihr Name sie als „die Stabträgerin".[83] Mit diesem Stab streifte sie in den Wäldern umher und nutze ihn auch zu rituellen Zwecken in dieser Welt und der Anderswelt, um Ordnung ins Chaos zu weben und Balance zu schaffen. Er gilt als wichtigstes magisches Instrument und als Zeichen ihrer Berufung und ihres Berufsstandes.

Hatten damals die Germaninnen kunstvolle Flechtfrisuren, so unterschied sich die Völva mit ihren wallenden, offenen langen Haaren auch äußerlich von den anderen Frauen – und zeigte damit ihre absolute Unabhängigkeit auch durch das ungebändigte Haar. Einige Ausgrabungen belegen das Ansehen der Seherinnen durch die damals seltenen Körperbestattungen, teils sogar im Sitzen und auf Geweihstangen oder unter Geweihen, umgeben von magischen Gegenständen, Resten von Bilsenkrautsamen in Beutelchen[84], Amuletten, Umhang sowie versteinerten Seeigeln (diese wurden auch Spakonasteen, „Stein der *Spakona*"[85], genannt) und Ammoniten. Bei jenen Bestattungen war nichts dem Zufall überlassen, und sowohl die Körperhaltung als auch die Ausrichtung (wohin das Gesicht „schaute") waren von großer Wichtigkeit – da man davon ausging, dass die Seherin auch nach ihrem Tod dem Stamme hilfreich sei und aus dem Reich der Verstorbenen das Wissen der Ahnen bringe. Auch Katzenfell wurde in jenen Grabstät-

---

82 Siehe dazu Beschreibung des Utiseta auf Seite 99 ff.
83 Eine berühmte Seherin aus dem Stamme der Semnonen (2. Jahrhundert) trug den Namen *Waluburg,* worauf vermutlich die germanisch-angelsächsische Maigöttin *Walpurg* zurückgeht, und eine weitere germanische Seherin, die dann später (im 8. Jahrhundert) im Zuge einer christlichen Heiligsprechung zu „Walpurga" wurde. Der Name „Walpurgisnacht" wurde dann u. a. durch Goethes Faust populär.
84 Ähnlich den Medizinbeuteln der nordamerikanischen Ureinwohner.
85 Altnordisch für „Seherin"

ten gefunden und verweist auf die Katzen, die den Wagen der Göttin Freyja zogen.

Der Name einer weiteren bekannten Seherin der Semnonen, neben Waluburg, ist *Ganna* und ähnelt vermutlich nicht zufällig dem altnordischen *Gandr* (= Zauberstab). Sie lebte gegen Ende des 1. Jahrhunderts, so wie *Veleda* (vom keltischen Wort *veld* = „sehen") vom Stamm der Brukterer, die ebenfalls im heutigen deutschsprachigen Raum wirkte und sich laut Zeugnissen in der Gegend um Lippe in einem Turm aufgehalten haben soll. Dorthin zog sie sich zurück, um ihre klare Sicht zu erhalten. Zudem ist aus der Germania von Tacitus *Albruna* bekannt, „die mit dem Geheimwissen der Alben Versehene". Die wohl bekannteste Völva ist *Heidr* aus der Völuspa, der „Weissagung der Seherin" oder „Prophezeiung der Völva". Dieses bedeutende, bereits mehrfach erwähnte Gedicht des nordischen Mittelalters berichtet von der Schöpfungsgeschichte bis zu Ragnarök, dem Weltuntergang und einer darauffolgenden Neuentstehung, und ist eine unschätzbar wertvolle Überlieferungsquelle.

Wann immer ein neues Weltbild aufkommt, versuchen dessen Befürworter die alte Weltsicht zu verschieben oder herabzuwürdigen. So versuchte auch das aufkommende Christentum, die bisherige heidnische Tradition, die so gar nicht christlichen Vorstellungen entsprach, zu diffamieren bzw. zu dämonisieren – mit der Folge, dass viel altes Wissen im Laufe der Bekehrungsgeschichte verloren ging. Glücklicherweise wurden viele alte Weltbilder zu einer Art Sedimentschicht von Märchen, die uns durchaus als Überlieferungen erhalten geblieben sind. So haben diverse Hexenattribute auch überlebt – natürlich moralisch eingefärbt. Unsere Ahnen haben in Mythen und Märchen ihre Geschenke für uns verpackt, und wir können sie bis heute auspacken. Jene Geschichten erzählen uns von den unwirtlichen Gegenden, dem rauen Klima und von Entbehrungen oder Herausforderungen, welche unsere Vorfahren zu bewältigen hatten. Sie verpackten ihren Glauben, ihre Hoffnungen, ihre Ansichten und Tugenden in diese Geschichten – teils verschlüsselt und teils ganz wörtlich. Schamanische

Hilfsgeister überlebten in den Mythen als Naturwesen – und der Troll als ein Zauberwesen, das sich verwandeln kann, weist noch heute auf die „Trollkunst" hin (ein Begriff, den man getrost mit dem Schamanentum in Verbindung setzen kann). Trolle sind große Naturkräfte, mit denen der Schamane oder die Seherin zusammenarbeiten bzw. umgehen konnte.

Selbsterkenntnis sowie Visionen in der Natur, Weissagungen mithilfe von Kräutern aus der Natur und schamanische Reisen in Anderswelten mit den Geistern der Natur – du siehst: unsere Kultur fußt seit der Steinzeit auf einer tief empfundenen und achtsam beobachtenden Naturspiritualität. Auch heute können wir dies für uns nutzen und die Wurzeln dieser Weltsicht, die zwar sehr verschüttet sein mögen, aber beileibe nicht gänzlich tot sind, für uns wiederbeleben.

Da wir dir bewusst nicht unsere persönliche Meinung zu all diesen Wurzeln aufdrücken, sondern dich immer wieder ermutigen wollen, die Mythen und spirituellen Überlieferungen unserer Ahnen als Wurzeln auf deine Weise neu zu bewässern und wiederzubeleben, stellen wir dir an dieser Stelle lieber Fragen, als Erklärungen abzugeben:

Was symbolisiert der Stab für dich ganz persönlich?

Wenn der (phallische) Stab in Verbindung mit dem (weiblichen, empfangenden) Kessel/der Vulva zu sehen ist, wie interpretierst du „die Stabträgerin" dann?

Wenn der Stab ein Symbol für den Weltenbaum darstellt, den die Völva fest in der Hand hat und damit klopft, sobald sie in einer der Welten angekommen ist, wie interpretierst du dieses magische Werkzeug dann?

Welche Bedeutung könnte der Stab für die Ausübung der Völva-Tätigkeit gehabt haben, wenn er als „wichtigstes Zeichen des Berufsstandes" benannt wird?

Hat er also eher eine darstellende Funktion, um direkt als Völva erkannt zu werden? Oder eine schamanisch-magische Funktion?

Wäre der Stab verzichtbar? Oder durch etwas anderes ersetzbar?

DIE VÖLVA ALS EKSTATISCHE PRIESTERIN

Die Seherinnen und Völvas, Walas, Walburgas, die Stabträgerinnen waren Frauen, die in Verbundenheit mit Freyja handelten oder von dieser „initiiert" waren, wie man heute sagen würde. Freyja ist nämlich auch die Göttin des Heilens, der Magie, Weissagung, Zauberkunst und des Gestaltwandels. Somit waren diese umherziehenden Seherinnen mit Freyja „gemeinsam unterwegs" und galten als durchaus kraftvolle und machtvolle Priesterinnen der Göttin.

Priesterinnen und Priester spüren in sich die eigenen großen Seinsfragen ebenso wie die Fragen anderer. Sie haben ein Gespür für das Geheimnis und für die Wege, die uns helfen, diesem Mysterium immer näherzukommen. Sie können Sehnsucht in Worte fassen, Gefühle in Rituale überführen und Schwellenerfahrungen und Übergänge in einen größeren Sinnzusammenhang stellen. Durch Meditation und/oder Trance gewonnene Einsichten in das Wirken des Göttlichen können sie so vermitteln, dass die Seelen und Herzen der Menschen berührt und geöffnet werden. Priesterinnen und Priester sind ebenso wie die Prophetin und der Prophet zutiefst mit dem verbunden, was für andere vielleicht nicht greifbar ist. Sie erfahren das große Geheimnis unseres Daseins als lebendige und transformierende Wirklichkeit, zu der sie auch andere einladen. Sie sind atmende, vibrierende Verknüpfungen zwischen Himmel und Erde, zwischen Göttlichem und Menschlichem. Die Völvas kann man durchaus als Priesterinnen oder Prophetinnen der Freyja bezeichnen, denn sie stehen in vielerlei Hinsicht stets mit ihr in Zusammenhang beziehungsweise haben zu ihr und ihren vielfältigen Themen einen innigen Kontakt. Sie vermitteln zwischen der Göttin Freyja und den Menschen, insbesondere den Frauen. Freyja kann eine leuchtende Inspiration sein für alle, die keine Angst vor dem Leben (in all seinen Zusammenhängen) haben, sondern stattdessen ihre Schöpferkraft voll und ganz ausleben möchten. Mit ihrer Kunst des Gestaltwandels kann sie sich in alle Wesen hineinversetzen und sie auf tiefster Ebene verstehen. Mit all diesen Aspekten ist sie eine Naturgöttin und Ausdruck des Wachsens und Werdens in allen Belangen. Mit ihr gemeinsam – entweder durch die Begegnung auf schamanischen Reisen oder auch durch Beschäftigung mit den Schriften, die von ihr künden – können wir alle ebenfalls die werden, die wir wirklich sein mögen. In aller Freiheit und Selbstbestimmtheit!

Die Völvas waren ebenfalls freie, selbstbestimmte und selbstbewusste Frauen, die viele der Fähigkeiten, die Freyja zugeschrieben werden, „von ihr" (wie immer du das für dich deuten magst) erlernten, meisterten, verkörperten. Sich bewusst mit Freyja zu verbinden heißt auch, sich in gewisser Weise mit der Urschamanin unserer Kultur zu verbinden und von ihr zu lernen.

Es heißt, Freyja lehrte diese Frauen alles in „Liebesdingen", und dies reichte von einer befreiten Sexualität, Lust und Ekstase über die Erfüllung von Kinderwunsch bis hin zu erwünschten Abtreibungen oder Verhütung. Und all diese Dinge stehen ebenfalls auch in Verbindung mit der Kräuterkunde rund um diese vielfältigen Themen.

Vermutlich gehen auf die Frauenkreise in der Tradition der Freyja und auf die Beobachter, die heimlich durch die Büsche spannten und ihre empörte Meinung darüber aufschrieben, auch all die Vorstellungen von „nackt ums Feuer tanzenden Weibern" etc. zurück. Denn Freyja steht auch in Zusammenhang mit einer ekstatischen Entrücktheit und lehrt die Frauen, aus dem Körper herauszutreten und auf Seelenflug zu gehen. Freyja selbst besitzt ein Falkengewand, das laut den Mythen auch immer wieder von anderen genutzt wird, sowie ein Schwanenkleid (in der Rolle der Führerin der Walküren). In diesen Gewändern kann sie sich in die jeweiligen Vögel verwandeln und fliegen. Neben Heilkunde, Magie, Ekstase und Seelenflug haben wir damit einen weiteren Hinweis auf die schamanischen Wurzeln unserer Kultur, nämlich den Gestaltwandel (der auch schon bei Heimdallr, Odin und Loki auftauchte).

Die Völva als Seherin

Die Seherin, Stabträgerin oder Völva hatte ihren Stab fest in der Hand, setzte ihre Schritte selbstbewusst auf und wanderte durch die Wälder von Stamm zu Stamm. Wohin sie auch kam, sie wurde im Grunde gleichwertig zum König behandelt und verehrt (möglicherweise auch gefürchtet).

Warum diese so hohe Stellung? Es heißt, die Völvas traten aus den eigenen Körpern hinaus, verschmolzen mit der Nacht und erlangten einen prophetischen Blick auf die Zukunft. Sie waren Seherinnen in der Dunkelheit und sprachen mit klarer, unverrückbarer Stimme aus, was sie sahen. Dafür waren sie so hoch angesehen und zugleich auch gefürchtet. Was nur würden sie sagen und sehen?! Was nur würden sie über einen selbst wissen? Welche (dunklen) Geheimnisse kämen durch sie ans Licht, die man lieber verstecken wollen würde?

Die Seherin als solche wird unter anderem seit der Antike als barbusig und mit offenen Haaren über einem Kessel den Rauch einatmend und entrückt schauend beschrieben und auch später in der Kunst entsprechend abgebildet.[86] Entweder lehnt die Seherin dabei halb sitzend auf einem dreibeinigen Hochsitz (ähnlich einem Barhocker, jedoch deutlich kunstvoller gearbeitet) oder der Kessel hängt an einem Dreibein. Hier kommen gleich mehrere Symboliken deutlich zum Tragen: der Kessel, die Zahl Drei, der Blick ins Leere.

---

86 Zum Beispiel im berühmten Stahlstich „Beschwörung" des Künstlers Herbert Horwitz von 1901. (Im Internet meist unter dem englischen Titel „Incantation" zu finden.)

In keltischen und nordischen beziehungsweise europäischen Märchen ist der Zauberkessel ein dominantes Symbol und bis heute ein unverzichtbares Utensil der Hexen in Märchen und auch in der modernen Hexenszene. Es ist weitverbreitet, den Kessel als ein Symbol für die Gebärmutter der Frau zu deuten. In ihm kann etwas gebraut werden – es entsteht etwas. Dies wird auch häufig mit Schwangerschaft assoziiert, jedoch stets zumindest damit, „etwas ins Leben zu bringen". Die drei Beine des Hochstuhls oder der Kesselaufhängung stehen sowohl für die drei Zeiten (Vergangenheit, Gegenwart, Zukunft) als auch für die drei Welten (Untere Welt, Mittlere Welt, Obere Welt) und die Dreifaltigkeit (Jungfrau, Mutter, weise Alte) – ebenso wie für das Dreieck als Symbol für die Vulva. Vermutlich ähnelt daher – trotz unterschiedlicher Wortherkunft – der Name „Völva" dem Wort „Vulva". Pure Weiblichkeit, Sinnlichkeit und Hingabe sind ebenso in der Völva vereint wie die Gabe des Sehens. Es ist überliefert, dass die Seherinnen abgeschieden von den anderen lebten, um ihre klare Sicht zu bewahren und unvoreingenommen beraten zu können – jedoch inhalierten sie ebenso Dämpfe aus dem Kessel, um einen entrückten Blick ins Leere zu erlangen und aus diesem „ungenauen Sehen" zu raunen, zu flüstern. Dieser Blick erzählt uns noch heute von den (für die meisten Menschen unsichtbaren) anderen Welten und der Fähigkeit, den Kopf „auszuschalten" und (ohne zensierenden Verstand) dadurch zu sehen, zu wissen.

Zu dieser Form des Sehens könnten wir ein weiteres komplettes Buch füllen. Und dabei müssten auch die Methoden sowie das Setting beschrieben werden, die unter anderem zu einem modernen Seidr-Ritual gehören. Dieses sowie das folgende Kapitel können also höchstenfalls als ein winziger Einblick in dieses Thema dienen.

DIE NORDISCHE KUNST DES SEHENS: SEIDR

Die unglaublich facettenreiche Freyja ist also, wie schon erwähnt, ebenfalls die Göttin der Zauberkunst, der Magie. Bei den Vanen, wie bereits erwähnt, dem älteren, so stark naturverbundenen Göttergeschlecht, war die nordische Zauberkunst Seidr bekannt. Als sie und Freyr zu den himmelsverbundenen Asen kommen, bringt Freyja diese magische Kunst Odin bei, der stets gerne neues Wissen erlernt. Er zeigt ihr wiederum als Gott der Ekstase die magische Runenkunst, die er am Weltenbaum hängend erfahren hat.[87] Freyja und Odin gelten hier als eine Art „Zauberpaar": Sie fügen beide ihre Magie dem sprichwörtlichen Zauberkessel hinzu. Hier vereinen sich Frau und Mann, Erde und Himmel, Seidr und Runen zum kosmischen Ausgleich. So ist auch Odin beziehungsweise Wodan (oder Wotan) sehr mit den Seherinnen verbunden.

Der berühmte kleine Anhänger „Odin von Lejre", der 2009 bei Ausgrabungen auf der dänischen Insel Seeland gefunden wurde, zeigt eine äußerst prächtig gewandete Gestalt auf einem detailliert ausgearbeiteten Hochsitz, umgeben von zwei Vögeln. Trotz dieses Namens für das Originalfundstück bildet es möglicherweise eine Völva auf ihrem wikingerzeitlichen Kastensitz und nicht den Göttervater Odin ab. Es scheint offenkundig, dass im ursprünglichen Seidr noch keine Runen enthalten waren, da diese erst durch Odin (aus dem jüngeren Göttergeschlecht) der bereits lange zuvor bekannten Zauberkunst der Vanen hinzugefügt wurden.[88]

Wir haben nach allerlei unterschiedlichen Angaben in Büchern nicht nur selbst visionär auf schamanischen Reisen Seidr zu ergründen versucht, sondern auch ganz direkt den

---

87 Ynglingsaga 4; siehe dazu auch oben in Teil III das Kapitel zu „Odin", ab S. 110
88 Ynglingsaga 4

bekannten Forscher Rudolf Simek befragt, der bestätigte, dass Seidr einfach „Zauberkunst" bedeutet, welche im Kontext der nordeuropäischen Traditionen verortet war. Die Wahrheit ist also, dass letztlich niemand sicher sagen kann, was genau „gewirkt" wurde ... und das lässt es natürlich weiterhin wunderbar mystisch bleiben. Insgesamt scheint es äußerst wahrscheinlich, dass es sich bei Seidr um Überreste schamanischen Wirkens handelt, die von den Erdgöttern (Vanen) in die Zeit der Himmelsgötter (Asen) hinübergerettet wurden.

EINE MÖGLICHE DEUTUNG DES SEIDR

Seidr ist eine uralte schamanische Kunst, und die gängige Bezeichnung „arge Frauen" für die *Seidkonas* („Seidr-Kundige" beziehungsweise „Seidr-Frau") ist absolut nicht vergleichbar mit unserer heutigen Bezeichnung für arg (= böse), sondern bedeutete „hinter die Dinge schauend". Im Althochdeutschen, Altenglischen und Altschwedischen gab es diverse Bedeutungen für arg: „sündhaft, lustvoll, furchteinflößend" und auch „gefährlich" – und wieder gibt es hier eine eher wilde sexuelle Komponente, die jedoch nicht zugleich böse ist. Diese Unterscheidung ist wichtig. Doch eine sehr lebendige Sexualität wirkte auf die damaligen Beobachter aus bekannten Gründen möglicherweise eher teuflisch ... Dennoch wird Seidr bis heute immer wieder auch als eine Art „böse Kunst" dargestellt. So wird die letzte Zeile der Völuspa 22 auch häufig mit „Sie war immer das Vergnügen böser Frauen" statt „... das Vergnügen arger Frauen" übersetzt.

Arg lässt sich laut manchen Forschern möglicherweise etymologisch vom indoeuropäischen Wort *ergh* ableiten: „sich heftig bewegen, zittern, beben, erregt sein" – was wiederum ein deutlicher Hinweis auf die Siedetrance wäre, bei welcher man den Körper schüttelt und wiegt. So siedeten die Seidkonas nicht nur im Kessel ihre bewusstseinserweiternden Dämpfe, sondern auch in ihren Körpern die Visionen und die Klarsicht.

Auch einer der Beinamen Freyjas würde zu dieser Sichtweise passen: *Skjalf* – die Schüttlerin. Ein Name, der in den *Thulur* – altnordischen Merkversen – für Freyja auftaucht.

Seidr würde demnach die Methode des Siedens oder Schüttelns, um in Trance zu geraten, mit den Bildern der germanischen Mythologie und den Kenntnissen der Kräuterkunde beziehungsweise des Räucherns verweben, um einen tiefen sowie ekstatischen Seelenflug zu erlangen.

Ganz sicher ist jedenfalls aus den Sagas überliefert, dass gesungen wurde, um eine Trance herbeizuführen, und dass die Seherin mit ihrem Stab in der Hand auf einem Hochsitz sitzend in andere Welten reiste, um Botschaften zu erhalten und mit in die Welt der Menschen zu bringen. In der Saga von Erik dem Roten wird zum Beispiel eine genaue Beschreibung von der Kleidung der Seherin, ihren Wünschen/Bedingungen und der gesamten Szenerie abgegeben, mittels derer man sich in etwa das Ganze vorstellen kann. Für uns ist aus der Saga[89] insbesondere der Teil interessant, der beschreibt, wie die Seherin darum bittet, dass jemand die „alten Zauberlieder" singt, da sonst die Weissagung nicht stattfinden könne. Niemand kennt diese (mehr), bis auf eine Frau, die diese von ihrer Amme erlernte. Dann singt diese Frau die sogenannten Galdr[90] oder *Galdra*, die auch Vardlokkur[91] (altnordisch in etwa „Seelenlocker" und damit sehr wahrscheinlich ein Zaubergesang, der Seelen anlockt) genannt werden, und singt diese offensichtlich wunderschön und hilfreich, denn die Seherin kann daraufhin ihre Wahrsagesitzung abhalten. Dieser Zaubergesang dient also dazu, die Seherin in Trance zu versetzen und ihr so den Seelenflug zu ermöglichen sowie (dem Namen nach wahrscheinlich) jene hilfreichen Geister anzulocken, die der Seherin das Wissen zum Weissagen übermitteln. Interessanterweise werden in dieser

---

89 Saga von Erik dem Roten 4
90 Im Germanischen ist die Silbe *gal* mit Gesang oder Tönen verknüpft und uns ist bis heute im Sprachgebrauch, zum Beispiel durch die Nachtigall (die in der Nacht singt), erhalten geblieben.
91 Diese Bezeichnung stammt aus der Thorfinns Saga Karlsefnis. Da sie an anderen Stellen nicht auftaucht, ist unbekannt, ob der Begriff relevant war. Im *Landnamabok* gibt es stattdessen *Seidlaeti* als Bezeichnung, die man als „Zauberton" übersetzen kann.

Überlieferung die Zaubergesänge jedoch nicht von der Seherin selbst gesungen, sondern diejenigen, für die geweissagt wird, sind aktiv an der Zeremonie beteiligt.

Gesang, Klang und Ton sind uralte schamanische Werkzeuge, die Tausende von Jahren bis in die archaischen Zeiten der Höhlenmalerei und des sogenannten Kultursprungs[92] zurückreichen. In den Überlieferungen zur Magie im früheren Nord- und Mitteleuropa spielten diese offensichtlich weiterhin eine große Rolle und werden in diversen Sagas benannt. Auch heute, wo solche alten Rituale wiederbelebt werden, setzt man dazu gern einen begleitenden Chor ein, während die Seidkona (altnordisch „Zauberin") mit dem Stab in der Hand auf ihrem Stuhl sitzt und irgendwann ein Zeichen gibt, dass sie in der anderen Welt angekommen ist und nun Botschaften übermitteln kann.

Auf die möglichen Fehldeutungen und Einfärbungen bei der Bezeichnung „arge Frauen" sind wir bereits eingegangen. Immer wieder liest man auch irgendwo, dass Seidr eine Art „böse Kunst" oder schwarze Magie sei – was ganz sicher mit jenen Deutungen einhergeht.

Spa (ausgeübt durch die Seherin, die Weissagende, die Spakona) wird hier meist als „weiße" Magie bezeichnet und umfasst unter anderem so etwas wie Wetterzauber, Wahrsagung, Liebeszauber, Fruchtbarkeitszauber, Runenzauber u. a. Dem Seidr heftet man hingegen das Etikett „schwarze Magie" an und meint damit so etwas wie Schadenszauber, Totenzauber, aber auch das Aufstellen von hölzernen Stelen mit menschlichem Gesicht zur Verspottung des Abgebildeten (erinnert ein wenig an Voodoo mit Holzstelen statt Stoffpuppen). Magie oder Manifestationskraft kann sicherlich in beide Richtungen eingesetzt werden und liegt daher unseres Erachtens stets in der Hand der ausführenden Person und deren Absichten. Wir erinnern deshalb hier daran, dass Seidr wie oben beschrieben „Zauberkunst" im nordischen Kontext bedeutet, und wenn diese

---

92 So bezeichnet man das geballte Auftauchen der ersten Instrumente und beweglichen Kultgegenstände, die man vor allem in den Höhlen der Schwäbischen Alb gefunden hat und die auf über 40.000 Jahre zurückdatiert werden.

in bester Absicht zum Wohle aller eingesetzt wird, sehen wir dies keinesfalls als schwarze Magie an. Von diesen Unterscheidungen abgesehen, wird allgemein die Spakona als die (weissagende) Seherin bezeichnet und die Seidkona (dem Namen nach) als die „Seidr-Kundige", also die Zauberin.

Die Welt mit anderen Augen sehen: Schönheit in Poesie verwandeln

Worte verbinden sich zu Sätzen, werden zu Geschichten, können Bilder entstehen lassen, können von vergangenen Zeiten erzählen, von Helden und ihren Taten, von wundersamen Fabeltieren, von den ersten Momenten der Schöpfung, von weit entfernten Orten und von der Sehnsucht, die diese im menschlichen Herzen wecken. Worte können Mut zusprechen und Trost, sie können von Ereignissen berichten, die den eigenen Glauben an das Gute stärken, und sie können dafür sorgen, dass Menschen über sich selbst hinauswachsen. Worte zeigen Möglichkeiten auf, überschreiten Grenzen, gewähren einen Blick über den Tellerrand und hinter den Horizont.

Obwohl unser aller Vorfahren im nordeuropäischen Raum zwar Bauern, Kräuterfrauen, Jägerinnen und Krieger waren, hatten sie dennoch ein feines Gespür für die richtigen Worte, für Schönheit, Kunst und Poesie. Ihr oftmals hartes Leben verhärtete sie innerlich nicht, sondern ihr Geist blieb wach und berührbar – sie konnten wahrhaft sehen (in einem sehr umfassenden Sinn) und sich auf die Wunder der Welt einlassen.

Aufgrund der allgemeinen Wertschätzung, die sie der Dichtung entgegenbrachten, waren auch die Skalden (die Dichter) in ihrer Gesellschaft hoch angesehen. Ihre Worte beschrieben die Welt mitsamt all ihren Dramen und mitsamt ihren Geheimnissen. Mythen wurden auf diese Weise weitergegeben, blieben durch die mündliche Überlieferung lebendig und liefen so nicht Gefahr, als Dogmen missverstanden zu werden. Kunstvoll formulierte Geschichten waren ein nährendes Element dieser Gesellschaft – Geschichten, die auch heute noch gelesen, gehört und (mithilfe schamanischer Techniken) erlebt werden können. Geschichten, die von Wurzeln erzählen und in bunten schwelgerischen Bildern von Göttinnen und Göttern etwas ganz Grundlegendes über die menschliche Existenz berichten.

Als Autorenpaar voller Leidenschaft und Herzblut für die alten Mythen, die Urkraft der Natur, die Kunst von Wort, Schrift und Darstellung und die auf poetische Weise von kreativen Geschichtenerzählern überlieferten menschlichen Wurzeln ist uns ein fast vergessener „Gott" besonders wichtig: Bragi. Er ist ein Mensch, der zum Gott wird und den wir für uns ganz persönlich auf eine sehr ermutigende Weise deuten – nämlich als ein leuchtendes Sinnbild dafür, dass ein Mensch, wenn sie oder er nur voll und ganz im gegebenen Talent aufgeht, absolut Unglaubliches schaffen kann.

Im Gylfaginning heißt es von ihm: „Einer (der Asen) heißt Bragi; er ist wegen seiner Weisheit berühmt, besonders aber für seine Redegewandtheit und Wortkunst; er weiß am meisten von der Dichtung, und nach ihm wird die Dichtkunst (*Bragr*) benannt, und nach ihm wird jemand Dichter oder Dichterin genannt, wenn er mit Worten geschickter ist als andere. Seine Frau ist Idunn."[93]

Das Wort *Bragr* bedeutet außerdem „Häuptling" oder „Fürst" und wurde daher auch für andere historische oder fiktive Personen als hochstehender Titel verwendet, der in diesen Fällen nicht immer mit Dichtkünsten einherging. Eine historische Person aber steht in ganz direkter Verbindung zum Bragi, um den es in diesem Kapitel geht. Dabei handelt es sich um *Bragi enn gamli Boddason* – Bragi Boddason der Alte (ja, das Wort *gamli* bedeutet tatsächlich „alt"), von dem die heutige Forschung annimmt, dass er als historisches Vorbild für den mythologischen Bragi diente.

Bragi Boddason ist der älteste der uns bekannten Skalden und damit ist auch sein Werk das älteste, das wir kennen. In manchen Quellen, wie etwa der *Skaldatal* (übersetzt: „Liste

---

93 Gylfaginning 26

der Skalden"), heißt es, er habe im frühen 9. Jahrhundert vermutlich in Norwegen gelebt, andere Quellen (zum Beispiel das isländische Landnamabok und die *Egils Saga*) nennen jedoch das späte 9. Jahrhundert als seine Lebenszeit. Wie so oft muss man sagen: Ganz genau sind diese Zeitangaben nicht zu belegen. Snorri Sturluson überliefert uns in der Edda jedenfalls zwanzig volle Strophen von ihm, die sich alle um ein kraftvolles Schild drehen, das vier mythologische Szenen zeigt.[94]

Höchstwahrscheinlich ist dieser hochbegabte Mensch Bragi mit dem Gott Bragi identisch und es liegt hier ein klassischer Fall eines Euhemerismus vor, also eine mythologische Überhöhung einer historischen Person und sozusagen die Aufnahme eines Sterblichen in den Pantheon der Götter. Dies würde bedeuten, dass Bragi Boddason so beeindruckende Fähigkeiten hatte, dass er nur ca. 100 Jahre nach seinem Tod bereits als Gott angesehen wurde. Das zeigt erneut, wie unglaublich großartig seine Wortgewandtheit gewesen sein muss. Und außerdem weist die Tatsache, dass nicht etwa ein berühmter Krieger zu den Göttern gezählt wurde, sondern ein Skalde, wieder einmal darauf hin, dass die Nordmänner, Wikinger und Krieger der Germanen trotz aller Wildheit und Ungezähmtheit größten Respekt vor der Dichtkunst hatten. Geschichten waren in einer Zeit ohne Bücher, ohne Kino, ohne Zeitungen, ohne YouTube und Netflix einfach das Medium, mit dem Wissen, Weisheit und Informationen weitergegeben wurden.

Ohne die Dichtkunst dieser besonderen Menschen wäre heute von den Traditionen kaum mehr etwas übrig. Es könnte nicht rekonstruiert werden, was unsere Vorfahren glaubten, welche Schöpfungsmythen sie erzählten, was sie bewegte oder sie glücklich machte.

In Kulturen, die unglaublichen Wert auf eine mündliche Überlieferung legten, um das Wissen und die Weisheit wahrhaft lebendig zu halten, statt all dies aufzuzeichnen, war es über Jahrhunderte ganz besonders wichtig, schöne, eingängige Lieder zu

---

94 Vgl. Ragnarsdrapa

schreiben, die auch die Jüngsten freudvoll mitsingen konnten; Gedichte voller Klang und Widerhall zu schreiben, die einem im Gedächtnis blieben; und auch Geschichten zu erzählen, die bewegten, berührten und den Zuhörern etwas gaben, das sie im Innersten „mitnahmen" und garantiert nicht vergaßen. Schließlich konnten sie es nirgendwo nachlesen und mussten sich ganz auf ihre Erinnerung (an einen besonderen Abend am Herdfeuer einer Halle) verlassen.

Ein richtig guter Geschichtenerzähler ließ also die gesamten Mythen, Sagen und Geschichten so lebendig werden, dass die Zuhörer an seinen Lippen hingen und zu Hause nur darauf brannten, es den Freunden, Nachbarn etc. zu berichten – und genau dadurch blieb die Tradition und Geschichte erhalten.

Über lange Zeit retteten sich so diese Ahnenweisheiten über die Jahrhunderte, bis sie sehr viel später dann von Snorri Sturluson und Co. aufgeschrieben wurden. Und so waren Geschichtenerzähler und Wortkünstler nicht nur Unterhalter, sondern zugleich Bewahrer des alten Wissens und damit sehr wichtig.

Es ist daher mehr als traurig, dass Poesie heutzutage so gut wie keinen Stellenwert mehr hat. Versucht man heute als Autor einen Gedichtband bei einem Verlag unterzubringen, wird man nahezu überall auf Granit beißen und Dinge hören wie: „Ein zu großes Risiko; niemand will so etwas lesen; das wirkt zu altertümlich, zu altmodisch, dafür haben die Menschen keine Zeit etc." Vielleicht haben die Menschen heute tatsächlich die Fähigkeit verloren, genau hinzuhören, zwischen den Zeilen zu lesen und sich vom Rhythmus der Worte tragen zu lassen. Vielleicht traut man ihnen aber auch zu wenig zu, und der Literaturbetrieb sorgt durch seine Ablehnung von Gedichten für eine sich selbst erfüllende Prophezeiung … Wir wissen es nicht, doch fänden wir es schön, wenn kunstvoll gestaltete Worte und Reime wieder einen größeren Raum in unserer Gesellschaft einnehmen würden. In Worten liegt eine ungeheure Kraft, die das Innere eines Menschen berühren und ihn auf eine ganz besondere Heldenreise schicken kann. Mythen, Legenden, Sagen und Märchen können das, aber auch modernere Werke wie beispielsweise Tolkiens *Herr der Ringe*, in dem viele mythologische Themen in eine Fantasy-Handlung eingewebt wurden, sind in der Lage, den Geist wirklich zu beflügeln und ihn das Beste, was Menschlichkeit zu bieten hat, schmecken zu lassen: das Ahnen des Geheimnisses, die Abenteuerlust, das Aufbrechen ins Unbekannte, Mut und Freundschaft, Ehre und Opferbereitschaft, das Erlangen von tiefen Erkenntnissen und das Akzeptieren des Nichtwissens, das Annehmen und das Loslassen, das Zurückkehren und den neuen Blick auf Altbekanntes, das wirkliche Sein im Augenblick und die Hingabe an das große Ganze. Gemeint ist hier eine Energie der menschlichen Seele, die sich in unendlich vielen Geschichten, die in aller Welt entstanden sind, abbildet und darauf wartet, entdeckt zu werden. Eine Energie, die nur darauf wartet, in dir Wurzeln zu schlagen und mit dir zu wachsen.

Bragi, ob du ihn nun als Gott, symbolische Kraft oder Sinnbild betrachten magst, kann dir dabei helfen, diese kraftvolle Energie in kunstvolle, magische, sinnliche oder lebensbejahende Worte zu übersetzen und deine eigene Geschichte zu erzählen, sie neu zu schreiben und alte Narrative hinter dir zu lassen, die dich nicht mehr tragen, die zu klein für deine reifende Seele geworden sind.

Viele Fragen können dich auf Bragis Spur setzen, hier sind einige davon:

Was ist deine Geschichte?

Welchen Weg hast du im Leben eingeschlagen?

Wie erzählst du von dir?

Kannst du dich selbst als Helden oder Heldin deines Lebens sehen?

Welche Rolle spielt Poesie in deinem Leben?

Liest du ab und an mal ein Gedicht?

Kannst du gut „zwischen den Zeilen" lesen?

Hast du vielleicht ein Lieblingsgedicht, das du auswendig kennst?

Bist du in Kontakt mit deiner kreativen Seite?

Wie drückst du deine Kreativität aus?

Oder wenn du sie nicht ausdrückst: Warum meinst du, hat deine Kreativität keinen Platz in deinem Leben?

Fällt es dir leicht, deine Stimme in die Welt zu bringen?

Welches Lied des Lebens möchtest du singen?

VISIONEN FÜR DAS LEBEN:
RUNEN & ORAKEL

Wenn man sich auch nur ein wenig mit der nordischen Mythologie befasst, stößt man unweigerlich auf die Runen, denen man heute nahezu überall begegnet: auf Platten- und CD-Covern, auf T-Shirts, Tassen, Amuletten und so weiter. Ebenso sieht man sie immer wieder als Tätowierung, und auch in den Büchern und Verfilmungen von Tolkiens „Der Herr der Ringe" tauchen sie auf.[95]

Runen sind dekorativ und stets von einem Nimbus des Geheimnisvollen umgeben, von daher ist es gut nachvollziehbar, dass sie sich recht großer Beliebtheit erfreuen. Allerdings geht der ursprüngliche Sinn dieser Schriftzeichen dabei oftmals verloren. Runen waren Inschriften, die etwas Besonderes verkündeten, und keine Alltagsschrift. Svanhild hat also damit keine Einkaufsliste verfasst und sie Erik auf seinen Raubzug mitgegeben, sie hat höchstens einen Runenmeister beauftragt, eine Steinsetzung für das Grab von Erik mit Runen zu versehen. Und das dann wahrscheinlich mit der Absicht, dafür zu sorgen, dass Erik auch in seinem Grab bleibt und nicht als Wiedergänger (*Draugr*) sein Unwesen treibt oder aber als Warnung an etwaige Grabräuber, die hier gleich mit einem Fluch belegt wurden.

Runen hatten neben ihrer Bedeutung als Buchstaben auch einen magischen Aspekt, den man stets mitbedenken sollte. Alle Runen hatten eine Lautbedeutung, ähnlich unseren lateinischen Buchstaben, aber eben auch eine tiefere Bedeutung, die sich auf Zauberei, Macht und Beschwörung bezieht. Wer sich damit auskannte – also ein Runenmeister –, war hoch angesehen, weshalb sich auf manchen Grabsteinen auch der Name des Runenmeisters verewigt findet, nicht aber der Name des Toten.

---

95 Tolkien hatte allerdings eine besondere Vorliebe für die Runenreihe des englischen Futhorc, das im Gegensatz zum älteren *Futhark* über 31 statt 24 Zeichen verfügt.

Das altnordische Wort *rún*, das dem Wort „Rune" zugrunde liegt, hat eine große Bedeutungsbandbreite, die vor allem auf geheimes Wissen oder magische Künste hinweist. Diese Bedeutung hat eine lange Nachwirkung in der Sprachgeschichte: Noch im Althochdeutschen bedeutet das Verb *rúnen* so etwas wie „heimlich flüstern", und unser deutsches Wort „raunen" weist ja auch darauf hin, dass da etwas ist, das man nicht ganz genau definieren kann, etwas, das man nur hinter vorgehaltener Hand mitteilt.

Runeninschriften gibt es mit einem Zeichen bis hin zu 750 Zeichen (Runenstein von Rök in Schweden); sie alle sind zwischen dem 2. und dem 14. Jahrhundert entstanden und in einem riesigen Gebiet aufgetaucht, das von Grönland bis in die heutige Türkei reicht, von Irland bis zum Schwarzen Meer. Diese große Verbreitung scheint abhängig von den Eroberungs- und Erkundungsfahrten der Wikinger zu sein, denn die meisten der bislang etwa 6.500 entdeckten Runensteine finden sich tatsächlich in Skandinavien (etwa 90 Prozent).

Jeder germanische Stamm scheint Runen benutzt zu haben, aber jeder Stamm mit seiner eigenen Sprache, was die Entzifferung manchmal erschwert. Ebenso hatten unsere nordischen Vorfahren die lästige Eigenart, sowohl von links nach rechts als auch von rechts nach links, wie auch abwechselnd von beiden Seiten oder von oben nach unten zu schreiben. Daher ist man sich bei einigen Inschriften bis heute überhaupt nicht einig, was diese bedeuten sollen.

Interessant ist auch die Abfolge der Runen im (nach den ersten sieben Runen in dieser Reihenfolge) *Futhark* genannten Alphabet: Die erste Rune ist Fehu, was wir schon im Kapitel über die Schöpfungsgeschichte erwähnt haben. Sie steht für den Laut [f], aber gleichzeitig auch für das Vieh und die damit zusammenhängende Fülle. Diese erweiterte Bedeutung kann man sich gut in magischen Zusammenhängen vorstellen, wenn zum Beispiel ein Bauer in einer entsprechenden Zeremonie eine Fehu-Rune auf seine Stalltür malt und währenddessen darum bittet, dass sein Vieh sich stets vermehren und gesund bleiben solle. Genauso kann man sich vorstellen, wie der gleiche Bauer die zwölfte Rune *Jera(n)* in den Boden seines Ackers ritzt. Diese Rune steht für den Laut [j] und gleichzeitig für die Ernte. Auf diese Weise kann der Bauer also für eine gute Ernte gebetet haben. Die fünfzehnte Rune *Algiz* hat er vielleicht auf den Türbalken seiner Hütte gemalt oder geritzt, denn sie wurde als Schutzzeichen verstanden. Und wenn unser fiktiver Bauer einen unausstehlichen Nachbarn hatte, der ihm das Vieh stahl oder ihm sonst wie zusetzte, hat er vielleicht heimlich die dritte Rune *Thurisaz* in dessen Hauswand geritzt – eine Rune, die für die Riesen stand und somit für die unkontrollierbaren, zerstörerischen Kräfte, die diesen Nachbarn heimsuchen sollten.

Das ist nun eine sehr vereinfachte Darstellung von der Verwendung von Runen, aber sie geht zumindest in eine ungefähre Richtung, die man sich vorstellen kann und die wohl auch historisch korrekt ist. Man muss bei dieser Art der magischen Verwendung aber bedenken, dass die Kombination von mehreren Runen hier noch ganz andere Bedeutungsebenen eröffnen kann und auch Rituale hinzukamen, die den geritzten Runen Kraft verleihen sollten. Blut machte die Runen „lebendig", war ein Opfer, das ihre Macht erhöhen sollte. Daher sollte man sich unserer Meinung nach schon sehr gut auskennen und genau wissen, was man da tut, bevor man sich Runen tätowieren lässt. Selbst wenn man all diese Gedanken als Aberglauben abtut (hier würde sich aber die Frage stellen, warum man sich dann überhaupt uralte germanische Zauberzeichen tätowieren lassen möchte …), sollte man respektvoll mit einer solchen Tradition umgehen und anerkennen, dass diese Zeichen mehr als bloßer Schmuck sind.

Oft werden Runen auch zu Orakelzwecken verwendet, wobei sie auf Stöckchen, Knochen oder Holzscheiben gemalt bzw. geritzt werden, die man dann wirft, um Antworten auf Fragen zu erlangen, die einen bewegen. Solche Methoden können eingesetzt werden, um einen gänzlich anderen Blickwinkel einzunehmen, sich durch den „zufälligen" Wurf inspirieren zu lassen und innerhalb einer solchen Runensitzung den eigenen Geist zu weiten. Unter Umständen kann das Werfen von Runen und das lange intensive Betrachten des Wurfs auch eine Art Trance induzieren, durch die man Zugang zu tieferen Bewusstseinsschichten erlangt, aus denen sich dann Antworten auf drängende Fragen ergeben können. Hier sollte man sich unserer Meinung nach zuerst intensiv mit den einzelnen Runen und ihren erweiterten Bedeutungsebenen auseinandersetzen und dann spielerisch an die Sache herangehen und eigene Erfahrungen damit machen. Letztlich geht es bei solchen Dingen und Praktiken immer um die eigene Intuition und die Bedeutung, die die einzelne Rune in der Beschäftigung mit ihr für einen selbst gewinnt. Ob man sich dabei auf Bücher oder Seminarangebote verlässt, die vorgeben, es ganz genau zu wissen (obwohl selbst Historiker und Linguisten immer noch vor einigen Rätseln in Bezug auf die Runen stehen), muss man selbst entscheiden.

Wissenswert ist auf jeden Fall, dass die Lose, die die Nornen werfen, oft auch als Runen bezeichnet werden, man in den alten Schriften aber keinerlei Hinweis darauf findet, dass diese Lose mit Runen versehen waren. Auch die Zusammenführung von Seidr und Runen ist eher neueren Ursprungs und bisher nicht historisch belegt. Und Freyja als Göttin des Seidr ist ja eine Vanin, die von Odin erst nach ihrem „Umzug" zu den Asen von den Runen hört (und hier vielleicht mit ihm in einem Wissensaustausch war). Ursprüngliches Seidr ist also erst einmal etwas, das mit Runen nicht viel zu tun hatte, sondern vielmehr mit den Zaubergesängen, was sich jedoch über die Zeiten gewandelt haben mag. Ebenso kursieren in der Esoterikszene manche Theorien über Runenmagie, die nicht nur historisch haltlos, sondern auch ob ihrer Herkunft zweifelhaft sind. Der österreichische Schriftsteller Guido List (1848 – 1919), der seinem Namen gern ein herbeifantasiertes „von" hinzufügte, hat beispielsweise die 18 im Havamal erwähnten Zaubersprüche Odins als Grundlage seiner Runenlehre verwendet und sie in sein völkisches Gedankengut eingefügt. Obwohl nirgendwo in der Prosa- oder der Lieder-Edda ein Hinweis darauf zu finden ist, dass diese Zaubersprüche in irgendeiner Weise mit den Runen in Zusammenhang stehen, halten sich die fixen Ideen Lists seitdem hartnäckig und werden leider heute noch eher unkritisch in einigen Werken weitergegeben.[96] (Also: Augen auf beim Runenbuchkauf!)

Sagen wir es mal so: Magie ist ein heikles Thema. Vor Jahren hatten wir mit unserem gemeinsamen Freund Philip Carr-Gomm, der damals noch als gewähltes Oberhaupt des größten modernen Druidenordens der Welt fungierte, ein Gespräch über dieses Thema und kamen nach einigen Formulierungsversuchen auf folgende für uns nach wie vor stimmige und recht schlichte Definition: *Magie ist das Fokussieren des eigenen Willens mithilfe eines Rituals.* Das funktioniert für uns ebenfalls in Zusammenhang mit den Runen, die man nutzen kann, um sich zu sammeln, um den Geist von festgefahrenen Mustern zu befreien, um herauszufinden, was man wirklich will, und um diesen Willen für sich selbst mit einem Symbol (oder Symbolen) zu verbinden und somit zu stärken. Es geht immer um das Eigene, weshalb auch von der Absicht, jemand anderem zu schaden (und dafür zum Beispiel die Thurisaz-Rune zum Einsatz zu bringen), nur abzuraten ist – denn letztlich ist es unser eigener Wille, also unser eigener Geist, der mit solchen Vorhaben vergiftet wird. Sind die Runen mit einer bestimmten Symbolik verbunden, so können sie natürlich auch zur Weissagung, zum Orakeln eingesetzt werden.

Runen waren und sind in der Tat noch immer faszinierend, und es lohnt sich, sich damit eingehend zu beschäftigen. Die

---

96 Die auf Guido List zurückgehende List-Gesellschaft hatte großen Einfluss auf die Thule-Gesellschaft und dadurch letztlich auf die NSDAP. Lists Gedanken begeisterten auch Heinrich Himmler und somit die SS. Und auch der neuheidnische Armanenorden, der 1976 in Deutschland gegründet wurde und sich auf List beruft, trägt dieses Gedankengut – das absolut NICHTS mit der nordischen Tradition zu tun hat – weiterhin in sich. („Armanen" ist ein Kunstwort, das sich List ausgedacht hat und das die Begriffe „Arier" und „Germanen" vereint. Seiner Meinung nach waren diese Armanen die geistigen Führer der Germanen. Historisch ist das alles absoluter Unfug! Vom Menschlichen her ganz zu schweigen …!)

komplette Bandbreite dieses Themas würde den Umfang dieses Buches allerdings sprengen, und daher möchten wir es bei diesem kurzen Einblick belassen, für den praktischen Weg lieber auf die Rituale, Übungen und (schamanischen) Meditationsreisen dieses Buches verweisen und raten, sich den Runen langsam und geduldig zu nähern. Dabei bietet sich erst einmal eine historische Auseinandersetzung und ein Kennenlernen der verschiedenen Bedeutungsebenen an, bevor man sich auf die magischen Aspekte einlässt.

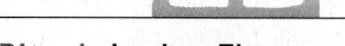

Ritual: In den Flammen sehen

Dinge, die du benötigst:

Eine Feuerschale/Feuerstelle (von Steinen umrundet, damit die Umgebung geschützt ist), Holz und etwas zum Entzünden. Oder für die ganz leicht durchführbare Version: Kerze und Feuerzeug/Streichhölzer.

Vorbereitung:

Sorge für einen ungestörten Raum für dich (Klingel, Handy etc. aus und auch mit der Familie eine „störungsfreie Zeit" vereinbaren), um tief eintauchen zu können. So stellst du sicher, dass du nicht durch irgendetwas aus deiner Trance gerissen wirst und dich dann zerfasert fühlst. Zudem kannst du dich dann leichter einlassen.

Erschaffe gerne auf deine Weise einen heiligen Raum/eine heilige Atmosphäre durch das, was dir entspricht: Gesang,

Tanz, Gebet, Räucherwerk, einen liebevoll hergerichteten
Platz ... oder alles das zusammen. Stimme dich ein.

Das Ritual:

Mache dir bewusst, dass das Feuer für dich wie ein liebevoller Großelternteil sein kann: tröstend und nährend, Weisheit und Wärme spendend und seit Anbeginn des menschlichen Kult-Ur-Sprungs[97] an der Seite der Menschen, diesen sogar maßgeblich mitgestaltend.

- Bitte das Feuer um eine Botschaft oder einen Rat, sei es für eine konkrete Fragestellung oder Herausforderung, die dich gerade umtreibt, oder als Zeichen für deinen Weg.

- Schaue dann in die (Kerzen-)Flamme.

- Lasse dich von nichts um dich herum ablenken. Bleibe ganz und gar beim Tanz der züngelnden Flammen, vielleicht bei den sprühenden Funken oder einem Knistern, das dir zuzuflüstern scheint.

- Lasse dann deinen Blick ganz weich werden (ähnlich dem bei einem Tagtraum). Schaue auf die Flammen und lasse dir von ihnen eine Botschaft enthüllen. Tauche ein in ein Bewusstsein jenseits deines Alltagsbewusstseins und beobachte entspannt und doch wach im Geiste, was geschieht.

- Vielleicht siehst du Gesichter in den Flammen, ganze Wesenheiten, Ahnen, Tiere, Muster ... oder die knackenden Geräusche machen dich genau im richtigen Moment auf den gerade gedachten Gedanken aufmerksam, wie ein „Ausrufezeichen", dem du folgen kannst. Wenn ein Holzscheit krachend fällt, kannst du dich zum Beispiel instinktiv sofort fragen, was du genau in diesem Moment

---

97   Vgl. das gleichnamige Buch „Welt-Kult-Ur-Sprung" von Georg Hiller, Stefanie Kölbl u. a.

gedacht hast. Ebenso, wenn dich etwas erschreckt oder Funken auf dich hüpfen. Alles, was sich in den Flammen zeigt, ist Teil deiner Antwort. Alles, was du wahrnimmst, während du einzig in die Flammen schaust, ist Teil deiner Antwort. Ebenso alles, was du fühlst, was dabei gerade geschieht, was du auf deine Weise wahrnimmst.

Nachbereitung:

Schreibe zunächst möglichst ungefiltert alles nieder, was du beim Schauen in die Flammen gesehen, erlebt, gehört, gefühlt oder auf welchem Sinneskanal auch immer wahrgenommen hast. Mache gerne auch Skizzen von den Feuerwesen, wenn du im Feuer etwas gesehen hast. Halte alles fest.

Dann lies es dir im nächsten Schritt achtsam durch, nachdem du dir vorab noch einmal deine Frage vergegenwärtigt hast. Spüre dem Aufgezeichneten nach.

Setze dann diese Eindrücke konkret in Bezug zu deiner Frage. Beginne die Antwort zu entschlüsseln. Lasse dich leiten.

Dies kann manchmal auch am folgenden Tag, nachdem du es einfach alles hast sacken lassen, noch einmal ganz anders aussehen, und manches mag vielleicht lange nebulös bleiben, bis die Antwort auf einmal total klar auf der Hand liegt. Sei also bitte geduldig mit dir, wenn du dich in der Divination mit dem Feuer übst. Es ist vergleichbar mit dem Erlernen einer Fremdsprache. Auch da gibt man nicht auf, bis man nicht wenigstens die nötigsten Vokabeln und die Grundgrammatik gemeistert hat. Stete Übung macht den Meister.

Ritual: Deine Kraftwanderung

Du kannst die Urkraft des Nordens und die Tiefe des Waldes in Form von Mythen, alten Glaubensvorstellungen und vor allem durch eigene (schamanische) Reisen, die dir Begegnungen schenken, die dir zeigen, dass du selbst ein wichtiger Teil dieses großen grünen Wunders bist, erleben und für dich nutzen.

Eine große und tief empfundene Zugehörigkeit zum Heiligen Hain kann dich so sehr erfüllen, dass du sie aus der Anderswelt hinein in deinen Alltag tragen, dich von ihr erfüllen lassen und sie mit anderen teilen magst. In der Tradition der Zaunreiterinnen, weisen Seherinnen und Heckensitzer kannst du diese Schwelle von der Alltagswelt zur Anderswelt sehr gut auf einer Kraftwanderung für dich erleben: das eine Bein voll und ganz bodenständig im Hier und Jetzt, das andere im Bereich der feinen Zwischentöne, Botschaften und andersweltlichen Ereignisse inmitten von „Midgard" wandernd.

Dinge, die du benötigst:

Festes Schuhwerk, ggf. eine kleine Flasche Wasser für unterwegs (je nach Länge der Wanderung) und ein paar Nüsse/eine Kleinigkeit zum Essen und Erden für danach.

Vorbereitung:

Nimm dir einige Stunden Zeit, um in einen Wald zu gehen, den du besonders schön findest.

Das Ritual:

- Bitte den Wald am Waldrand um Einlass und benenne ggf. ein Anliegen, für das du dir Kraft/Botschaft/Rat wünschst.

- Betritt bewusst (wie über eine Schwelle aus dem Alltag heraus in etwas vom Alltag Losgelöstes) diesen Wald.

- Wandere umher, lausche und beobachte. Lass dir alle Zeit der Welt und komm selbst zur Ruhe. Achte auf die Zeichen der Natur, die Zeichen am Wegesrand. Sei dir sicher: Du wirst alles wahrnehmen, was für dich wichtig ist.

- Lass dich von der Natur leiten und dich zu einem schönen Platz führen. Dort lass dich nieder und achte ein paar Momente nur auf deinen Atem. Dann lass deinen Blick weich werden, lass ihn umherschweifen – ganz langsam und mit aller Achtsamkeit.[98]

- Achte auf all die kleinen Dinge, die du sonst vielleicht übersiehst: die kleinen Käfer, die über altes Laub klettern; das Rascheln der Mäuse unter dem Laub; die Struktur des Mooses auf dem Baumstamm neben dir; das kunstvoll gewebte Spinnennetz, das im Sonnenlicht glitzert; die Hufspuren im Schlamm; das eine Blatt des Baumes, das anders gefärbt ist als die anderen oder dir gerade zuzuwinken scheint; die Muster auf den Steinen und die Geräusche umhertrippelnder Vogelfüße auf den Ästen über dir ...

- Nimm alles in dich auf – und beginne dann auch dich selbst mit der gleichen Achtsamkeit zu betrachten: deine Atmung, deinen Herzschlag, das Gefühl der Luft auf deiner Haut, das Gefühl der Kleidung auf deiner Haut, die Empfindungen, die beim Betrachten des Lebens im Wald auftauchen ...

---

98 Siehe dazu auch das Utiseta-Ritual auf Seite XX.

- Nimm sowohl das Wunder um dich herum als auch das Wunder in dir selbst wahr. Spüre die Magie, die dich selbst und alle anderen Wesen umgibt und durchdringt ... Lass dieses Gefühl in der Tiefe deines Herzens wirken (und nimm es später mit in deinen Alltag, mit in deine Stadtwohnung, mit dorthin, wo auch immer du bist ...) und dann lasse dich von deinem Herzen und dem Wunder in dir durch das Wunder der Welt leiten. Stehe auf und lasse deine Schritte ganz konkret davon leiten. Setze deine Schritte auf uralte und zugleich ganz neue Wege, spüre das Vergangene und Vergängliche, das Wissen und die Weisheit im Waldboden, durch den sich unzählige Pilzmyzelien und Lebewesen ziehen, Informationen ausgetauscht werden und seit jeher ausgetauscht wurden. Setze jeden deiner Schritte kraftvoll auf dieses Feld von Informationsaustausch, lausche dabei dem Raunen der Welt und entdecke eine Kraft in dir, die dich in eine berührende Verbindung mit dem Wunder des Lebens führt ... Jeder Atemzug voller Zauber, jeder Herzschlag eine Möglichkeit der Verwandlung, jeder deiner Schritte in der Lage, Wissen, Weisheit und (Lebens-)Urkraft in dir aufzunehmen.

- Lasse dich führen, um das zu erleben, zu sehen, zu spüren, was dir an diesem Tag Botschaft und Kraft sein kann.

- Oftmals setzt sich all das Gesammelte erst im Nachhinein als klare Botschaft zusammen, oder die Puzzleteile benötigen ein wenig Raum und Zeit, um schlussendlich an ihren Platz zu fallen. Gehe daher achtsam und bewusst durch den Wald, ohne den Anspruch zu haben, alles ganz direkt verstehen zu müssen.

- Wann immer dein Bauchgefühl dir sagt, es ist genug erlebt, gesammelt, gesehen, bedanke dich dort im Wald bei den hilfreichen Wesen (aus allen Welten) sowie bei allem, was geschah, und mache dich auf den Rückweg. Auch hier kann noch einmal einiges geschehen. Tanke mit jedem Schritt Urkraft des Waldes und Waldbodens. Bedanke dich am Waldrand angekommen für den Einlass, das Erleben und eventuelle Botschaften und verabschiede dich.

- Trinke nun etwas oder nimm ein paar Knabbereien zu dir, um dich klar wieder in deinem Körper ankommen zu lassen (falls dies allein die kraftvollen Schritte des Rückweges nicht getan haben). Und kehre dann nach Hause zurück.

Nachbereitung:

Halte auch hier gern deine Erlebnisse, die Eindrücke an deinem Sitzplatz im Wald, die Emotionen, die dich bewegten, die ganze Wanderung ... was immer dir wichtig erscheint und du bewahren möchtest, in Skizzen und Notizen fest. Wenn du magst, bilde aus all dem zu guter Letzt eine Art Quintessenz, die deine Antwort oder Botschaft bildet. Sie ist zusammengesetzt aus all den Ebenen, die du zwischen den Welten erleben durftest.

Teil V:
Kraft der Seele,
Kraft für heute

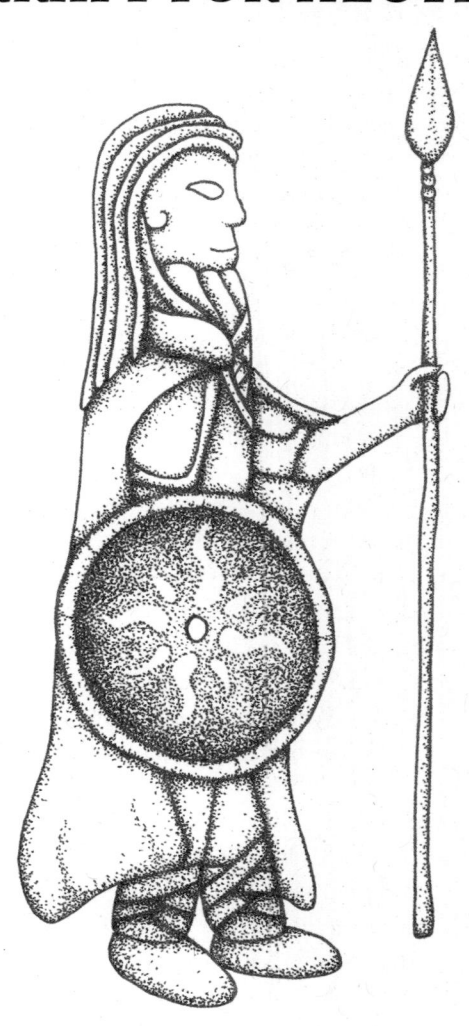

Alle, die vor dir kamen:
Der Weg deiner Ahnen

Ein Dorf am Rande einer sanft geschwungenen Bucht. Flache, etwas windschiefe Hütten mit reetgedeckten Dächern, davor Holzgestelle, auf denen Fische zum Trocknen hängen. Man hört einen Hammer, der auf einen Amboss trifft, hier und dort Gelächter, eine Frauenstimme singt ein sehnsuchtsvolles Lied. Ein großes Langboot und einige kleinere Kähne dümpeln in den seichten Wellen des natürlichen Hafens. Menschen laufen hin und her, tragen Fässer und Säcke, gefaltete Stoffbahnen, Pelze und vieles mehr. Die Gesichter der Menschen sind offen und wettergegerbt, den Händen sieht man die jahrelange harte Arbeit an. Die Felder, die direkt hinter den Hütten beginnen, sind frisch gepflügt, die Saat ist ausgebracht, und heute versammeln sich die Menschen, um den Segen der Götter und Göttinnen zu erbitten, die für ihre Gemeinschaft eine so große Rolle spielen.

Eine der Ältesten erhebt das Wort, spricht von Fruchtbarkeit und der Vereinigung von Gott und Göttin, während ein mit Met gefülltes Horn die Runde macht und jeder einen Schluck nimmt, nachdem er ein paar Tropfen als Opfer auf die Erde geschüttet hat. Dieser Ort ist ein Zuhause, ernährt die Menschen und lehrt sie, wer sie sind. Der Wind trägt die Worte der alten Frau gemeinsam mit den Wünschen der Dorfbewohner davon, über die Felder, über das Meer ... dorthin, wo ein Wesen sie hört, dessen Seele die Weite der Welten durchdringt. Ein Gott, der die Wärme der Sonne auf die kargen Felder lenkt und für neues Leben sorgt.

Ungefähr so kannst du dir die Lebenswirklichkeit deiner Ahnen vorstellen. Von all dieser Lebendigkeit, diesem Glauben und dem Vertrauen ist kaum noch etwas übrig. Ein paar

Nägel, die die Planken des Langbootes zusammenhielten, liegen heute in einem Museum, ebenso wie vielleicht die Brosche der alten Frau, die einst einen Umhang zierte und nun in einer Glasvitrine den Blicken von mehr oder weniger interessierten Besuchern ausgesetzt ist. Von den Hütten sind nur noch Spuren im Boden zu sehen, und die Grenzen der Felder sind nur noch mit Spezialkameras aus Flugzeugen auszumachen. Ein verbeultes Schwert, rostig und ohne den sorgfältig gefertigten Griff, den es früher einmal trug, ist das Highlight einer Ausstellung. Aber vom Leben der Menschen, von ihren Schicksalen sind nur noch Ahnungen geblieben. Und doch – so würde wohl die Älteste des Dorfes dir sagen, wenn sie könnte – liegt das Land weiterhin unter deinen Füßen, doch berührt der Wind dein Gesicht, doch kannst du die Stimmen der Vögel hören und die Wellen sehen, die am flachen Strand sanft heranrollen.

SCHUTZGEIST IN SICH WANDELNDER GESTALT

All das Göttliche (beziehungsweise all das von unseren Ahnen als göttlich Angesehene) ist noch da … und mit jedem Schritt bewegst du dich in einer Welt, die erfüllt ist von Leben und Heiligkeit, wirst begleitet von einem Schutzgeist, der durch alle Zeiten von deinen Vorfahren zu dir weitergewandert ist. Dieser Schutzgeist war für die Menschen alter Zeiten eine Selbstverständlichkeit: ein sogenannter Folgegeist, ein vom Leib losgelöstes Seelenwesen, eine *Fylgja*[99].

Gesehen werden kann diese Fylgja meist nur von Sehern oder Seherinnen in Trance, oder aber im Traum und zum Zeitpunkt des eigenen Todes beziehungsweise in großer Gefahr. Dann taucht sie entweder in Gestalt einer bewaffneten Frau auf, als schemenhaftes Abbild des eigenen Körpers oder aber in Tiergestalt. Aufgrund dieser Vielschichtigkeit wird die Fylgja

---

99 Der Begriff *Fylgja* oder *Fylgjur* kommt aus dem Altnordischen und bedeutet so viel wie „etwas folgt, kommt nach".

auch manchmal als *Hamingja*[100] bezeichnet, was so viel wie „Gestaltwandler" oder „Gestaltwandlerin" bedeutet. Dieser Folgegeist kann also unterschiedliche Formen annehmen – Formen, die in gewisser Weise (durch ihre jeweilige Erscheinung oder Beschaffenheit) Botschaften weitergeben können.

Das Konzept der Fylgja ist nicht philosophisch ausgearbeitet worden (oder diese Ideen haben sich im Laufe der Zeit verloren), wie überhaupt die Seelen- und Jenseitsvorstellung im germanischen Bereich nicht so dezidiert ausformuliert wurde wie beispielsweise im christlichen Kontext. Daher bleibt heute so manches unklar, was einige Historiker zu der Vermutung geführt hat, dass diese Unklarheit schon damals bestand, als diese Vorstellungen noch sehr lebendig waren, beziehungsweise dass mehrere Glaubensvorstellungen nebeneinander existierten. Und das ist vielleicht etwas, was bei der Betrachtung der Mythen, der Überreste von Religionsausübung und Ideengeschichte generell hilfreich sein kann: Es ist höchst unwahrscheinlich, dass alle Völker, alle Stämme, alle Kulturen des nordischen Europas die exakt gleichen Vorstellungen hatten und die Göttinnen und Götter in der genau gleichen Weise gesehen haben. Wir denken eher, dass dies von Region zu Region sehr unterschiedlich war, was unter Umständen auch dazu geführt hat, dass es verschiedene Versionen ein und desselben mythologischen Motivs gibt. Mit relativ großer Wahrscheinlichkeit kann man aber in Bezug auf die Fylgja festhalten, dass sich die Seelenvorstellung der nordischen Kulturen stark von der christlichen Variante unterschied: Die Fylgja verlässt beim Tod den Körper des Menschen und kann eigenständig existieren oder aber auf Verwandte übergehen und diese damit stärken. Das heißt, dass die Kraft des Verstorbenen auf seinen Nachfahren übergeht und ihm fortan als Schutzgeist dient. Eine interessante Vorstellung, die letztlich auch bedeutet, dass jeder Mensch über ein sehr direktes Band zu seinen Vorfahren verfügt und

---

100 Abgeleitet von *Ham-gengja:* Wesen, die ihre Gestalt *(Hamr)* „gehen" lassen können. Vgl. Rudolf Simek: Lexikon der germanischen Mythologie, S. 167

in gewisser Weise von ihren Erfahrungen und ihrem Wissen profitiert.[101] Die eigene Seele steht in Verbindung mit den Seelen der Ahnen, ist ganz stark in die Vergangenheit, in den Ursprung verwoben.

Zugleich ist die Fylgja aber ein eigenständiges Wesen, was es vielleicht ein wenig erschwert, es gedanklich zu greifen. Möglicherweise geht es hier um eine Symbiose zwischen Seelen, die sich gegenseitig stärken und gemeinsam wachsen, weil ja im Laufe der Generationen immer mehr Seelenanteile zur Fylgja „hinzugerechnet" werden.

Es wird angenommen, dass manche Menschen eine Fylgja haben, andere hingegen mehrere. Manche Fylgjas sind schwach, andere stark, was sich wiederum auf die Stärke und auch das Glück des jeweiligen Menschen auswirkt. Und ein weiteres spannendes Detail: Ganz gleich, welches Geschlecht der Verstorbene hatte, seine sich nach dem Tod zeigende Fylgja scheint nahezu immer weiblich zu sein, was auf die Wertschätzung des Weiblichen als fruchtbare Quelle des Lebens hinweist, wofür unser aller Ahnen offensichtlich einen Sinn hatten. Wie sehr die Fylgja mit dem Menschen verbunden ist, wie sehr sie dem „Ich" zugehört und wie sich die Eigenständigkeit dazu verhält – all das fällt in den Bereich dessen, was niemand mehr sagen kann, der es nicht selbst erfahren hat.

Wir vermuten jedenfalls, dass die Fylgja als Abbild des eigenen Körpers, also sozusagen als geistiger Doppelgänger, derjenige Teil der eigenen Seele ist, der im Traum oder auch bei einer schamanischen Reise agiert. Dass hat uns zu dem Gedanken geführt, dass die nordischen Kulturen vielleicht nicht von einer in sich geschlossenen Seele ausgingen, sondern von verschiedenen miteinander verwobenen und interagierenden Seelenanteilen (und zwar sowohl Ahnenanteilen als auch ganz individuellen Elementen). Dies ist eine weitverbreitete Vorstellung bei schamanisch geprägten Kulturen auf der ganzen Welt.

---

101 Du kannst dich diesem Band (erstmals) widmen oder es für dich stärken mit unserem Ritual zum Ahnenboot auf S. 230 ff.

Auch bei diesem Thema gibt es nur sehr wenig Vorgefertigtes, und dir fällt für die eigene Beschäftigung damit wieder einmal die Aufgabe zu, dir selbst Gedanken dazu zu machen:

Wie stehst du in Kontakt zu deiner Ahnenlinie?

Was haben deine Ahnen an dich weitergegeben?

Was davon kannst du wertschätzen und mit was möchtest du lieber nichts zu tun haben?

Wo liegen deine Wurzeln?

Welchen Weg – materiell oder ideell – haben deine Ahnen dir geebnet?

Was wirst du an kommende Generationen weitergeben?

Fühlst du dich so, als stände deine Ahnenreihe geschlossen hinter dir?

Stehst du hinter denen, die dir nachfolgen?

Gibt es Momente, in denen du die Kraft deiner Fylgja spüren kannst?

Was mögen wohl die frühesten Erinnerungen deiner Fylgja sein?

Was trägst du zur Kraft und Weisheit deiner Fylgja bei?

Was soll sie denen, die dir nachfolgen, mit auf den Weg geben?

Bist du eine/r oder viele?

Gibt es mehrere Stimmen in deiner Brust?

Ist deine Seele ein rein individuelles Phänomen oder könntest du dir vorstellen, dass es sich auch um eine Symbiose aus vielen verschiedenen Anteilen handeln könnte, die miteinander interagieren?

Wie auch immer du die Fylgja siehst, es steht wohl fest, dass es da irgendeine Art der Verbindung zu deinen Ahnen gibt. Wären sie nicht gewesen und hätten sie ihr Leben nicht zumindest so weit gemeistert, dass sie Kinder in die Welt setzen konnten, gäbe es dich heute nicht. Diese Verbindung bezieht sich jedoch nicht ausschließlich auf den Körper, also auf die Gene, die weitergegeben wurden. Es gibt hierbei – und diese Ebene ist für dieses Buch weit wichtiger – eine seelische Komponente, die ein kaum näher zu beschreibendes Mosaik aus Erinnerungen, Sehnsüchten, tief wurzelnden Kräften und einem geheimnisvollen Raunen aus längst vergangenen Tagen bildet – irgendetwas, das in dir lebendig ist und dich wahrscheinlich auch dazu gebracht hat, ein Buch wie dieses hier überhaupt zu lesen. Und dieses komplizierte Mosaik mit all seinen unterschiedlichen Bestandteilen ist vielleicht mit dem Wort „Fylgja" gut umrissen. Eine Fylgja, die dir immer wieder einmal etwas zuflüstert, die dich das Land und das Meer, die Wälder, Berge und Seen, die Bäume und Tiere mit anderen Augen sehen lässt.

Offenheit, Gastfreundschaft und andere hochgehaltene Werte

Die Wege deiner Ahnen waren zu der Zeit, in der die Glaubensvorstellungen, mit denen wir uns hier befassen, entstanden und tatsächlich gelebt wurden, sehr vielschichtig. Deine Ahnen waren keine Wilden, auch wenn andere Völker sie vielleicht so gesehen haben mögen. Sie waren zwar Krieger (und darin wahrscheinlich ziemlich gut), aber vor allem jedoch Bäuerinnen und Bauern, Handwerker, Händler, Künstlerinnen und Dichter, Priester und Seherinnen, Kräuterkundige und insgesamt Menschen, deren Alltag von ihren Mythen durchdrungen war. Vereint hat sie wohl auch ein großer Freiheitsdrang und die Ablehnung von Dogmen, weshalb viele Wege und Ansichten nebeneinander existieren konnten. Eine kohärente Philosophie, die logisch und widerspruchsfrei aufeinander aufbaut, haben diese Menschen nicht entwickelt – ihre Weltsicht wurde von

Geschichten bestimmt, die immer weitererzählt wurden und sich lebendig veränderten, bis sie dann irgendwann doch jemand niederschrieb. Doch auch wenn es keine ausformulierte Moralphilosophie gab, konnten sich diese Menschen dennoch auf gewisse Werte einigen, die auch heute noch bedenkenswert sind. Einige dieser Werte sind im Havamal versammelt, einer Schrift aus dem Codex regius, die im 13. Jahrhundert entstand, aber wie alle Texte, die in diesem Buch eine Rolle spielen, auf viel älteren Quellen beruht. Das Havamal wird auch „Die Sprüche des Hohen" genannt, weil es angeblich Odin war, der diese Sinn- und Merksprüche an die Menschen weitergab, um ihnen zu vermitteln, was für ein ehrbares und gutes Leben notwendig sei.

Manchmal wird diese Schrift auch als „Das alte Sittengedicht" bezeichnet, was ziemlich deutlich darauf hinweist, dass es hier ausnahmsweise nicht um Geschichten, sondern viel eher um echte Ermahnungen geht.

Die Themen des Havamals sind breit gefächert, grundsätzlich dreht sich aber alles um recht praktische Dinge des täglichen Lebens und um Tugenden wie Fleiß, Klugheit, Gastfreundschaft, Ehrlichkeit, Tapferkeit, Bescheidenheit, Genügsamkeit, Freundschaft und Großherzigkeit. Zynischen Zeitgenossen mögen diese Werte überholt vorkommen, doch glauben wir, dass sie immer noch das Leben des Einzelnen wie auch der Gemeinschaft bereichern.

Ein hohes Gut war die Gastfreundschaft, die ja auch Odin immer wieder in seiner Grimnir-Gestalt erprobt und dabei die Herzen der Menschen prüft. Daher spricht auch das Havamal von dieser Tugend und misst ihr eine große Bedeutung zu:

> *„Heil den Gebern!*
>
> *Ein Gast trat ein.*
>
> *Sagt, wo er sitzen soll!*
>
> *Nicht behaglich hat's,*
>
> *wer auf dem Holz sein Glück versuchen soll.*

Feuer braucht,

wer fernher kam,

an den Knien kalt;

Gewand und Speise

der Wanderer braucht,

der übers Hochland hinzog."[102]

Der Gast soll also einen guten Platz am Feuer bekommen, dazu trockene Kleidung und etwas zu essen. Dabei ist mit „Gast" hier ein jeder Mensch gemeint, der an die Tür klopft, auch Fremde. Und sollte man selbst einmal Gast sein, hat das Havamal ebenfalls Ratschläge parat, wie man sich zu benehmen habe:

„Nicht klebe man am Becher,

trinke Bier mit Maß,

spreche gut oder gar nichts;

niemand wird dein Benehmen tadeln,

gehst du bald zu Bett."[103]

Der kluge Austausch untereinander („spreche gut oder gar nichts"), die gegenseitigen Besuche, das Pflegen der Freundschaft sind der soziale Kitt, der die Gesellschaft zusammenhält:

„Wenn du einen Freund hast,

dem du fest vertraust

und von dem du Gutes begehrst,

tausch mit ihm Gedanken

und bedenk ihn mit Gaben,

suche oft ihn auf!"[104]

---

102 Havamal 2 und 3
103 Havamal 12
104 Havamal 40

Die Gesellschaftsform unserer Ahnen konnte sich keinen isolierten Individualismus leisten, wie er heute so oft zu finden ist. Man musste sich mit anderen verbinden, musste sich in Notzeiten auf sie verlassen können. Grundbedingung dafür war Ehrlichkeit – eine Forderung, die auch im sogenannten „Dritten Sittengedicht", das ebenfalls zum Havamal gehört,[105] deutlich anklingt:

> *„Das rat ich zum ersten,*
> *dass du rechtschaffen dich*
> *gegen deine Nächsten benimmst ...*
>
> *Das rat ich zum anderen,*
> *dass du Eide nicht schwörst,*
> *die der Wahrheit zuwider sind ..."*[106]

Hier muss man allerdings sagen, dass solche Ratschläge aus dem Mund Odins schon ein wenig seltsam anmuten, ist er doch jemand, der es mit Eiden nicht so genau nimmt und für seinen eigenen Vorteil gern die Wahrheit zurechtbiegt. Etwas, was ihn des Öfteren mit seinem Sohn Thor in Konflikt bringt, der solche Dinge weitaus ernster nimmt. Was Ehrlichkeit und Gerechtigkeit angeht, sollte man sich im nordischen Pantheon daher besser an Thor halten oder sich mit Tyr befassen.

DER GOTT DES KRIEGES
UND DER GERECHTIGKEIT

Die Edda erzählt, dass Odin und seine Brüder die Welt aus Ymirs erschlagenem Körper geschaffen haben und somit die ersten Götter gewesen seien. Doch Tyr ist nachweislich ein viel älterer Gott beziehungsweise eine viel ältere Vorstellung einer Göttergestalt, die schon als großer Himmelsvater der Indo-

---

105 Dieses sogenannte „Dritte Sittengedicht" ist jüngeren Ursprungs und trägt schon christliche Einflüsse in sich.
106 Havamal, Drittes Sittengedicht 1 und 2

europäer bekannt gewesen sein dürfte. Sein Name, der auch als *Ziu* oder *Tiuz* auftaucht und der so viel wie „der Leuchtende" bedeutet, lässt sich in vielen Götternamen wiederfinden: Das rekonstruierte urgermanische Wort *Teiwaz* oder *Tiwaz* ist verwandt mit dem griechischen *Zeus*, dem kleinasiatischen *Tiyaz* oder auch *Dyauh*, was in den vedischen Schriften des alten Indiens auftaucht. All diese Begriffe bezeichnen Sonnen- oder Himmelsgötter ihrer jeweiligen Kulturen und meinen stets auch den Vater aller Götter oder den Vater allen Seins. Es sind jedoch keine Namen im eigentlichen Sinne, sondern bedeuten ganz allgemein „Gott". Auch das lateinische Wort *deus* für „Gott" leitet sich aus den gleichen Wortwurzeln ab.

Im Laufe der Zeit ist Tyr jedoch verdrängt worden und hat dann nicht mehr die Rolle des Himmelsvaters inne, sondern wird zum Gott des Krieges, der Gerechtigkeit und des Things, also der Volks- und Gerichtsversammlung. Letzteres ist eine Aufgabe, für die er wie geschaffen ist, denn an Tyr ist – ganz anders als bei Odin – nichts zweideutig. Er hat keine dunkle Seite, die Dinge verheimlicht, listig ist oder den eigenen Vorteil sucht. Tyr ist geradeheraus, unbestechlich und völlig dem ergeben, was die Ordnung aufrechterhält. Er ist die personifizierte Tugend und wäre als Sprecher des Havamal weit besser geeignet als Odin.

Die berühmteste Geschichte, die sich um Tyr dreht, beschreibt dessen Qualitäten recht eindrücklich, daher sei sie auch hier kurz wiedergegeben:

Loki hat mit der Riesin Angrboda drei Kinder, von denen eines der Fenriswolf ist – ein Tier von unglaublicher Stärke, das immer weiter wächst. Als die Asen ihn zum ersten Mal erblicken, wollen sie ihn aufgrund seiner Wildheit erschlagen, doch Odin will ihn lieber zähmen und ihn im Kampf gegen die Riesen einsetzen. *Baldur* setzt sich für den jungen Wolf ein und weist darauf hin, dass Asgard ein heiliger Ort sei, an dem niemand einfach erschlagen werde – und auch Thor findet es ehrlos, einen Welpen zu töten. Aber allesamt fürchten sie den Fenriswolf und seine Kraft, alle außer Tyr, der sich irgendwie mit dem Wolf anfreundet und sich ihm gefahrlos nähern kann. Die Götter beschließen daraufhin, den Wolf zu fesseln und sich so vor seiner Kraft zu schützen. Sie fertigen eine starke Kette an und überreden den Wolf, sie sich als Kraftprobe anlegen zu lassen, doch Fenris zerreißt sie wie einen Bindfaden. Daraufhin stellen sie eine doppelt so starke Kette her, die der Wolf wiederum mit Leichtigkeit zerreißt. In solchen Momenten können eigentlich nur noch die Zwerge helfen, die in ihren Schmieden ein mit machtvollen Zaubern versehenes Band herstellen, was dann dem Fenriswolf umgelegt werden soll. Doch der Wolf ahnt, dass hier etwas faul ist und er mit einem Zauber betrogen werden soll. Um auf Nummer sicher zu gehen, stimmt er dem Anlegen des Bandes zu, aber nur, wenn einer der Götter dabei eine Hand in sein Maul legt. Niemand will das tun, nur Tyr erklärt sich bereit – wahrscheinlich schon von einem schlechten Gewissen bewegt.

Er legt seine rechte Hand in das Maul des Wolfes, die anderen Götter fesseln Fenris … und tatsächlich kann er sich nicht aus eigener Kraft befreien. Er zerrt und tritt um sich, und die Götter lachen, haben sie es nun doch geschafft, den Wolf hereinzulegen und ihn zu bändigen. Der Einzige, der nicht lacht, ist Tyr. Nicht aus Angst um seine Hand, sondern weil er findet, dass sich ein solches Verhalten nicht gehört. Schon gar nicht für Götter. Und Fenris, der sich nicht mehr zu helfen weiß, beißt zu, sodass Tyr fortan als der einhändige Gott bekannt ist.

Diese Geschichte zeigt, wie sehr Tyr an der Erhaltung der Ordnung interessiert ist. Er hätte seine Hand frühzeitig aus dem Maul ziehen können, er hätte mit den anderen Göttern lachen können … doch er hat sein Wort gegeben. Und dies ist bindend. Daher lässt er sich lieber die Hand abbeißen, anstatt sich mit List und Tücke aus der Situation herauszuwinden. Er übernimmt Verantwortung für sein Tun und stellvertretend auch für das Tun der anderen Götter. Das macht ihn zum Gott der Gerechtigkeit, der jedem Thing symbolisch vorsitzt und dessen fehlende Hand einen jeden daran erinnert, dass

Handeln Konsequenzen hat und niemand von solchen Folgen seines Tuns ausgenommen ist. Die fehlende Hand ist Ausdruck von Ehrlichkeit, Unparteilichkeit und dem Opfern des eigenen Vorteils zum Wohle der großen Ordnung.

Tyr beteiligt sich an der Fesselung des Fenriswolfes, weil er weiß, dass der Wolf gefährlich ist. Zugleich hat er aber ein ganz starkes Empfinden dafür, dass hier etwas falsch läuft und dass ein Tier (oder genauer gesagt ein Welpe, also ein Kind) mit List übervorteilt wird. Diese Falschheit verlangt einen Ausgleich, in diesem Fall Tyrs Hand.

Dass diese Geschichte überliefert wurde, lässt tief in die Vorstellungen von Gerechtigkeit und Ehrlichkeit der nordischen Kulturen blicken. Auch wenn es viele Geschichten um Odins und Lokis Listigkeit gibt, ist hier doch ganz klar benannt, was richtiges Handeln bedeutet: einzustehen für das, was man tut; aufrecht stehen; sich einsetzen für das große Ganze; der Ordnung gemäß handeln und ehrbar bleiben. Nichts war für die Menschen in jenen Zeiten schlimmer als die Vermutung, sie könnten unehrenhaft sein. Der gute Ruf war wichtig, und man konnte nicht einfach behaupten, dass Erkenntnisse, die andere über das eigene Verhalten gewonnen hatten, nur „Fake-News" seien. Man musste sich der Wahrheit stellen – und diese Wahrheit war das oberste Gebot!

Lieber opferte man die Hand oder auch das eigene Leben, statt ehrlos dazustehen. Dazu passt auch ein weiterer Vers des Havamal:

> „Der feige Mann glaubt immer zu leben,
> wenn er dem Kampf ausweicht;
> doch das Alter gibt ihm keinen Frieden,
> auch wenn ihn die Speere gewähren."[107]

---

[107] Havamal 54, hier in der Übersetzung von Arnulf Krause aus dem Buch „Die Weisheit der Wikinger", S. 31

Die Lüge, also die Feigheit vor der Wahrheit, das ehrlose Verhalten, der mangelnde Mut, zu seinem eigenen Tun zu stehen – all das lohnt sich nicht, denn es schenkt keinen Frieden. Man weiß ja, dass falsch war, was man getan hat … und dieses Wissen wird einen bis auf das Totenbett verfolgen. Dies ist kein leeres Geschwätz von Ehre, die nur so tut, als würde sie existieren. Die nordischen Kulturen waren sich offenbar sehr bewusst, dass Ehre mit dem eigenen ehrbaren Verhalten beginnt und nicht mit vielen Worten darüber.

> *„Froh lebt,*
>
> *wer freigebig und kühn,*
>
> *selten quält Sorge ihn;*
>
> *Furcht hegt immer*
>
> *der feige Mann …"*[108]

Im Mythos von Tyr und dem Fenriswolf, und ebenso im Havamal, zeigt sich eine praktische Lebensphilosophie, die relativ einfach gestrickt scheint, die aber dennoch alle Bereiche des Lebens berührt und jeden Menschen auffordert, wirklich erwachsen zu sein und Verantwortung zu übernehmen. Eine Forderung, die jeder funktionierenden Gesellschaft zugrunde liegen sollte und die uns Menschen in jedem Augenblick mit wichtigen Fragen konfrontiert:

> *Kannst du die Wahrheit sagen, auch wenn diese Wahrheit unangenehme Folgen für dich haben könnte?*
>
> *Kannst du zu deinen Fehlern stehen und Verantwortung für sie übernehmen?*
>
> *Kannst du mutig unangenehmen Dingen und Situationen entgegenschreiten?*

---

108 Havamal 53

Kannst du das, was du als falsch oder nicht heilsam erkannt hast, wirklich lassen? Kannst du das Gute tun, auch wenn andere dabei über dich lachen?

Kannst du geben, ohne haben zu wollen?
Kannst du anderen den Vortritt lassen und dich für sie freuen?

Kannst du ein echter Freund, eine echte Freundin sein?

Es mag eine einfache Ethik sein, aber es ist eine, die unserer Meinung nach gut funktioniert und an deren Ansprüchen jeder Mensch wachsen kann.

Das Ragnarök-Missverständnis: Weltenbrand oder Kreislauf des Lebens?

E in gewaltiger Winter, der drei Jahre andauert und in dem sich die menschlichen Königreiche gegenseitig zerfleischen, während Neid, Gier und Missgunst herrschen, geht der eigentlichen Ragnarök voraus. Frostriesen regen sich und bringen immer eisigere Kälte nach Midgard, der Fenriswolf zerrt mit immer größerer Kraft an seiner Kette, die Midgardschlange Jörmungandr wühlt das Meer auf, und auch die Götter und Göttinnen rüsten sich zum Gefecht. Die Elben frieren erbärmlich und die Zwerge verlassen ihre schützenden Erdhöhlen, in die sie danach nicht mehr zurückfinden und verloren durch die Welten ziehen. Alles wankt, alles bebt und Yggdrasils Äste brechen, nachdem die Nornen es nicht mehr schaffen, den Weltenbaum zu nähren. Loki befreit sich und dann auch den Fenriswolf, der auf Rache an seinen Peinigern sinnt. Heimdallr stößt nun in sein Gjallarhorn ... und das Ende nimmt seinen Anfang. Götter und Göttinnen kämpfen gemeinsam mit den gefallenen Helden aus Walhall gegen Riesen und eine Armee von Toten, die Hel aus ihrem Reich hinausgelassen hat. Jörmungandr greift Thor an, der die große Schlange zwar erschlagen kann, aber letztlich an ihrem Gift zugrunde geht. Freyr fällt im Kampf gegen den Feuerriesen *Surt*, Tyr und der Unterwelthund *Garm* bringen sich gegenseitig um, ebenso wie Heimdallr und Loki. Alle Ordnung zerbricht, Sonne und Mond werden von zwei riesigen Wölfen gefressen, und auch die Sterne verblassen oder kommen von ihrer Bahn ab und verschwinden in den Weiten des Alls. Die Welten liegen im Dunkeln und Surt setzt alles in Brand, vertilgt alles, lässt Asgard niederbrennen und auch Midgard zu Asche werden. Dann stürzt Yggdrasil ins große Weltenmeer, dessen von

Jörmungandr aufgepeitschte Wellen alles in die Tiefe ziehen. So wird in der großen Ragnarök-Sage der Untergang der Götter und ihrer Welt geschildert.

Man kann den nordischen Völkern beim besten Willen nicht vorwerfen, dass sie keinen Sinn für Dramatik gehabt hätten! Doch das oben Geschilderte ist nur die halbe Geschichte, wird aber oft so erzählt, als wäre Ragnarök das absolute Ende, der vollständige Untergang. Das mag an Richard Wagner liegen, dessen Opernzyklus *Der Ring der Nibelungen* mit dieser Götterdämmerung abschließt und der den letzten Vorhang der Aufführung genau dann fallen lässt, wenn alles in Schutt und Asche liegt. Diese Art der Darstellung hat sich offenbar tief ins kollektive Bewusstsein eingeprägt und letztlich der nordischen Mythologie zu einem düsteren und nihilistischen Ruf verholfen. Diesen hat sie genauso wenig verdient wie den Vorwurf, dass sie fatalistisch sei, was sich vor allem durch eine einseitige Interpretation der Aufgabe der Nornen hartnäckig gehalten hat.

Ragnarök ist nicht das pessimistische Ende allen Seins – nein, die Geschichte geht wie gesagt weiter. Die Sonne hatte, bevor sie verschlungen wurde, noch eine Tochter geboren: eine kleine Sonne, die nun wächst und heller wird und dadurch auch die Sterne zurück in ihre Bahn lockt. Diese neue Sonne wärmt die Fluten, in denen zuvor alles versunken war, und eine neue Welt erhebt sich aus den Wellen, noch grüner und schöner, als es die alte je war! In der See tummeln sich Fische und Robben, große Viehherden ziehen übers Land, glitzernde Flüsse und Seen bieten klares, belebendes Wasser, eine Unzahl verschiedenster Vögel kreisen am Himmel und sitzen in den Ästen der neu entstehenden Bäume.

Auch einige der Asen haben überlebt, zum Beispiel die Söhne von Thor ebenso wie einige andere Söhne Odins. Und aus den Tiefen Hels entsteigen Baldur und *Hödur*, friedlich vereint – ein wunderbares Bild dafür, dass Versöhnung neues Leben hervorbringt. Sie bauen die Hallen Asgards wieder auf, doch diesmal ohne Schilde und Schwerter an der Wand, sondern geschmückt mit grünem Blattwerk und farbenprächtigen Blumen. Und da eine Wurzel Yggdrasils ebenfalls überlebt hat, wächst auch der Weltenbaum wieder, sodass alle Welten wieder ihren Platz finden. Und dort, an der Wurzel Yggdrasils, haben auch zwei Menschen namens *Lif* (das Leben) und *Lifthrasir* (der nach Leben Strebende) den Weltenbrand überstanden und erheben sich nun staunend in eine neue grüne Welt, die sie dann mit jeder Menge Kinder wieder bevölkern.[109]

Einen echten „Cliffhanger" haben die Mythen da auch noch zu bieten, denn auch Niddhöggr, der schlangenartige Drache, der immer schon an Yggdrasils Wurzeln gekaut hat, überlebt ebenfalls, erhebt sich in die Lüfte und fliegt gemeinsam mit einigen Toten aus der vergangenen Schlacht auf seinem Rücken davon. Er verschwindet hinter dem Horizont und niemand weiß, was dann passiert. Du kannst dir vielleicht vorstellen, wie nach dieser Szene einfach „Fortsetzung folgt …" eingeblendet wird und der Abspann läuft.

Genau dieses „Fortsetzung folgt …" ist aber das eigentlich Entscheidende in der Geschichte um Ragnarök: Es ist nicht das Ende von allem, sondern nur das Ende eines Zyklus, aus dem ein neuer Zyklus hervorgeht. Und dieses Werden, Vergehen und erneute Werden wird immer so weitergehen. Ragnarök ist eine Verwandlung und ein Neubeginn, der gut zu einer spirituellen Weltsicht passt, die ihr Wissen aus der tiefen Schau der Natur geschenkt bekommen hat und die nicht versucht, die Realität der Vergänglichkeit zu negieren oder in irgendeiner Weise zu verniedlichen. Diese Weltsicht kann Vergänglichkeit annehmen, weil sie immer wieder beobachtet hat, wie die Jahreszeiten ineinander übergehen, wie auf den Winter wieder ein Frühling folgt und die Pflanzen, die tot schienen, wieder neues Grün hervorbringen. Sie hat Bärenmütter gesehen, die im frühen

---

109 Dass die beiden Menschen versteckt in den Wurzeln Yggdrasils überlebt haben, zeigt einen Rückgriff auf die erste Schöpfung der Menschen aus zwei Holzstücken. Auch hier – in der neuen Welt nach Ragnarök – sind die Menschen mit dem Holz des Baumes verbunden.

Winter allein in einer Höhle verschwinden und bei den ersten Strahlen der Frühjahrssonne begleitet von zwei oder drei Bärenkindern wieder ihre Nasen hervorstrecken. Diese Weltsicht versteht die kosmischen Kräfte als Zyklen, als rhythmisches Auf und Ab wie Ebbe und Flut, ein ewiger großer Kreislauf von Geburt, Wachstum, Fülle und Fruchtbarkeit, Alter, Tod und Wiedergeburt in einer anderen Form. Ein Kreislauf, dem sich selbst die Götter und Göttinnen nicht entziehen können, die in den Mythen trotz all ihrer Macht als verwundbar dargestellt werden. Sie verfügen über keine angeborene Unsterblichkeit, sondern bleiben nur jung, weil sie die Äpfel aus Idunas Garten zur Verfügung haben. Odins beständige Sorgen um die Zukunft, sein Sammeln der Krieger und die Vorbereitung auf Ragnarök zeigen sein Wissen um diese Gesetzmäßigkeiten. Und auch die Mauer um Asgard, die nie wirklich fertiggestellt wurde, ist ein Sinnbild für diese Zusammenhänge: Immer klafft dort eine Lücke, in die die Vergänglichkeit eindringen kann.

Die Göttinnen und Götter sterben, die Sonne verlischt, die Menschen und Tiere vergehen ... und doch kehrt das Leben zurück, beginnt in anderer Form neu, gestaltet sich um, nutzt das Alte wie Kompost und beginnt schöner als je zuvor zu blühen.

Das ist nun wirklich alles andere als pessimistisch oder gar nihilistisch.

Wenn du diese Weltsicht auf dich und dein Leben beziehst, kannst du manche Ereignisse oder Entwicklungen vielleicht mit anderen Augen betrachten:

> *Gibt es Episoden in deinem Leben, in denen etwas mehr oder weniger tragisch endete, wodurch aber letztlich Platz für Neues geschaffen wurde?*
>
> *Kannst du dir vorstellen, dass Vergänglichkeit eine notwendige Voraussetzung für einen Wandel ist?*

Ist das Festhalten an Altem, nicht mehr Funktionierendem hilfreich, um zu wachsen?

Kannst du im Loslassen eine gewisse Freiheit spüren?

Kannst du das zyklische Muster von Werden und Vergehen und erneutem Werden in deinem Leben beobachten?

Und noch viel wichtiger: Kannst du es wertschätzen?

Solch ein Annehmen der Vergänglichkeit und ein bewusstes Eintauchen in die zyklische Realität des Seins kann dich von vielen etwaigen Ängsten befreien, letztlich auch von der Grundangst der meisten Menschen, der Angst vor dem eigenen Vergehen, dem eigenen Tod. Dieses Annehmen kommt einer Begegnung mit der Vergänglichkeit gleich, einer Begegnung, die verändert und die im Mythos von Baldur und seinem Tod (der Ragnarök in letzter Konsequenz auslöst) ein sehr spannendes Bild zeichnet. Damit wollen wir uns im nächsten Kapitel beschäftigen.

BALDUR UND DAS LICHT
EINER NEUEN WELT

Im Gegensatz zu Freyr, der klar erkennbar als Fruchtbarkeitsgott agiert, oder Thor, der als Beschützer Asgards und Midgards tätig ist, hat Baldur keine so deutliche Funktion. Er ist der Sohn Odins und wird als der schönste, hellste und strahlendste Gott des nordischen Pantheons angesehen, scheint darüber hinaus aber nicht gerade mit besonderen Fähigkeiten gesegnet zu sein.

Ein Gott ohne Funktion scheint recht ungewöhnlich zu sein, denn warum hätten die Menschen an ihn glauben oder ihn verehren sollen? Man muss aber festhalten, dass es verschiedene Blickwinkel gibt, unter denen man ihn betrachten kann. Snorri Sturluson stellt ihn einfach als den guten und hellen Gott dar, wobei sein Bild von Baldur eine starke Ähnlichkeit zu Christus aufweist. Wie schon erwähnt, war Snorri Christ, weswegen seine Interpretation durchaus nachvollziehbar wäre. Hier ist Baldur kein Krieger, sondern einfach ein Gott, der mit seiner Anwesenheit alle Wesen erfreut und als Quelle alles Guten angesehen wird beziehungsweise ähnlich wie Christus als das Licht, das in die Welt gekommen ist.

Saxo Grammaticus, ein dänischer Geschichtsschreiber des 12. Jahrhunderts, sah Baldur dagegen als einen großen Krieger und strahlenden Helden, vergleichbar mit Siegfried aus dem Nibelungenlied. Zu dieser Sichtweise könnte auch Baldurs Name passen, der auf die Wortwurzel *baldr* zurückgeht, die sowohl „Herrscher" und „Fürst" als auch „Mut" und „Beherztheit" bedeuten kann.

Doch ob er nun ein friedliebender Lichtgott oder ein strahlender Krieger war, der eigentliche Grund für seine Wichtigkeit und seine Verehrung war ein völlig anderer: Baldur entpuppt sich im Laufe der Mythen als DAS Symbol der Hoffnung –

etwas, woran sich Menschen auch in schwierigen Zeiten festhalten konnten, ein Licht am Ende des Tunnels.

Er war also kein Gott, dem täglich geopfert wurde oder dem man sein Leben weihte. Dafür spricht die Tatsache, dass sein Kult nicht sehr verbreitet war. Es gibt nur wenige Ortsnamen, wie zum Beispiel Baldersberg in Schweden, die offenbar auf ihn zurückgehen, aber es gibt auch ein Baldershagen in Norwegen, was auf einen Hag hinweist, also eine Einfriedung. Solche Einfriedungen waren oft eine Art Tempelbezirk, in dem keinem Tier oder Menschen ein Leid zugefügt werden durfte; eine wahre Friedensstätte, vergleichbar mit den Einfriedungen der keltischen Göttin beziehungsweise christlichen Heiligen Brigid. Solche Orte würden eher für Snorris Theorie eines friedliebenden Gottes sprechen als für die Kriegerthese Saxo Grammaticus', wenn man sich auch schwer vorstellen kann, dass die skandinavischen Kulturen, die die berüchtigten Wikinger hervorgebracht haben, einen Gott verehrten, der kein Krieger war.

Mythologisch eindeutig ist zumindest seine Abstammung: Als Sohn von Odin und Frigg leuchtet er weithin, und jeder scheint ihn zu lieben. Vor allem seiner Mutter Frigg liegt er am Herzen, sodass sie – wie schon im Kapitel über Loki beschrieben – alle, einschließlich aller Dinge und Pflanzen, einen Eid schwören lässt, Baldur niemals zu verletzen. Nur die Mistel vergisst sie dabei, was Baldur letztlich zum Verhängnis wird.[110]

Die anderen Götter machen sich einen Spaß daraus, die verschiedensten Waffen nach Baldur zu werfen, doch Baldur trägt nicht einmal einen Kratzer davon. Das geht gut, bis Loki dann einen Pfeil aus der Mistel[111] macht und ihn dem blinden Krieger Hödur überreicht, der Baldur damit ohne böse Absicht

---

110 Hier kann man eine gewisse Ähnlichkeit zum Siegfried-Mythos erkennen, der nach dem Bad im Drachenblut bis auf eine kleine Stelle unverletzbar ist, was ihn dann das Leben kostet.

111 Dass es gerade die Mistel ist, die Baldur tötet, birgt eine gewisse Ironie, da die Mistel als immergrüne Pflanze eigentlich das Symbol des ewigen Lebens (auch im Winter) ist.

tötet.[112] Ein dummes Spiel, das aus dem Ruder läuft – anders kann man diese Szenerie nicht bezeichnen.[113]

Die Götter sind bestürzt und versuchen, Baldur wieder zum Leben zu erwecken, reisen nach Hel, um Baldur zurückzubekommen, und erfahren dort, dass Baldur nur zurückkommen kann, wenn alle Welt um ihn trauert. Tatsächlich weinen alle Wesen in allen neun Welten um ihn, nur eben nicht die „Riesin Thöck", die allgemein als verkleideter Loki gedeutet wird, was dazu führt, dass Baldur dort bleibt, wo er ist: in der nordischen Unterwelt Hel.

Sein lebloser Körper wird auf einem Schiff zur letzten Ruhe gebettet, gemeinsam mit seiner Frau *Nanna*, die kurz nach ihm an gebrochenem Herzen verstarb. Odin flüstert seinem toten Sohn noch etwas ins Ohr, was niemand hört und worüber seitdem gerätselt wird … Manche meinen, dass er ihm ein letztes Geheimnis anvertraut, zum Beispiel den 18. Zauberspruch, der im Loddfafnirlied[114] erwähnt, aber nicht ausformuliert wird, da Odin diesen eigentlich für sich behalten will.

Das in Brand gesetzte Schiff wird von einer Riesin aufs Meer geschoben und fährt dann brennend nach Hel. Hier ist es wichtig zu erwähnen, dass man diese gemeinsame Bestattung von Baldur und Nanna nicht mit der aus Indien (und manchmal auch Nepal und Bali) bekannten Witwenverbrennung verwechseln darf, bei der die Witwe lebendig verbrannt wird, um eine Fortführung der Ehe zu gewährleisten beziehungsweise erbrechtliche Forderungen seitens der Frauen zu umgehen. Eine derartige Praxis gab es in den nordischen Kulturen nicht. Nanna stirbt am gebrochenen Herzen, sie wird nicht einer religiösen oder sexistischen Idee[115] geopfert. Allerdings berichtet

---

112 Es gibt auch noch eine andere Version dieser Geschichte von Saxo Grammaticus, in der Hödur und Baldur um eine oder mehrere Waldmaiden wetteifern und Hödur von einem bestimmten Schwert erfährt, mit dem er Baldur besiegen kann. Bei diesem Wettkampf tötet er dann Baldur. Die bekanntere und ausführlichere Version ist aber die hier geschilderte mit der Mistel.
113 Diese Geschichte findet sich im Gylfaginning der Prosa-Edda.
114 Manchmal als Teil des Havamal deklariert.
115 „Witwer-Verbrennung" gibt es nämlich nicht.

der arabische Reisende Ibn Fadlan im Jahr 922 von einem Fall der Opferung einer Sklavin bei der Feuerbestattung eines Warägerhäuptlings[116]. (Zumindest wird dieses arme Mädchen vor der Verbrennung rituell erwürgt.) Doch viele Belege für eine solche Opferung von Menschen bei Bestattungen finden sich nicht.

Zurück zu Baldur: Sein Tod löst Ragnarök aus. Da er die Quelle alles Guten ist, führt das Fehlen dieser Quelle unvermeidlich zum Untergang. Die letzte Schlacht der Götter gegen die Riesen und die von ihnen symbolisierten zerstörerischen Kräfte zerreibt und verschlingt nahezu alles – aber es ist wie gesagt nicht das absolute Ende, sondern vielmehr der Beginn eines neuen Zyklus. Dieser neue Zyklus wird mit der Wiederkehr Baldurs eingeläutet, der gemeinsam mit Hödur, seinem Bruder, der ihn ohne Absicht getötet hat, aus Hel herausmarschiert und fortan anstelle seines verstorbenen Vaters Odin der höchste der Götter sein wird.[117]

Baldurs Geschichte handelt von Tod und Wiedergeburt, von einer Hoffnung, dass das Ende nicht endgültig, sondern Bedingung für etwas Neues sein wird. Es ist eine Hoffnung, die vorchristliche Traditionen stets der Natur entlehnt haben, in der sie genau beobachten konnten, wie Werden und Vergehen sich ablösen. Und vor allem ist es eine Hoffnung, die auch heute noch tragen kann. Auch wenn der Winter noch so hart ist – der Frühling wird kommen. Auch wenn deine eigene Lebenssituation noch so anstrengend ist – die Natur wird draußen völlig unabhängig davon immer wieder zum Leben erwachen und Schnee-

---

116 Waräger sind aus Skandinavien stammende Handelsreisende, die sich seit dem 8. Jahrhundert im Gebiet des heutigen Russlands niedergelassen hatten.
117 In der heutigen heidnischen Szene gibt es auch bezüglich Freyja und ihrer Rolle während und nach Ragnarök Vermutungen, die die Geschichten um Baldur ergänzen: Da diese Göttin nicht namentlich in der großen Endschlacht erwähnt wird, glauben manche, dass sie Ragnarök überlebt und mit ihrer Zauberkraft an der Erschaffung einer neuen Welt beteiligt ist. Wie gesagt: In der Edda gibt es dafür keinen Beleg, aber die Vorstellung ist natürlich nicht abwegig. Und eine neue Welt, die nicht aus einem erschlagenen Urwesen, sondern aus der fruchtbaren Kraft einer Vanen-Liebesgöttin entsteht, hat sicher etwas für sich.

glöckchen, Krokusse und die ersten Weidenkätzchen hervorbringen. Alles Verblühte beginnt irgendwann wieder zu wachsen und auszutreiben. Ein großer Kreis, in dessen Mitte ein Gott wie Baldur ein wunderbares Symbol sein kann, ein Symbol, das darauf verweist, dass es etwas Gutes gibt, das nicht einmal das vermeintliche Weltenende vernichten kann. Baldur steht also für etwas Helles, das in jedem Wesen strahlt und auch die dunkelsten Zeiten zu erhellen vermag. So betrifft der Mythos auch dich ganz konkret und ist nicht einfach nur irgendeine alte Geschichte. Er ist für heute bedeutsam und kann auf dein Leben übertragen und angewendet werden, sodass ein neues Verständnis für das Leben und für dich selbst aufscheint:

Wie hat sich bislang in deinem Leben der Rhythmus von Werden und Vergehen bemerkbar gemacht?

Konntest du feststellen, dass manche Dinge enden mussten, bevor neue (und vielleicht sogar viel bessere) beginnen konnten?

Kannst du insofern der Vergänglichkeit etwas Gutes abgewinnen, indem du darauf vertraust, dass auch in deinem Leben die unguten Dinge enden und etwas anderem (und Besserem) weichen?

Kannst du das Leben als eine Abfolge von Zyklen begreifen, die allesamt zusammengehören und miteinander einen Kreis ohne Anfang und Ende bilden?

Mit Fragen wie diesen kannst du wirklich in den Mythos eintauchen und ihn für dich ganz persönlich deuten. Und damit machst du der Tradition ein großes Geschenk, denn du erhältst sie lebendig und wandelbar, wofür sie wiederum dich mit einem tieferen Verständnis deiner eigenen Menschlichkeit beschenkt.

Eine unserer eigenen Deutungen des Baldur-Mythos wollen wir dir ebenfalls nicht vorenthalten, da sie für uns sehr wichtig ist und auf zwei weitere Erkenntnisebenen verweist.

Zum einen ist da Hödur, der Baldur aus Versehen tötet, und die damit zusammenhängende Tatsache, dass er ein blinder Krieger ist. Von diesen blinden Kriegern gibt es unserer Meinung nach sehr viele in dieser Welt: Menschen, die das Gute töten, weil sie es nicht sehen können, die kein Gefühl für Schönheit haben und sie aus Mangel an Empfindsamkeit mit Füßen treten. Die allgemeine Naturzerstörung ist zum Beispiel eine solche Zerstörung aus Blindheit. Ohne Gefühl für die Heiligkeit des Lebens vernebelt sich der Blick und nimmt statt wachsenden, miteinander kommunizierenden grünen Wundern nur so und so viele Raummeter Holz wahr. Ohne Empfindsamkeit für das Wunder werden aus fühlenden, fürsorglichen Wesen nur Ressourcen, werden aus den Nachkommen Audumlas lediglich Fleischlieferanten. Und ohne ein Verständnis des großen Kreises, der uns alle umfasst und verbindet, werden aus Menschen und ihrem Leid bloße Ziffern in einem Zahlenspiel und im schlimmsten Fall vertretbare Kollateralschäden. Eine derartige Wahrnehmung und Weltsicht kann man wohl mit Fug und Recht als Blindheit bezeichnen – eine seelische Blindheit, die alles zerstört, was gut ist. Auf diese Weise betrachtet kann der Mythos um Baldur uns alle darauf hinweisen, genauer und tiefer zu schauen sowie – so kitschig es für die eine oder den anderen vielleicht auch klingen mag – unsere Herzen zu öffnen und direkt mit der Heiligkeit, dem Wunder und dem großen Kreis des Lebens in Kontakt zu sein.

Zum anderen ist da der Hauptprotagonist dieses Mythos: Baldur, der für uns neben dem Symbol der Hoffnung auch ein Symbol für eine in gewissem Sinne unfertige Männlichkeit ist. Baldur handelt nicht, er ist einfach nur da, nimmt keine Aufgabe wirklich an. Er sieht gut aus, hat auch ein gutes Wesen ... und das war's auch schon! Er strahlt, weil ihm das in die Wiege gelegt wurde, aber er bringt sein Licht nicht aktiv in die Welt oder nutzt es für etwas Konkretes. Erst sein Opfer, sein Tod lassen ihn reifen. Er verbringt Zeit in Hel, in der Dunkelheit, oder anders gesagt: im Schoß von Mutter Erde. Hier bekommt er die Zeit, sich auf das Weibliche, auf die Natur einzulassen, sich ganz von ihr umfangen zu lassen. Hier begegnet er seinem eigenen Schatten, seinen verborgenen Anteilen, seiner Unfähigkeit oder auch seinem Unwillen zu handeln. Er lernt, dass das Leben nicht nur aus Licht besteht, sondern dass die Dunkelheit mit dazugehört – selbst zu einem Lichtgott. Sein Tod, das Erfahren seiner eigenen Grenzen initiiert ihn in ein größeres Leben. Er muss sterben, um ganz zu werden! Erst danach kann er herrschen und den Platz seines Vaters einnehmen – erst durch diesen mystischen Tod wird er seinem Vater ebenbürtig, der als schamanischer Gott etliche Initiationen durchlaufen hat und dabei immer weiter reifte.

Der wiederkehrende Baldur ist das reine Gute, das aber auch den Tod kennt und damit sozusagen beide Seiten der Medaille, was ihm eine tiefere Einsicht in das Wesen der Welt offenbart.

So ist eine weitere Botschaft des gesamten Baldur-Mythos für Menschen im Hier und Jetzt, dem Schmerz nicht auszuweichen, sondern ihn kennenzulernen, dabei die Begrenzung der eigenen Macht zu erfahren und sich in voller Hingabe auf den übergeordneten Zyklus einzulassen, auch das Dunkle zu umarmen und sich nicht in eine falsch verstandene Licht-und-Liebe-Spiritualität zu flüchten, die das Wesen der Realität nicht anerkennt. So kannst du und können wir die große Aufgabe annehmen, diese Welt jeden Tag ein kleines bisschen zum Besseren zu verändern, und dazu wahre Kriegerinnen und Krieger werden, die die Urkraft in sich spüren, die um Vergänglichkeit, um Tod und Wiedergeburt, Ende und Neubeginn wissen, die in der Lage sind, Hingabe an das große Ganze zu zeigen und für andere wahre Funken der Hoffnung sein können. Wenn ein Mythos das lehren kann, dann ist er es wohl wirklich wert, immer und immer wieder erzählt zu werden!

Ritual: **Deinen eigenen Mythos schreiben**

Dinge, die du benötigst:

Halte dein Lieblings-Journal bzw. liebstes „Reise"-Tagebuch sowie Stifte bereit.

Vorbereitung:

Wie bei allen Ritualen gilt: Schaffe dir einen ungestörten heiligen Raum; schalte Handy, Telefon, Klingel aus. Nun geht es nur um dich und um das, was aus der achtsamen Stille heraus geboren werden mag. Sei wertschätzend mit dir und deiner Zeit und mache diese Innenschau und Selbstfürsorge zu deiner höchsten Priorität.

Nimm in dir selbst Zuflucht und sitze dazu gern eine Weile einfach nur da. Schließe deine Augen, um ganz in dir anzukommen und dich tief zu erspüren. Schaue dir deine inneren visionären Bilder an, lausche deinem Lebensfluss und was er dir glucksend und plätschernd berichtet. Spüre deine unversiegbare kreative Quelle sprudeln und verbinde dich so mit deiner innersten Natur und dem Großen Ganzen. (Gern kannst du all das auch in der Natur erleben, um deine eigene Natur dort ganz in Ruhe und getragen wahrzunehmen.)

Beginne nun verbunden mit deinem Inneren, dein bisheriges Leben einmal durchzugehen. Was hast du erlebt bis zum heutigen Tage und wie hast du die Welt erlebt? Sieh dir alles noch einmal an, schaue zurück, sortiere dich (innen wie außen) und miste ggf. aus, was du nicht mehr als Teil deiner Geschichte erzählen magst (und erschaffe dir so ein

neues Narrativ über dich). Reflektiere und besinne dich auch
auf deine Träume, Visionen und Wünsche, die du bei dieser
Gelegenheit ganz so, wie es für dich stimmig ist, in deinen
ureigenen Mythos hineinschreiben kannst. Es gibt hier keine
Zensur. Wenn du magst, nutze die folgenden Impulsfragen
zur Inspiration für dich. Ein achtsames inneres Lauschen und
das Aufschreiben von Stichworten oder das Beantworten
von solchen Fragen kann ganz wunderbar all die Fäden liefern, aus denen du den Stoff deiner Geschichte webst. Durch
das Skizzieren oder Aufschreiben in deinem Tagebuch gehen
diese vielen Fäden nicht verloren und bilden am Ende ein
Gewebe, in dem alles an seinem Platz ist und dich und deine
Schönheit widerspiegelt.

Hilfreiche Impulsfragen:

Wie sieht deine Kosmologie aus? Woher kommst du? Wie
sieht dein Ursprung aus? Wie bist du in diese Welt gekommen (nicht nur in Bezug auf deine Ahnen und Eltern, sondern in Bezug auf größere Zusammenhänge)? Woher kommt
das Leben, das auch in dir ist? Wer bevölkert deine Welt und
wie sieht diese aus? Welche Landschaften umgeben deine
Seele, dein Wesen? Was geschieht in diesen Landschaften?
Wo und wie bist du darin verortet? Welche archetypischen
Qualitäten lebst du bereits und welche könnten ein wenig
mehr Energie bekommen? (Krieger, heilige Närrin, Künstler,
Gott/Göttin, inneres Kind, Wandernde, Heiler, Seherin, Priester, Lehrerin, Weise, Jäger, Sammlerin, Wilde Frau und Wilder Mann, Königin ...) Schreibe sie gerne intensiv in deinen
Mythos hinein, um sie in diesem ersten kraftvollen Schritt
mehr ins Leben zu holen und mit dir und deinem Wesen zu
verweben. Sei dein eigener Mythos und erfinde diesen genau
jetzt neu – einzig und allein nach deinen Regeln, deiner Fantasie, deiner Freude.

Das Ritual:

- Beginne dann mit deinem kreativen Schreibprozess. Erzähle deine Heldinnengeschichte in aller epischen Dichte oder berichte dein Kriegerepos mit all seinen Höhen und Tiefen, den Wesen, die dabei an deiner Seite waren oder dich verließen, verraten haben, den „Dämonen", die bekämpft werden mussten ... Lass deinen Mythos davon berichten, welches lebendige Abbild des Göttlichen du in dieser Welt bist, welche Facetten du hast und wodurch du geformt wurdest, welche Narben du vielleicht davongetragen hast und was dein Leitstern im Inneren war/ist.

- Natürlich kannst du all das zunächst auf losen Blättern verschriftlichen und auch wieder verwerfen. Wann immer du dich jedoch bereit fühlst und so weit bist, nimm dir ein besonders schönes Buch und beginne damit, dein Märchen, deine Geschichte, deinen Mythos ins Reine zu schreiben. Schreibe dich und deine Geschichte in voller Schönheit und mit aller Achtung vor dir selbst und allem, was du zu meistern hattest, ins Leben – manifestiere deinen Mythos damit in einem ersten spielerischen Schritt und hab vor allem Spaß dabei! (Nimm dich und deine Ideen ernst, jedoch nicht zu ernst, hab ein Augenzwinkern dabei und baue gern die unglaublichsten Luftschlösser mit ein, wenn es dir entspricht ... es ist DEINE Geschichte.)

- Lege dann deine Aufzeichnungen an einen liebevoll ausgewählten Platz und zünde eine Kerze an.

- Wenn du magst, lade deine Ahnen ein, dir den Rücken zu stärken, hinter dir zu stehen und deinen Weg zu begleiten. Natürlich kannst du auch all das einladen, das dir darüber hinaus vertraut ist: Krafttiere, Göttinnen und Götter, Zwerge oder andere Naturgeister, Engel, Spirits aller Art ...

- Dann lies ihnen allen laut (also wirklich hörbar, sodass es einmal deine Kehle durchfließt – da in der Kehle unsere Ausdruckskraft sitzt und sich durch das laute Aussprechen alles noch ein wenig mehr manifestiert) deine ureigene Geschichte vor, als würdest du jemandem etwas Zauberhaftes vorlesen ... Genieße deine Märchenstunde mit all den hilfreichen Wesen! Bitte sie, all das zu erfüllen bzw. dich bei der Erfüllung zu unterstützen und dir Zeichen zu geben, worauf du achten solltest und was deinem Weg voll und ganz entspricht. Denn so legst du vertrauensvoll dem Universum in die Hände, dass es dich auch überraschen darf. Bitte das Universum und alle wohlmeinenden Wesen um die Unterstützung, deinen Mythos zu leben.

- Die ganz Mutigen laden auch ihre beste Freundin/besten Freund/Partner*in/Kinder dazu ein – so wird der heilige Akt auch direkt von menschlichen Ohren bezeugt. Dieses Ritual eignet sich auch als gemeinsame Aktion, und ihr könnt euch gegenseitig eure Geschichten vorlesen und Ohren schenken ...
Viel Freude dabei!

Nachbereitung:

Du hast deine Geschichte neu geschrieben, deinen eigenen Mythos neu erzählt – wie geht es dir nun damit? Wie fühlst du dich? Was haben eventuell die anderen gesagt, als du deine Geschichte vorgelesen oder erzählt hast? Was ist dein Feedback im Außen? Und wie passt es zum Gefühl in deinem Inneren?

Ritual: Ahnenboot –
deine Ahnenzeremonie

Die schiffsförmigen Steingräber (insbesondere auf Bornholm) sind ebenso bekannt wie die Feuerbestattungen, bei denen Boote mit dem Leichnam ins offene Meer gelassen und dann angezündet wurden. Außerdem sind da noch die Petroglyphen der „Ahnenboote" auf skandinavischen Felsen, bootsförmige Kirchen in Irland oder die Navetas (Grabanlagen) auf Menorca, die einem umgedrehten Schiffsrumpf gleichen – überall (auch außerhalb von Europa) finden sich solche Verknüpfungen von Booten und Ahnenverehrung. Scheinbar gingen unsere Vorfahren davon aus, dass man übers Große Wasser heimkehrt zu den Ahnen, die bereits vorangegangen sind, beziehungsweise dass man sich zeremoniell mit ihnen wieder in „einen Fluss" stellen oder in den Fluss des Lebens durch die Begleitung seiner Ahnen zurückfinden kann.

Dinge, die du benötigst:

Ein mittelgroßes Stück trockene, abgefallene Baumrinde, auf der du und deine Ahnen symbolisch Platz finden können. So viele kleine Y-förmige Zweige, wie du Ahnen mit einbeziehen magst, ebenso viele kleine „Querbalken"-Zweige, etwas Jute-/Baumwollschnur zum Zusammenbinden (die Quer-Zweige bilden dann mittig auf dem umgedrehten Y die Arme) und jeweils eines der genannten Utensilien auch für dich selbst. Stelle sie gerne einmal auf und schneide/feile ggf. die Füße etwas ab, sodass sie Stand finden. Ggf. kannst du auch ein wenig rötlichen Sand, Ocker oder rote Blätter

(im Herbst gesammelt/getrocknet) oder auch ein paar Blüten, Körner o. Ä. als Dekoration verwenden.[118]

Vorbereitung:

Stimme dich gerne ein wenig auf deine Ahnen ein und spüre
nach, wie sich diese Verbindung für dich anfühlt.

Bist du dankbar, mit deinen Ahnen gemeinsam im Fluss des
Lebens zu schwimmen? Spürst du gar ihre Unterstützung
(auch über den Tod hinaus) in dir?

Gibt es etwas in deiner Ahnenlinie, das einer Reinigung
bedarf, oder solche Verstrickungen/Blockaden/Kontaktab-
brüche, dass etwas wieder ins Fließen gebracht werden darf?
(Hiermit muss nicht die Aufnahme des Kontakts gewünscht
sein, sondern ein eigenes inneres Fließen, dass nach einem
Bruch möglicherweise zum Stocken kam.)

Wünschst du dir, mit deiner Herkunftslinie verbundener zu
sein? Und magst du diese Verbindung nun auch mehr in dein
Leben einladen?

Im folgenden Ritual kannst du deine ureigenen Bedürfnisse
ganz leicht mit hineingeben, indem du es sowohl in den
eigentlichen Handlungen als auch innerlich/energetisch
anders ausrichtest, während du es durchführst. Sieh unseren
Vorschlag hier also gern als eine Inspiration, die sich mit
deinen Lebensfunken mischen darf, um etwas für dich Stim-
miges zu kreieren.

Während du diesen Impulsen nachsinnst und deine Innenschau sich entfalten kann, binde gern deine Ahnen zusammen, indem du die Quer-Zweige auf die auf dem Kopf
stehenden Y-förmigen Zweige bindest und dadurch kleine

---

118 Bilder dazu findest du zum besseren Vorstellen auf dem Blog der Autorin:
www.jennie-appel.de

(Zweig-)Menschen entstehen. Wenn dir dabei schon in den Sinn kommt, wer welchen Ahnen repräsentieren soll, kannst du den Ahninnen schon „Leben einhauchen", ihre Namen aussprechen oder sie ihnen auf deine Weise widmen. Denkbar ist auch ein kreativ-spielerischer Umgang damit: Wenn Großmutter Erna Rot geliebt hat, könntest du der Stellvertreterfigur zum Beispiel ein kleines rotes Kleid aus einer Serviette basteln oder deinem Opa Karl, falls der ein Schäfer war, den Schäferstab noch mit in die Hand drücken und so die Ahnen für dich dadurch kenntlicher machen. Drücke dich also gern frei aus und verwende dabei (abbaubare) Naturmaterialien, damit alles in der Natur verbleiben kann.

Das Ritual:

- Tauche nun erneut in eine innige Zusammenarbeit mit der Natur ein. Hierzu wähle bitte einen Ort in deiner Nähe mit fließendem Wasser (Flussufer, kleine Bäche in Feld und Wald, ggf. auch eine Stelle am Meer mit eher sanften Wellen). Während du zu diesem Ort gehst, kläre in dir noch einmal die Intention für dein Ritual: Was wünschst du dir für dich und deine Ahnenlinie, für dich und deine Ahnenverbundenheit, für dich und deinen Stand im Leben?

- Bereite an dem von dir gewählten Ort am Wasser auf deine Weise einen heiligen Raum/erschaffe Atmosphäre durch das, was du bist und tust. Das kann zum Beispiel eine stille Meditation sein, um ganz an dem Ort anzukommen, ein frei entstehender Gesang oder ein Lieblingslied (ggf. in diesem Falle auch ein Lied deiner Ahnen), das du dem Ort schenken möchtest, ein Gebet; du kannst auch trommeln oder rasseln, ein wenig Räucherwerk anzünden ...

- Lade deine Ahnen ein, nun hier bei dir zu sein und dich zu unterstützen/Zeugen deiner Handlungen zu werden. Es geschieht so viel, wenn die Worte (selbst leise) deine Kehle hörbar verlassen dürfen. Selbstverständlich kann dies frei aus dem Herzen heraus fließen und wird dir voll und ganz entsprechen. Menschen aus unseren Kursen berichten uns immer wieder, dass ihnen besonders der Beginn schwerfällt. Solltest du dir zum Einstieg einen Text wünschen, kannst du auch unseren nehmen und von diesen Zeilen ausgehend deine ganz persönlichen Worte im Anschluss hinzufügen:

„Meine Ahnen, nah und fern, meine Verwandten in allen Zeiten,

möge euer Leben in mir fortwirken, ohne mich zu bestimmen.

Mögen eure Wege nicht vergeblich gewesen sein und meinen eigenen freien Weg möglich machen.

Möge ich mich stets erinnern, dass das Leben aus ferner Vergangenheit an mich weitergereicht wurde und ihr als Krieger, Heilerinnen, Magier, Bäuerinnen, Jäger, Druiden, Seherinnen und Schamanen hinter mir steht.

Schenkt mir heute eure Kraft und eure Weisheit, sodass ich meinen Weg nicht alleine gehen muss. Schenkt mir Einsicht, Mut und Unterscheidungsfähigkeit, sodass ich auf eurem positiven Wirken aufbaue und euer negatives Wirken nicht wiederholen werde. Möge ich selbst für künftige Generationen ein würdiger Ahne sein."[119]

- Beginne dann, deine kleinen Zweigmenschen einen nach dem anderen ganz bewusst auf deine als Boot fungierende Baumrinde zu stellen. Wenn du die jeweiligen Ahnen

---

119 Aus dem Buch „Ahnenreise" von Jennie Appel und Dirk Grosser, S. 29

gekannt hast, lasse gern deine Erinnerungen, dein Lachen, deine Freude über gemeinsame Erlebnisse mit einfließen. Rituale werden von klarer Intention des Geistes und Tiefe des Herzens getragen und lassen dadurch einen gewissen Zauber entstehen, der in den Alltag hinüberreicht.

- Wann immer alle deine Ahnen auf dem Boot stehen (und hierbei lasse dich von deiner Intuition führen, wer wo steht und in welcher Anordnung es für dich stimmig ist), stelle das Zweigmenschlein, das für dich selbst steht, mit auf das Boot. Nimm dir gern einen Moment, um nachzu-spüren, wie sich das anfühlt, inmitten der Stellvertreter-Ahnen zu stehen.

- Wenn du magst, belebe nun alles mit der Natur: rote Blätter, ein wenig rötlicher Sand oder Ocker für die Lebenskraft, Blüten und Kerne/Körner für die Fülle des Lebens. Lege diese Gaben mit auf das Boot.

- Je nachdem, was dein persönliches Anliegen ist – Blockaden lösen und in den Fluss des Lebens zurückfinden, gemeinsam mit den Ahnen in Verbundenheit durch das Leben reisen, sich wieder in der Ahnenlinie zugehörig fühlen –, was es auch sei: Sprich gern deinen Wunsch noch einmal laut aus, der sich aus deiner Einstimmung und Innenschau heraus ergeben hat, und lasse dann begleitet von Freude und all deinen guten Wünschen oder Dankbarkeit dein Ahnenboot zu Wasser.

- Beobachte, wie es Fahrt aufnimmt oder leise dahin-treibt, und empfange so eine erste Botschaft der Natur. Überlasse dich mit diesem Ritual dem Fluss des Lebens und kultiviere Hingabe. Vertraue dem Prozess.

- Wann immer es für dich stimmig ist, verabschiede dich von diesem Ort und kehre nach Hause zurück.

Nachbereitung:

Halte gerne zu Hause deine Erlebnisse und Gefühle während des Rituals fest. Wann immer etwas erneut ins Stocken geraten sollte, kannst du dies wieder durchführen. Wann immer du dir mehr Zugehörigkeit und Verbundenheit wünschst, kannst du dies durchführen. Es muss nicht nur einmal geschehen und könnte sogar jährlich als ein schönes Ritual zum Ahnenfest Samhain um den 1.11. stattfinden. Es stärkt unsere Wurzeln, wenn wir uns regelmäßig (jährlich oder was immer dies für dich bedeuten würde) bewusst machen, aus welch ferner Zeit das Leben an uns weitergereicht wurde, und dafür danken.

Natürlich kannst du auch am kommenden Tag zurückkehren und schauen, ob du dein Boot irgendwo am Ufer findest.

Die Welt wieder verzaubern: Zwerge, Schrate, Waldgeister und Zaubertiere

Ein Rascheln im Laub, zarte Schritte und eine winzige Mütze, die für einen kurzen Moment hinter einem Baum hervorlugt. Stimmen im Wind, ein Flüstern, das mit den Lauten der Amseln und Finken verschmilzt. Wortfetzen und das Knarren der Äste, Gesichter, die in den Mustern der Baumrinde auftauchen, Farne, die sich bewegen und dir zuzuwinken scheinen. Nebel über einem kleinen Tümpel, eine schemenhafte Gestalt und ein Lied, das voller Zauber durch den Wald hallt. Und dann dieses Tier, das dich ohne jede Angst anschaut und dort sitzt, als hätte es seit Ewigkeiten auf dich gewartet …

Leider erleben heutzutage sehr wenige Menschen den Wald als einen solch beseelten Ort voller Magie und Leben. Für die meisten Zeitgenossen ist der Wald ein Ort, an dem lediglich viele Bäume herumstehen und zu dem man fährt, um mal wieder „in die Natur zu gehen" – so als wären die Menschen „hier" und die Natur „dort", als wären sie je voneinander getrennt gewesen.

Die Menschen in alten Zeiten haben aufgrund der Herkunft ihrer spirituellen Traditionen aus Animismus und Schamanismus diese Trennung nicht so stark empfunden. Zwar hatten sie Respekt vor der Natur, die auch grausam sein konnte, in der etliche Gefahren lauerten und der man manches für das tägliche Leben abringen musste, doch haben sie sich selbst nicht als außerhalb von ihr verortet. Und erst recht sind sie nicht davon ausgegangen, dass dort zwischen den Bäumen alles seelenlos sei und nur sie allein über Empfindungen, Bewusstsein und Geist verfügten. Zeugnis dieser Lebenshaltung war selbst über Jahrhunderte nach der in diesem Buch behandelten Zeit die sogenannte „niedere Mythologie", die sich teilweise bis in die frühe Neuzeit hinein gehalten hat und in Märchen und Volksglauben immer wieder ihr Echo fand.

Zwerge, Alben, Baum- und Waldgeister, Kobolde, Wassergeister, Nixen und geheimnisvolle Tiere, die mit guten Ratschlägen den Menschen den richtigen Weg weisen … – all dies war ganz selbstverständlicher Teil der Welt unserer Vorfahren. Auch wenn dir das heute als Aberglaube oder verklärte Esoterik vorkommen mag, lohnt es sich doch, einen Blick auf diese Vorstellungen zu werfen und sich vielleicht ein bisschen in diese Welten hineinlocken zu lassen, sich auf eine erweiterte Vorstellung der Kommunikation zwischen Welt und Mensch einzulassen und der Möglichkeit eines großen Einsseins Raum zu geben.

Sogenannte Landgeister oder *Landvaettir* wurden in der nordischen Mythologie als Wesen gedacht, die alle Bereiche der Natur bewohnen: Wälder, einzelne Bäume, Flüsse, Seen, Steine … Sie behüten und beschützen die Natur, sorgen für die Tiere in der Umgebung, machen alles fruchtbar, achten auf das Gleichgewicht und teilen ihre Weisheit mit all denen, die ihnen und der Natur mit Achtung und Respekt begegnen. Sind die Landgeister zufrieden, gedeiht das Land – das Leben wird zu einem großen Segen. Mit ihnen Freundschaft zu schließen, sie zumindest spielerisch anzuerkennen, kann in dir den wunderbaren Dreiklang von Achtsamkeit, Staunen und Dankbarkeit anregen, durch den du dich anders in der Welt fühlst und durch den du auch anders in ihr handelst. Du kannst in der Natur deine Aufmerksamkeit schulen und darauf achten, immer auch etwas zurückzugeben, wenn du etwas geschenkt bekommen oder etwas genommen hast. Auf diese Weise gelingt es dir, in eine wirkliche Symbiose von Mensch und Natur zurückzukehren und das gesamte Ökosystem, mit allem, was dazugehört (und das meint auch den seelischen Bereich), wertzuschätzen.

Lass uns zuerst gemeinsam die Tiere betrachten, deren Wichtigkeit, die sie für unsere Vorfahren hatten, unter anderem daran sichtbar wird, welche Rollen Tieren in der Mythologie zugesprochen wurden: Für die Jäger- und Sammlerkulturen waren Tiere einerseits Jagdbeute, andererseits wichtige Lebensbegleiter und Symbole der Kraft. Für die sesshaften Bauernkulturen waren besonders die domestizierten Tiere wichtig, die die Lebensgrundlage bildeten. Über Audumla haben wir schon gesprochen: die Kuh, die ganz aktiv an der Schöpfung beteiligt ist und alles Leben überhaupt erst möglich macht. Die bedeutende Rolle des Viehs' in einer bäuerlichen Gesellschaft spiegelt sich in den Mythen wider; man weiß, wie dankbar man diesen Tieren sein muss. Sie waren Teil des Alltagslebens, oft wurde sich mit dem Vieh das Haus geteilt, sodass die Kühe nicht nur Fleisch, Milch, Horn, Fell und Leder lieferten, sondern auch noch als eine Art Heizung dienten. Nahezu jeder Lebensbereich stand also in einem engen Zusammenhang mit den Tieren, und die Spiritualität blieb davon nicht unberührt.

Ebenso wichtig und hochgeschätzt waren Pferde: Odins achtbeiniger Hengst Sleipnir kann sich auf dem Land, im Wasser, unter der Erde und in der Luft fortbewegen – ein Ausdruck davon, wie vielseitig und wertvoll Pferde waren. Wollte man die Götter wirklich beeindrucken und auf die eigene Seite ziehen, so opferte man ein Pferd (wenn man es sich leisten konnte). Manchmal wurden die Köpfe dieser Tiere dann auf Hausgiebeln angebracht; eine Tradition, die schließlich in den (vor allem niedersächsischen und westfälischen) Brauch mündete, geschnitzte Pferdeköpfe auf Bauernhäusern anzubringen. Da die Opferungen von Pferden sich meist an Odin wandten, ist hier wahrscheinlich der Grund für die Tabuisierung des Verzehrs von Pferdefleisch zu sehen, welche von christlichen Missionaren ausging, denen diese Opferungen an einen heidnischen Gott natürlich ein Dorn im Auge waren.

Im Volksglauben hielt sich darüber hinaus lange Zeit die Meinung, dass Pferde sich um Mitternacht unterhalten und mit ihrem Wiehern die Zukunft vorhersagen. Wer sie belauschte, konnte also einiges erfahren …

Weitere Tiere, bei denen man eine Verbindung zu Odin sah, waren Wölfe und Raben – ebenfalls Tierarten, die im Christentum keinen besonders guten Leumund haben.

Die Germanen bewunderten die Stärke ebenso wie die Familienbande von Wölfen, hatten aber natürlich auch Respekt vor ihnen. Manche Krieger, die sich Odin weihten, wurden *Ulfhednar* (Wolfskrieger) genannt und waren in der Schlacht ähnlich wild wie die heute bekannteren *Berserker*, die sich auf den Bären und seine Kraft bezogen. Möglicherweise ist das Grauen, das die Ulfhednar dabei erzeugten, in den Geschichten um Werwölfe erhalten geblieben. Odins Wölfe Geri (der Gierige) und Freki (der Gefräßige) begleiten Odin übrigens nicht nur in die Schlacht, sie sind auch jeden Abend sehr nützlich für ihn, da sie alle seine Speisen essen, sodass Odin sich ausschließlich von Met ernähren kann, der wie bereits erwähnt, von Heidrun, der Ziege auf dem Dach Walhallas, stammt.

Odins Raben Hugin und Munin (Gedanke und Erinnerung) werden jeden Morgen ausgeschickt, um Informationen aus allen neun Welten zu sammeln und Odin dann am Abend Bericht zu erstatten. Diese klugen Vögel waren in den nordischen Kulturen hoch angesehen, sorgten sie doch dafür, dass Odin immer mehr Wissen ansammeln konnte. Auch die Symbiose, die Raben und Wölfe oft miteinander eingehen, um einfacher an Futter zu gelangen, war in alten Zeiten sicher beobachtet worden, sodass das gemeinsame Auftauchen in Gegenwart des höchsten Gottes gut begründet war. Durch die christliche Abwertung alles Heidnischen wurden auch die Raben ähnlich wie die Wölfe abgewertet – und der Begriff „Unglücksrabe" stammt vermutlich von der Tatsache, dass Raben auch Aasfresser sind und somit ein Schlachtfeld für sie einen gedeckten Tisch darstellt.

Große Achtung hatten die Menschen alter Zeiten auch vor den Wildschweinen, von denen sich einige Abbildungen auf Schmuckstücken von damals finden. Freyrs Eber Gullinborsti und Freyjas Eber Hildisvini waren Ausdruck dieser Verehrung, die sich aber seltsamerweise nie – entsprechend den Berserkern und Ulfhednar – im Auftreten von „Wildschweinkriegern" gezeigt hat. Man nahm aber an, dass die Menschen das Pflügen der Felder von diesen den Boden aufwühlenden Schweinen gelernt hatten.

Thors Ziegenböcke *Tanngnjostr* (Zähneknisterer) und *Tanngrisnir* (Zähneknirscher), deren Namen wohl lautmalerisch für das Gewitter stehen, das der Donnergott hervorruft, haben sich im skandinavischen Brauch des „Julbockes" erhalten, bei dem eine oder mehrere Ziegen aus Stroh als Weihnachtsschmuck dienen. Dabei sind sie nicht nur ein Symbol für das Sommergewitter, das die Äcker fruchtbar macht, sondern stehen auch insgesamt für Fülle, da Thor sie immer wieder schlachtet und aufisst, um sie dann am nächsten Morgen mit der Kraft Mjölnirs wieder zum Leben zu erwecken, sodass sie seinen Wagen wieder über den Himmel ziehen können.

DIE GROSSE ROLLE DER GANZ KLEINEN

Insgesamt war den Menschen ihre eigene Abhängigkeit von den Tieren und ihrer Fruchtbarkeit bewusst. Wollte man selbst gedeihen, sollte der eigene Stamm, das eigene Dorf wachsen, dann mussten zuerst die Tiere entsprechend versorgt werden. Niemand konnte sich erlauben, das Vieh zu vernachlässigen oder schlecht zu behandeln – eine Tatsache, die sich heute noch in der dänischen, norwegischen und färöischen Legende vom *Nisse* zeigt, einem Kobold, der im Stall wohnt und darauf achtet, dass das Vieh gut behandelt wird, und den Bauern, sollten sie diese Pflicht nicht erfüllen, entsprechende (auch mal sehr ernste) Streiche spielt.[120]

Der Nisse ist ein Naturwesen, von denen es in der nordischen Mythologie nur so wimmelt und die auch in späteren Zeiten immer wieder in Märchen auftauchen.

Exemplarisch wollen wir an dieser Stelle noch auf die Zwerge eingehen, die eine wichtige Rolle in der Mythologie spielen, da nahezu alle Waffen und anderen wichtigen Gegenstände der Göttinnen und Götter aus ihren Werkstätten stammen.

---

120 In Schweden heißt dieses Wesen *Tomte*, in Finnland wird er *Tonttu* genannt.

Grundlegend unterscheiden die nordischen Mythen Naturwesen in zwei Bereiche: Elben und Riesen. „Elben" dient dabei als ein Oberbegriff, der sich wiederum in Lichtelben (in Alfheim) und Schwarzelben (in Svartalfheim) aufteilt. Die Lichtelben sind allesamt schön und anmutig, auch wenn sie manchmal als kleinwüchsig dargestellt werden, wie zum Beispiel der Elbenkönig *Alberich* im Nibelungenlied, von dem gesagt wird, er sei so groß wie ein vierjähriger Knabe. Die Schwarzelben, die auch manchmal „Dunkelelben" genannt werden, sind dagegen immer klein und häufig missgestaltet, graubärtig, wirken alt, haben manchmal Entenfüße oder Ziegenhufe, und entsprechen dem, was heutzutage unter Wichten oder Zwergen[121] verstanden wird. Allerdings bezieht sich diese Gestalt wohl nur auf die männlichen Zwerge. Von den Zwergenfrauen, wie du bereits weißt, wird berichtet, dass sie zwar ebenfalls klein, aber doch schön seien, also ähnlich wie die Lichtelben gedacht wurden. Im sogenannten *Ruodlieb*, einem lateinischen Text aus dem 11. Jahrhundert,[122] wird beispielsweise ein gefangener Zwerg von seiner Frau ausgelöst, die als wunderschöne, aber winzige Frau beschrieben wird.

Die Elben im Allgemeinen (und somit auch die Zwerge und Wichte) tragen gern Kapuzen oder Tarnkappen, die auch „Nebelkappen" genannt werden. Im Nibelungenlied entwendet Siegfried Alberichs Tarnkappe und kann so den berühmten Schatz erlangen. Auch der aufgrund seines Symbols heute bekannte *Oegishjalmur* oder *Aegishjalmur*[123], der Schreckenshelm, der in einer altnordischen Variante des Nibelungenliedes auftaucht, ist eine solche Nebelkappe, mit der sich die Gestalt verändern lässt und die dabei eine gehörige Angst bei den Feinden hervorruft. Überhaupt scheint der Gestaltwandel bei den Zwergen recht beliebt zu sein, was darauf hinweist, dass sie auch als Wesen gedacht wurden, die einen tiefen Einblick in

---

121 Der Name „Zwerge" taucht hauptsächlich in Bergregionen auf, in anderen Gegenden heißen diese Wesen oft schlicht „die Unterirdischen" oder einfach „die Elben".

122 Es ist die Geschichte des Ritters Ruodlieb, der einige Abenteuer erlebt, die insgesamt als moralische Handlungsmaximen gedacht waren.

123 Heutzutage ist das Symbol des Oegishjalmur ein beliebtes Tattoomotiv.

die Wirklichkeit haben. Der Zwerg *Andvari*, der in der Lieder-Edda[124] und der Prosa-Edda[125] auftaucht und dem Alberich aus dem Nibelungenlied entspricht, lebt zum Beispiel gern als Hecht, tummelt sich im Wasser und bewacht so seinen dort versenkten Schatz.

Zwerge kennen also die Kunst des Gestaltwandels, haben darüber hinaus aber ein noch größeres Wissen um Zauberdinge: Der Zwerg *Dvalin* bringt beispielsweise das Wissen der Runen zu den Zwergen, während der Zwerg Allwiss, dessen unrühmliches Ende du schon im Kapitel über Thor kennengelernt hast, alle Bezeichnungen für alle Dinge aus den unterschiedlichen Welten kennt, also ein Meister der *Kenningar* genannt werden kann. Auch die Kunstfertigkeit der Zwerge ist berühmt. Einerseits sind es die Kraftgegenstände, die sie für sich selbst herstellen, wie beispielsweise den Kraftgürtel des Zwergenkönigs Laurin[126], der ihm die Kraft von zwölf Männern verleiht. Andererseits sind die Zwerge diejenigen, die nahezu alle machtvollen Gegenstände der Asen und Vanen herstellen, wie *Draupnir* und *Gungnir*, den Ring und den Speer Odins, Thors Hammer Mjölnir, Freyrs Schiff Skidbladnir wie auch seinen Eber Gullinborsti und natürlich auch Freyjas Halsschmuck oder Gürtel Brisingamen.

Die große Kunstfertigkeit, die ihnen in den Mythen nachgesagt wird, zeigt sich auch darin, dass viele Zwergennamen Beschreibungen ihrer besonderen Fähigkeiten sind und sie als Meister ihres Fachgebietes auszeichnen: Sindri bedeutet einfach nur Schmied, *Fili* heißt Feile, *Hepti* meint den Griff, *Veggr* den Keil. Laut Snorri Sturluson haben Zwerge aber auch noch weit größere Aufgaben, denn im Gylfaginning beschreibt er vier Zwerge, die den Himmel stützen: *Austri, Vestri, Nordri* und *Sudri*.[127] In dieser Vorstellung, in der die vier Himmelsrichtungen mit Zwergen gleichgesetzt werden, wird deutlich, als wie wichtig diese Naturwesen für die Welt angesehen werden.

---

124 Vgl. Reginsmal
125 Vgl. Skaldskaparmal
126 Vgl. das mittelalterliche Heldenepos „König Laurins Rosengarten"
127 Vgl. Gylfaginning 8

Dennoch werden sie oft als ambivalent dargestellt und man weiß nie so genau, woran man bei ihnen ist. Mal sind sie gütig und großzügig, mal erscheinen sie gierig und hinterhältig, in einigen Geschichten sogar boshaft. Sie lieben Tanz und Spiel, feiern ganze Nächte durch, machen Musik im Mondschein … und am Morgen finden wir Menschen dann Kreise im Tau des Grases, die kleine Füße dort getrampelt haben. Sie spielen den Menschen Streiche, manchmal als Strafe für ein Fehlverhalten der Menschen, manchmal einfach nur so, weil es ihnen Spaß macht.[128]

Immer wollen die Zwerge etwas für ihre Fertigkeiten haben, wobei sie manchmal großzügig erscheinen und dann wieder gierig. Unserer Meinung nach beruhen diese ambivalenten Geschichten um Naturwesen einfach auf der genauen Wahrnehmung und gesunden Einschätzung der Natur, welche ebenfalls wild und unberechenbar ist. Sie gibt und nimmt, schenkt gute Ernten wie auch Naturkatastrophen. Wenn man etwas von ihr möchte, muss man auch etwas geben – nur so funktioniert der große Kreis. Und daher muss man sich auch die Naturwesen gewogen machen, indem man aufrichtig, freundlich und großzügig zu ihnen ist. Dann helfen sie. Wenn man allerdings ein geiziges, gieriges Herz hat, spielen sie einem fiese Streiche, wie du es schon bei Odin (beziehungsweise Rübezahl) kennengelernt hast. Im Grunde zeigen diese Geschichten nur, dass man alle und alles so behandeln sollte, wie man selbst behandelt werden möchte; sie sind also ein mythologischer Ausdruck der überall auf der Welt geltenden (aber leider oft nicht umgesetzten) goldenen Regel.

Der Zauber der Zwerge bleibt übrigens stets geheimnisvoll. Niemand weiß, wie sie die Gegenstände herstellen, die über eine solch große Kraft verfügen. Damit bleiben auch die Zwerge selbst rätselhaft, wie ja auch schon ihre Nebelkappen andeuten:

---

128 Stark verfilzte Haare (sowohl bei Menschen wie auch in Pferdemähnen) wurden in Deutschland, Belgien, der Schweiz und Polen lange Zeit als „Wichtelzöpfe" bezeichnet, also als Zöpfe, die Wichtel oder Zwerge nachts geflochten hatten, um einen Streich zu spielen.

Sie sind ein Schemen, man sieht sie selten deutlich, alles bleibt verschwommen, undurchsichtig. Dazu passt, dass auch das geheimnisvolle Phänomen des Echos auf Isländisch und Norwegisch als *Dvergmal* (Zwergenspruch/Zwergenrede) bezeichnet wird, während der Bergkristall, also etwas geheimnisvoll Leuchtendes, das aus der Tiefe der Erde hervorgeholt wird, auf Norwegisch *Dvergsmie* heißt, was „Zwergenschmuck" bedeutet. Natürlich kann man geteilter Meinung darüber sein, ob es solche Wesen tatsächlich gibt oder nicht – aber wir finden es unabhängig davon einfach schön, dass unsere Vorfahren das Geheimnisvolle in diesen Wesen verkörpert sahen: kleine Bergleute, Höhlenbewohner mit Zauberkräften, die durch ihre ganze Art darauf hinweisen, dass der Zauber aus der Erde selbst kommt, dass die Natur, die Erde der Ursprung dieses Lebens ist, welches uns Menschen zumeist wohlwollend und freundlich umfängt.

Zwerge sind somit Ausdruck der Geheimnisse der Erde, werden mit den Schätzen der Erde und der großen Kunstfertigkeit, diese Schätze ans Tageslicht zu bringen, assoziiert – und damit können sie auch für dich (zum Beispiel auf schamanischen Reisen) Wegweiser dorthin sein, wo deine eigenen Schätze vergraben liegen und wo die Natur etwas für dich bereithält, das dich in der Tiefe deiner Seele zu berühren versteht:

> *Wo glitzert es in dir?*
>
> *Wohin zieht es dich?*
>
> *Wo in dir ist ein Schatz verborgen?*
>
> *Wie kannst du diesen Schatz heben und nutzbar machen? (Ein Schatz, der vergraben bleibt, nützt ja nicht wirklich etwas …)*
>
> *Welche Fertigkeiten musst du vielleicht dafür entwickeln?*

Wo lässt du dich ganz auf das Geheimnis ein?

Wie empfindest du die Schätze der Natur?

Kannst du dir vorstellen, dass es Hüter dieser tiefen Weisheit gibt, die aus jedem Baum, jeder Quelle und jedem Stein sprechen?

Wie empfindest du das ungeschriebene Gesetz von Geben und Nehmen?

Würdest du sagen, dass Geben und Nehmen sich in deinem Leben in Balance befinden?

MYTHOLOGIE UND INITIATION

Sich wirklich auf die Mythen einzulassen und ihre Motive mit den eigenen Seelenbildern abzugleichen kann ein innerer Prozess sein, der eine ewige Spirale anstößt, die sich immer weiter windet und in deren Verlauf Erfahrungen und Erlebnisse zur Reifung und Entwicklung des eigenen Wesens beitragen. Du siehst in den Göttern und Göttinnen Regungen, die du auch in dir erkennst, du siehst Beweggründe und das daraus folgende Handeln, du siehst Konsequenzen der Taten und bewertest deine eigenen Beweggründe unter Umständen neu. Du lernst vom Subtext aller Mythen, der auf nichts anderes als Menschlichkeit abzielt und den Versuch unternimmt, diese Menschlichkeit irgendwie und irgendwo im Kosmos zu verorten:

Was bedeutet es, ein Mensch zu sein?

Was bedeutet es, auf diesem Planeten zu leben, zu atmen, zu hoffen und zu glauben?

Welche Verbindung gibt es zwischen der Welt und der eigenen Seele?

Was bedeutet es, Fehler zu machen?

Was bedeutet Schuld?

Wie fühlt sich Vergebung an?

Wie lassen sich negative Gefühle überwinden?

Wie gestaltet man das Zusammenleben mit anderen Menschen und anderen Wesen so, dass alle gut leben können?

Was heißt es, wirklich Verantwortung zu übernehmen?

Wie erweitert man die eigene kleine Welt und umarmt das große Ganze?

Wie begegnet man der Vergänglichkeit?

All diese Fragen haben initiatorischen Charakter. Sie führen dich aus dem sicheren Bereich fort und stellen dich in einen größeren Zusammenhang und mitten ins große Unbekannte hinein. Du verlässt das Bekannte, setzt dich den großen Fragen aus, die das Leben an dich stellt, und kommst mit eigenen Antworten zurück, die du gegebenenfalls mit anderen teilen kannst. Es ist das Muster der klassischen Heldenreise[129], die ein mythologisches Bild für etwas ist, das sehr einfach klingt, aber zu den schwersten Dingen gehört, die Menschen tun können: erwachsen werden!

Mythen können in diesem Prozess eine große Hilfe sein, denn sie bilden einen Weg ab, den wir gedanklich beschreiten und sozusagen „testen" können, bevor wir unsere eigenen Schritte machen. Die Geschichten sind da, sind erzählt worden … und nun ist es an dir, sie für dich zu verstehen und sie in dir wahrhaft zum Klingen zu bringen.

Da all dies wie gesagt als Initiation verstanden werden kann, wollen wir dieses letzte Kapitel mit einer Initiationsgeschichte beschließen, die zum einen zeigt, dass der Weg der Initiation nicht gerade leicht ist, sondern vielmehr sogar sehr schmerzhaft sein kann, und zum anderen darauf hinweist, dass sich die Mühe lohnt und der Reifeprozess letztlich zum wahren Selbst und zur ganz eigenen Kraft führt. Ausgehen wollen wir dabei von einer Stelle in der Völuspa:

---

129 Vgl. Joseph Campbell: Der Heros in tausend Gestalten

„Als sie Gullveig mit Speeren stießen
Und sie in der Halle des Hohen verbrannten;
Dreimal verbrannten sie die dreimal Geborene,
Oft, nicht selten, aber sie lebt.

Heidr wurde sie genannt,
In welches Haus sie auch kam,
Die richtig weissagende Seherin, die Zauberei verstand.
Sie zauberte, wo sie konnte,
Sie zauberte in Trance ..."[130]

Gullveig taucht namentlich ausschließlich in der Völuspa, dem Lied der Seherin, auf. Unsicher ist dabei, ob sie auch selbst die Seherin ist, um deren Lied es sich hier handelt. (Jakob Grimm vermutet das, andere Forscher bezweifeln es.) Ihr Name wird als „Goldrausch" oder „Goldtrank" übersetzt, wobei *Gull* für das Gold steht und *Veig* ein eher unklarer Begriff ist, der jedoch meist als „Rausch, Rauschgetränk" oder aber auch „Kraft" beziehungsweise „Stärke" gedeutet wird. Die Historiker sehen in ihrer Geschichte vielerlei, und es gibt einen großen Deutungsspielraum, weshalb sie sich wundervoll für eine eigene mythologische (und hier gern auch schamanisch inspirierte) „Forschung" eignet!

Manche Historiker sprechen in diesem Zusammenhang von einem Opferritus, dessen Überreste hier überliefert sind, andere sprechen von einer bloßen Verurteilung Gullveigs als Hexe, die sich in den Dienst der Vanen stellte und daher von den Asen bestraft wurde. Wieder andere sehen eine Parallele zur Figur der Pandora in der griechischen Mythologie. Doch dies leuchtet uns eher weniger ein, denn Gullveig wird keinesfalls wie Pandora von den Göttern erschaffen, um die Menschheit zu strafen. Der deutsche Altgermanist Karl Viktor Müllenhoff

---

130 Völuspa 15 und 16

sah im 19. Jahrhundert dagegen eine Art alchemistischen Gold-läuterungsprozess in dieser Geschichte widergespiegelt[131] – eine Auffassung, mit der wir viel eher etwas anfangen können und die wir hier gern ausführlich präsentieren möchten.

Wie wir aus der Völuspa entnehmen können, wurde Gullveig „mit Speeren gestoßen" und dreimal verbrannt, wobei die Drei wie gesagt immer für eine Ganzheit steht und ebenso auf Magie und Zauber verweist. All das überlebt sie nicht nur, sondern sie wird eingeweiht in tieferes Wissen, stirbt dreimal einen mystischen Tod und wird wiedergeboren als Heidr, eine große Zauberin und Seherin. Heidr bedeutet als Substantiv „Ruhm" und als Adjektiv „klar" beziehungsweise „hell" – sie ist also nach ihrer Wiedergeburt die Ruhmreiche und Klarsehende, diejenige, die Wissen durch ihr Leiden erworben hat. Dieser initiatorische Aspekt der Geschichte taucht später sehr ähnlich bei Odin auf, als dieser am Weltenbaum hängt und sich selbst mit einem Speer verletzt. Odin gewinnt dabei das Runenwis-sen, Gullveig wurde zu Heidr und erlangte das Wissen um die Zauberkunst Seidr.

In diesem ganzen Mythos um Gullveig/Heidr gibt es also reichlich Zauber und Magie – die sich jedoch erst entfalten können, als die „personifizierte Goldgier" (also Gullveig, der Goldrausch) verbrannt ist. Zunächst ist da also die Gier, das Habenwollen und Greifen nach mehr, das auf lange Sicht zu Leiden führt. Das Leiden ereignet sich über einen längeren Zeitraum – immer wieder wird Gullveig getötet und dabei wird doch nicht vollständig die Gier ausgelöscht. Dreimal muss sie verbrannt werden, bis sie dann nach dem dritten Mal als helle und klare Heidr wiedergeboren wird, die ihre Gier überwunden und das Loslassen gelernt hat. Dann erst wird sie die „richtig weissagende Seherin, die Zauberei verstand."[132] Hier kann man auch einen Hinweis darauf sehen, dass sich das Spirituelle erst zeigt, nachdem das Materielle verwandelt wurde.

---

131 Vgl. Rudolf Simek: Lexikon der germanischen Mythologie, S. 160
132 Völuspa 16

Verbrennen gilt seit jeher als eine Methode, um bösartige Wesen zu vernichten, fehlgeleitete Kräfte zu bannen oder etwas an einer Rückkehr zu hindern – der Goldrausch musste offensichtlich mehrfach entzündet werden, um ihn letztlich zu läutern und transformiert wiedergeboren zu wissen.

Dies ist mit dem alchemistischen Goldläuterungsritus gemeint und es verleiht in unseren Augen diesem Mythos eine neue Aktualität für die heutige Zeit: Wahre Magie kann sich erst (wieder) vollständig zeigen, wenn der Rausch und die Gier nach Gold erfolgreich transformiert sind.

Erst wenn keine Gier nach Geld oder anderen das Ego aufplusternden Werten mehr vorhanden ist, kann man in voller Größe zauberkundig sein, kann man seinen Blick für die wahren Wunder dieser Welt schärfen. Diese achtsame Zauberkunst wird einem in der nordischen Tradition offenbar erst dann zuteil, wenn niedere Instinkte überwunden sind, wenn wirklich der volle Einsatz sichtbar ist und etwas geopfert, etwas hinter sich gelassen wird. Es ist ein Weg durchs Feuer – für Gullveig ganz konkret, für uns Menschen heute eher symbolisch. Ein Weg, auf dem übermäßige persönliche Wünsche in den Hintergrund treten und den Blick auf den wahren Schatz im Inneren freigeben, auf die Essenz unseres Seins.

Diese Läuterung in Verbindung mit Trance und Zauber, die auch heute für jeden Menschen zugänglich ist, ist ähnlich wie bei Odins Erlangung der Runen ein Bild für schamanische Initiation. Wie der große Mythenforscher Joseph Campbell sagt: „Der Leidensweg des Schamanen ist das älteste uns bekannte Beispiel für (…) einen entschlossenen (…) Gebrauch des Mythos (…) als Weg zu seelischer Verwandlung."[133]

Das Leiden wurde damals durch das Feuer und einen Speer verursacht, heute ist es eher das Sich-Vergessen in den Ansprüchen und Rollen unseres Lebens, das Scheitern daran, die Tränen und das gebrochene Herz. Immer wieder müssen wir Menschen uns an diese Essenz erinnern, müssen diesen

---

133 Joseph Campbell: Mythologie der Urvölker, S. 518

Vorgang der Erinnerung zu einem bewussten Prozess machen, müssen das Feuer selbst schüren und den Speer der Wahrheit ergreifen, um uns von der Selbsttäuschung zu befreien. In den Mythen kannst du jede Menge Material finden, um solch einen Speer herzustellen, und jede Menge Brennholz wird ebenfalls mit jeder Geschichte frei Haus geliefert. Du liest die Mythen, du hörst die Mythen, du erkundest sie auf deine Weise, unternimmst schamanische Reisen, um gewisse Aspekte besser zu verstehen, benutzt die Kunst der Trance, um tiefer zu schauen … und begibst dich so auf deine eigene Heldenreise, brichst auf ins Unbekannte, wirst durch läuterndes Feuer und den Speer der Wahrheit initiiert, trägst die Narben, die das Leben dir zugefügt hat, mit Stolz und kehrst zurück als *du selbst*. Ohne Masken, ohne Rollen. Keine Spielchen, kein Verstecken. Ein wahrhaft erwachsener Mensch, der seine eigene Urkraft lebt.

SCHLUSSWORT

Die Mythen in deinem Alltag lebendig werden zu lassen bedeutet, deine Wurzeln tief in die Erde wachsen zu lassen und dort in Kontakt mit der Urkraft zu treten, die schon deine Ahnen beseelt hat. Zugleich bedeutet es, deine Äste weit in den Himmel zu strecken, zu wachsen und neue Wege zu gehen. Mit anderen Worten: Es geht darum, fest im Leben zu stehen und dennoch beweglich zu bleiben – ein Wanderer oder eine Wanderin, mit den Füßen fest auf der Erde und dem Blick auf den Horizont gerichtet; ein Mensch, der seelenvoll in einer beseelten Welt lebt.

Die Geschichten um Göttinnen und Götter, die sich durch dieses Buch ziehen, können dich auf deinem Weg unterstützen und dich auf Zusammenhänge aufmerksam machen, die gerade heute so wichtig sind: Von Freyr kannst du lernen, der Natur respektvoll zu begegnen; Thor kann dir zeigen, was es heißt, für das Gute zu kämpfen und dabei stets aufrecht zu sein; Heimdallr lehrt die große Kunst der Achtsamkeit und des weiten Sehens; Odin kann dir zeigen, dass du für Wissen und Weisheit auch einen gewissen Einsatz leisten musst und dass es sich lohnt, für immer ein Lernender oder eine Lernende zu bleiben; von Lokis Geschichte kannst du lernen, deine verschiedenen Persönlichkeitsanteile zu akzeptieren und dich mit allem, was zu dir gehört, anzunehmen; die Nornen weiten deinen Blick für das Schicksal, deine eigene Verantwortlichkeit und die Freiheit, die in dir angelegt ist; Freyja erinnert dich an deine Selbstfürsorge sowie deine lustvolle Wildheit und jede Frau an die freie Frau in sich selbst; Tyr kann dir helfen, für deinen Gerechtigkeitssinn in der Welt einzustehen; Baldur lehrt dich, die Welt als zyklischen Ablauf zu sehen und immer an das Gute zu glauben, das sich letztlich durchsetzen wird; die Zwerge schenken dir Einblicke in die Geheimnisse der Erde, und Gullveig beziehungsweise Heidr können dir zeigen, was es heißt, zu reifen und wahrhaft erwachsen zu werden.

Vieles von dem, was du aus den Mythen lernen kannst, haben schon deine Ahnen vor langer Zeit in diesen Geschichten vernommen, anderes entdeckst du durch deinen ganz eigenen Weg. Manches bringt deine Fylgja mit, anderes fügst du ihr hinzu, sodass sie deine Nachkommen mit weiteren Erkenntnissen versorgt. Diese Fylgja ist eine Wanderin wie du, schaut, lernt, macht Erfahrungen und wächst. Gemeinsam geht ihr ein Stück des Weges, dann trennt ihr euch … und etwas völlig Neues beginnt.

In diesem Bewusstsein kannst du jeden Schritt genießen, dich von der Idee eines Ziels verabschieden und wirst dennoch nicht verloren gehen. Du begrüßt den Weg mit all den Stationen, die dich zu dem Menschen gemacht haben, der du bist und der du werden kannst. Du wertschätzt und ehrst deine eigene Reise und erlebst dich als bewegliches, lebendiges Wunder, das nicht gebunden und doch überall zu Hause ist … und dabei immer das Land unter den Füßen spürt.

Wenn du dich von der nordischen Tradition angesprochen fühlst, wenn irgendetwas in dir auf die Landschaften, die Mythen, die Vorstellungen der Gottheiten oder die archaischen Klänge, die uns die heutigen Musikerinnen und Musiker im Rückgriff auf jene Zeit schenken, antwortet, dann hoffen wir, dir mit diesem Buch Impulse für eine echte Praxis gegeben zu haben, die sich nach und nach *in deinem* und *durch dein* Leben entfalten wird.

Vielleicht magst du dir als guten Beginn einfach ein Notizheft schnappen und ganz in Ruhe und innerer Einkehr wirklich alle Reflexionsfragen, die in diesem Buch gestellt werden, für dich beantworten … und so einfach schauen, wohin dich das führen wird. Wenn du diese Fragen wirklich ausgiebig für dich beantwortest, statt sie im Fließtext einfach mitzulesen, und diese Antworten noch um die Rituale und Meditationen ergänzt, die du im Downloadbereich findest, so hast du direkt ein „Workbook" zu diesem Buch und eine tiefgehende spirituelle Praxis.

Das, was von den Mythen durch Überlieferung durchgedrungen ist, reicht unserer Meinung nach kaum aus, um darauf sein Leben aufzubauen – aber die wirkliche Auseinandersetzung mit den Mythen durch eigene Deutung, durch das Erforschen und tief Eintauchen und auch durch echte Begegnungen auf schamanischen Reisen hält einen Schatz bereit, den ein jeder Mensch zu heben imstande ist und der mit einer Urkraft belohnt, die jeden Tag spürbar werden kann!

Wie jede Reise entfaltet sich auch diese erst beim Gehen (und ebenso beim Rasten), lässt den Blick weit und offen werden, hat die Freiheit im Gepäck und entspricht jeweils dem Innersten der Wandernden selbst.

Wir wünschen dir von Herzen eine tiefe Begegnung mit den Mythen, deinen Wurzeln und dir selbst!

Link zu geführten Meditationen für erste schamanische Reisen

https://www.kamphausen.media/
urkraft-des-nordens-meditationen/

LITERATURHINWEISE

Die Edda – Götterdichtung, Spruchweisheit und Heldengesänge der Germanen, übertragen von Felix Genzmer. Eugen Diederichs Verlag, München 1997

Die Edda – Die germanischen Göttersagen, herausgegeben von Walter Hansen. Regionalia Verlag, Daun 2018

***

Jennie Appel: Wer wachsen will, braucht starke Wurzeln – Mit der Kraft des Schamanismus sein volles Potenzial entfalten. Gräfe & Unzer Verlag, München 2016

Jennie Appel & Dirk Grosser: Ahnenreise – Schamanisch-meditative Wege zu unseren Wurzeln. Arun Verlag, Uhlstädt-Kirchhasel 2012

Jennie Appel & Dirk Grosser: Kraftort Natur – Wurzeln entdecken, Ruhe finden, Wachstum erleben. Gräfe & Unzer Verlag, München 2018

Jennie Appel & Dirk Grosser: Öffne deinen heiligen Raum – Die Anderswelt persönlich begrüßen. Schirner Verlag, Darmstadt 2014

Martin Arnold: Thor – Von der Edda bis Marvel. Edition Roter Drache, Remda-Teichel 2013

Valgerdur Hjördis Bjarnadottir: The Saga of Vanadis, Völva and Valkyrja – Images form the Divine from the Memory of an Islandic Woman. Lambert Academic Publishing, Saarbrücken 2008

Thomas Brock: Alles Mythos! 20 populäre Irrtümer über die Germanen. Theiss Verlag, Darmstadt 2014

Adelheid Brunner: Pflanzen-Schamanismus: Sich mit der Natur verbinden – Rituale für Heilung, Kraft und Verwurzelung. Kosmos Verlag, Stuttgart 2018

Joseph Campbell: Der Heros in tausend Gestalten. Insel Verlag, Berlin 2011

Joseph Campbell: Mythologie der Urvölker, Deutscher Taschenbuch Verlag, München 1996

Johan Egerkrans: Nordische Götter. Atrium Verlag, Zürich 2019

Susanne Fischer-Rizzi: Das Geheimnis deines Ortes – Anleitung zum heimisch werden. Kosmos Verlag, Stuttgart 2020

Jóhanna Katrín Fridriksdóttir: Valkyrie – The Women of the Viking World. Bloomsbury Academic, London 2020

Neil Gaiman: Nordische Mythen und Sagen. Eichborn Verlag, Köln 2017

Jacob Grimm: Deutsche Mythologie, 3 Bände (Nachdruck von 1854). Salzwasser Verlag, Paderborn 2013

Dirk Grosser: Mythenherz – Reise in die wilde Kraft des Mannes. Arun Verlag, Uhlstädt-Kirchhasel 2016

Roland Gschlössl: Im Schmelztiegel der Religionen – Göttertausch bei Kelten, Römern und Germanen. Philipp von Zabern Verlag, Mainz 2006

Georg Hiller & Stefanie Kölbl (Hrsg.): Welt-Kult-Ur-Sprung. World Origin of Culture. Süddeutsche Verlagsgesellschaft im Jan Thorbecke Verlag, Ulm 2016

Thomas Höffgen: Schamanismus bei den Germanen: Götter – Menschen – Tiere – Pflanzen. Edition Roter Drache, Remda-Teichel 2017

Sandie Holst/Lars Jørgensen/Egon Wamers: Odin, Thor und Freyja – Skandinavische Kultplätze des 1. Jahrtausends n. Chr. und das Frankenreich. Schell und Steiner Verlag, Regensburg 2017

C.G. Jung: Zur Psychologie der Tricksterfigur, GW 9/1: §472, Walter Verlag, Freiburg i. Breisgau 2000

Kris Kershaw: Odin – Der einäugige Gott und die indogermanischen Männerbünde. Arun Verlag, Uhlstädt-Kirchhasel 2003

Arnulf Krause: Die Geschichte der Germanen. Nikol Verlag, Frankfurt am Main 2002

Arnulf Krause: Runen: Geschichte – Gebrauch – Bedeutung. Marix Verlag, Wiesbaden 2017

Arnulf Krause: Die Weisheit der Wikinger. Insel Verlag, Berlin 2011

Bernhard Maier: Die Religion der Germanen: Götter – Mythen – Weltbild. C. H. Beck Verlag, München 2003

Ralph Metzner: Der Brunnen der Erinnerung – Die mythologischen und schamanischen Wurzeln unserer Kultur. Arun Verlag, Uhlstädt-Kirchhasel 2012

Tala Mohajeri: Die Wildnis in dir – Entdecke deine Einzigartigkeit. Irisiana Verlag, München 2017

Kurt Oertel/Kveldúlf Hagan Gundarsson: Ásatrú – Die Rückkehr der Götter. Edition Roter Drache, Remda-Teichel 2017

Diana L. Paxon: Odin – Ecstasy, Runes & Norse Magic. Weiser Books, Newburyport 2017

Christian Rätsch: Der Heilige Hain – Germanische Zauberpflanzen, heilige Bäume und schamanische Rituale. AT Verlag, Aarau 2005

Rudolf Simek: Lexikon der germanischen Mythologie. Kröner Verlag, Stuttgart 2018

Rudolf Simek: Religion und Mythologie der Germanen. Theiss Verlag in der Wissenschaftlichen Buchgesellschaft, Darmstadt 2014

Rudolf Simek/Jonas Zeit-Altpeter/Valerie Broustin (Hrsg.): Sagas aus der Vorzeit – Von Wikingern, Berserkern, Untoten und Trollen (3 Bände). Kröner Verlag, Stuttgart 2020

Sabine Simeoni: Mit der Natur verbunden – Mit wildem Handwerk zu den eigenen Wurzeln finden. AT Verlag, Aarau 2020

Jörn Staecker & Matthias Toplak (Hrsg.): Die Wikinger – Entdecker und Eroberer. Propyläen Verlag, Berlin 2019

Wolf-Dieter Storl (im Gespräch mit Dirk Grosser): Schamanentum – Die Wurzeln unserer Spiritualität. Aurum Verlag, Bielefeld 2010

Wolf-Dieter Storl (im Gespräch mit Dirk Grosser): Unsere Wurzeln entdecken – Ursprung und Weg des Menschen. Aurum Verlag, Bielefeld 2009

Anders Winroth: Die Wikinger – Das Zeitalter des Nordens. Klett-Cotta Verlag, Stuttgart 2016

DANKSAGUNG

Ein Buch entsteht wie alles andere auch in einem großen Kreis, in dem alles miteinander verbunden und verwoben ist. Daher möchten wir zuallererst dem heimischen Wald, dem Land unter unseren Füßen und den vielen Tieren danken, denen wir begegnen durften und die uns immer wieder zum Wesentlichen zurückgeführt haben. Auch unseren Hunden Runa und Mailo gebührt Dank, die uns auch beim schlechtesten Wetter vom Schreibtisch weg und nach draußen gescheucht haben, sodass unser Geist nicht nur im eigenen Saft schmorte, sondern auf ganz konkrete Weise mit der Welt in Berührung kam. Und natürlich danken wir der Urkraft selbst, die sich uns mit so vielen Gesichtern zeigte.

Allen Teilnehmerinnen und Teilnehmern unserer *Magie des Nordens*-Kursreihe sowie all unserer Onlinekurse zur Mythologie möchten wir ebenfalls einen großen Dank aussprechen: Euer Engagement, euer Einlassen auf die Themen, eure Fragen und Anmerkungen haben uns sehr inspiriert.

Ebenso möchten wir Hannah Wiggenhauser, Dominique Bonnard und Susanne Hiebsch für den intensiven Austausch bezüglich der Themen dieses Buches danken. Eure offenen Ohren, eure klugen Anmerkungen, das Hinterfragen unserer Perspektiven und vor allem eure Freundschaft sind unbeschreiblich wertvoll für uns!

Ein großes Dankeschön an Julian Werner für die zauberhaften Illustrationen und seine Geduld, Papier mit einzelnen Punkten zu „tätowieren".

Es war uns eine besondere Freude, wieder mit Annika Huck-Kamphausen und dem gesamten Team der Kamphausen Mediengruppe zusammenzuarbeiten. Das Vertrauen, das uns dort entgegengebracht wird, wissen wir sehr zu schätzen. Allen im Verlag ein großes Dankeschön!

Susanne Klein möchten wir für ihr kundiges Lektorat und ihre achtsame Begleitung dieses Buchprojektes danken – es war eine so angenehme Zusammenarbeit, die wir hoffentlich bald fortsetzen werden.

Wilfried Klei gebührt unser Dank für seine schöne und stimmige Gestaltung der Buchseiten, die dazu führt, dass man das Buch gern in die Hand nimmt.

Und zu guter Letzt möchten wir auch dir danken – dass du das Buch in deinen Händen hältst, es liest und in die Welt der Mythen eintauchst, dich von ihnen inspirieren lässt und dadurch die Welt mit anderen Augen siehst, bedeutet uns sehr viel!

STIMMEN ZUM BUCH

Dies ist ein kraftvolles und bewegendes Buch, das die Fähigkeit des Lesers wiedererweckt, durch die transformative Magie von Mythen und Geschichten persönliche Entwicklung und inneres Wachstum zu erleben. Wenn du dich zu den nordischen Mythen hingezogen fühlst, wirst du viel lernen, vor allem aber wird sich deine Fähigkeit vertiefen, die Geschichten wirklich zu „bewohnen" und sich mit ihren Energien auf eine Weise zu beschäftigen, die Erneuerung, Heilung und Weisheit bringt.

Philip Carr-Gomm
Autor von *Das DruidCraft-Buch, Weisheit der Natur*
und *Der Weg des Druiden*

Ein gehaltvolles, in die Tiefe gehendes Buch voller Zauber und Magie, voll scheinbar ferner Welten, die Jennie und Dirk in die heutige Zeit für uns übersetzen und lebhaft neu erstehen lassen. Es zu lesen schenkte mir als absolute Naturliebhaberin ein solch warmes und inniges Gefühl von Verbundenheit und Sinnhaftigkeit und vor allem tiefer Lebendigkeit.

Lilia Christina Martiny
Projekt „Coeurmelot Ecovillage"

Eine wunder-volle Reise zurück an die Quellen der europäischen Kultur. Ein uns unbekannter, ungeahnter und noch zu entdeckender Reichtum an Mythen, Geschichten und Symbolen. So schön, dass Jennie Appel und Dirk Grosser diese Schatzkammern des Nordens zugänglich machen!

Anna Trökes
Autorin von *Yoga der Verbundenheit*
und *Das große Yogabuch*

Die starke Sehnsucht nach Tiefe und Spiritualität hat uns in anderen Kulturen suchen lassen, ohne dass wir die eigenen Wurzeln erforscht haben. Dadurch ist die Frage nach der eigenen Sinnhaftigkeit geblieben und tritt in einer Zeit des Wandels noch stärker an jeden Einzelnen heran. Deshalb ist das Buch von Jennie Appel und Dirk Grosser ein so wertvoller Beitrag in dieser Zeit, um die Erinnerungen an die eigene Urkraft, die von den Menschen getrennt wurde, wieder zu erwecken.

Sabine Simeoni
Autorin von *Mit der Natur verbunden*

Das neue Buch von Jennie Appel und Dirk Grosser nimmt den Leser mit auf eine magische Reise in die Welt der alten Mythen. Es stärkt unsere Wurzeln, lässt Erinnerungen an vergangene Zeiten sowie uraltes Wissen wach werden und öffnet durch viele praktische Übungen weite Tore in eine zukünftige Welt, die wir auf Grundlage dieser Naturmagie neu erschaffen.

Heidi Brunner
Autorin von *Pflanzenschamanismus*

Keine Kultur kann ohne Mythen, Sagen und Ahnenwissen leben – auch unsere nicht. Dirk Grossers und Jennie Appels Buch ist ein guter und praxisnaher Einstieg zu diesen kulturellen Wurzeln.

Wolf-Dieter Storl
Autor von *Unsere Wurzeln entdecken, Schamanentum und Ur-Medizin*

Über die Autoren

Jennie Appel und Dirk Grosser leben und arbeiten gemeinsam im schönen Kalletal, geben einzeln und zusammen Kurse in ihrer Jurte oder an anderen Orten in ganz Deutschland und Irland. Sowohl in ihren schamanischen Seminaren und Ausbildungsreihen als auch in den Meditationskursen und anderen Angeboten zu mythologischen, spirituellen und transformativen Themen finden sich immer wieder starke Bezüge zur Natur, die ihnen beiden sehr am Herzen liegt. Sie sind bekannt für ihre bodenständige und stets humorvolle Art der Wissensvermittlung und ihre warmherzige und kompetente Begleitung in spirituellen Prozessen. Als Autoren von mehr als einem Dutzend Büchern und ebenso vielen Musik- und Meditations-CDs sind sie mittlerweile einem großen Publikum vertraut.

Mit ihren beiden Hunden sind sie oft auf langen Spaziergängen unterwegs und leben das, was sie schreiben und lehren.

www.jennie-appel.de
www.dirk-grosser.de

Onlinekurse zum Themenkreis dieses Buches findest du unter

www.sacred-web.de